现代科技知识博览

体育科技知识

李 杉 主编

科学普及出版社

·北京·

图书在版编目(CIP)数据

体育科技知识/樊国强主编.—北京：科学
普及出版社，2010.9（2011.8 重印）
（现代科技知识博览/李杉主编）
ISBN 978-7-110-07298-1

Ⅰ.①体… Ⅱ.①樊… Ⅲ.①体育–普及读物
Ⅳ.①G8-49

中国版本图书馆CIP数据核字（2010）第185517号

丛 书 名	现代科技知识博览	
书　　名	体育科技知识	
责任编辑	鲍黎钧　康晓路	
封面设计	梁　宇	
责任校对	林　华	
责任印制	张建农	

出　　版	科学普及出版社
发　　行	科学普及出版社发行部发行
地　　址	北京市海淀区中关村南大街16号
邮政编码	100081
电　　话	010-62103373　62173865
传　　真	010-62173081
网　　址	www.kjpbooks.com.cn
印　　刷	北京一鑫印务有限公司印刷
开　　本	720毫米×1000毫米　1/16
印　　张	14
字　　数	192千字
版　　次	2010年9月第1版
印　　次	2011年9月第2次印刷
印　　数	3001-5000册
定　　价	27.80元
标准书号	ISBN 978-7-110-07298-1/G・3194

内容提要

　　本书是一部介绍体育知识，主要是有关奥林匹克运动方面知识的普及读物。

　　全书详细的从各方面介绍了奥运知识，从古代奥林匹克运动到 1896 年，希腊第一届现代奥林匹克运动会开幕，标志着它的诞生，以及发展过程，比赛项目设置，对于广大读者了解奥运知识会起到积极的作用。

编委会

目　录

第一章　奥运史话

第二章　现代奥林匹克运动

第三章　夏季奥运会

第四章　冬季奥运会

第五章　奥运会拾趣

第一章　奥运史话

古代奥运会起源的神话

具有欧洲文明发源地之称的古代希腊，也是古代奥林匹克运动会的发祥地。在希腊首都雅典西南面，在湍急的阿尔菲斯河和克拉德河交接处的奥林匹亚"圣地"，就是古代奥林匹克运动会的会址。这个古代奥林匹克运动会的竞技场，就是今天奥运火炬熊熊燃起的地方。

这里群林叠翠，景色秀丽，环境幽静。昔日曾是古希腊的宗教圣地，有瑰丽的宙斯庙和赫拉庙，有世界七大珍奇之一的宙斯雕像，以及宏伟的体育竞技场。斗转星移，岁月变幻，往昔的一切，今已灰飞烟灭，昔日体育健儿们顽强拼搏的竞技场面，也只能留给今天的人们展开联想的翅膀去想象。

但是，这个延续了1000多年的古希腊灿烂文化的遗址，并未因岁月的流逝而失去其光彩，也并未因历史的变迁而为世人所淡忘。它依旧是我们今天体育运动的"圣地"。历史已经过去2000多年，然而，今天，当奥林匹克"圣火"熊熊燃起，当奥林匹克运动以不可阻挡之势席卷全球，当五洲青年在公平和团结、友谊的气氛中欢聚一堂时，人们会不自觉地想到古代奥运会，想起那些富有神奇色彩的有关古代奥运会的神话。

古希腊是一个神话王国，古代奥运会的起源也蒙上了一层神秘的色彩。关于古代奥运会的起源，众说纷纭。人们对于延续1000多年，历史悠久，影响深远的古代奥运会的起源，赋予了它许多美丽动人的神话。而这些广泛流传的神话故事又给古代奥运会的起源蒙上了一层神秘的面纱。人们从这些美丽动人的神话故事中不仅能够捕捉到一些关于古代奥运会起源的信息，而且也能够从中体会和理解出希腊人民对古代奥运会起源的美好构想。

把古代奥运会视为人们庆祝胜利的产物，是众多神话故事之一。神话中有一个叫克库洛希的英雄打败了伊利伊王奥格亚史，为了庆祝这次胜利，他在奥林匹克这个地方举行赛跑会，距离为 182.88 米，优胜者被戴上一顶用橄榄枝编织的桂冠，以示奖励。这则神话故事就把古代奥运会说成是由克库洛希创办和开始的。

还有一则神话说，万神之首宙斯的父亲克罗诺斯想把王位传给宙斯，但是，他又对宙斯的本领放心不下。因此，他想考验一下儿子的本事，他想如果宙斯能够顺利通过他的考验，他就可以放心地把王位传给宙斯。经过深思熟虑，他选择与宙斯比武。比武之前，父子双方商定，如果宙斯获胜，王位就传给他。宙斯勇敢地应战。要说那克罗诺斯绝非等闲之辈，他武艺超人，力大无比，没有超人的功夫和本领，怎么可能驾驭他人，而成为万神之首呢？要与自己的父亲比武，取胜的把握到底有多少，连宙斯自己也不清楚。但是，宙斯绝对不会放弃任何一个机会，他要把握这次机会，在众神面前显示一番。

之后，宙斯先是认真备战，同时也对比武的形势进行了分析，决心以自己的勇敢和智慧去赢得这次胜利。结果经过几个昼夜的激烈作战，经过父子之间的斗智斗勇，最后，克罗诺斯终于抵挡不住，被宙斯打败了。父子之间没戏言，宙斯兴奋地从父亲手中接过了万神之首的王冠。为了庆祝这次比武的胜利，也为了庆祝自己登上万神之首的王位，宙斯下令举行了盛大的庆典活动，体育比赛也作为这一盛大庆典的一个重要部分同时举行。万神之首的宙斯也就成为神话中古代奥运会的创始人。

另有一则神话也是与宙斯有关的。万神之首宙斯与美丽的神女阿尔克麦涅生有一个儿子，名叫赫拉克勒斯。它引起了宙斯的另一个妻子——有万神之母之称的赫拉的嫉妒和报复。

在赫拉的嫉妒和报复中坚强地长大的小赫拉克勒斯，生得身材魁伟，仪表堂堂，力大无比，成了远近闻名的英雄，赢得了"大力神"的美称。但是，仁慈的母亲神女阿尔克麦涅对赫拉还是提心吊胆，唯恐狠心的赫拉再次对她的儿子下毒手。因为，美丽的神女阿尔克麦涅对赫拉在赫拉克勒斯还是婴儿的时候所施的毒手还心有余悸。事情是这样的，在赫拉克勒斯出生不久的一天，狠心的赫拉趁无人在旁的时候，将两条毒蛇偷偷地放进了正在摇篮里熟睡的赫拉克勒斯身旁，想神不知鬼不觉地让毒蛇咬死这个还在襁褓中的婴儿。待赫拉克勒斯从梦中醒来，看到毒蛇正向他张开利剑般的牙齿，带着毒液的舌头就要伸过来，吓得大哭了起来，他急忙伸出两只小手一下就把毒蛇握在手里。当父母赶到时，毒蛇已经死了。

赫拉克勒斯长大成人后，母亲决定让他离开家，到很远很远的地方去，以躲避狠心的赫拉的报复以及让赫拉克勒斯接受各种艰难困苦的磨炼。临行前，她还要求赫拉克勒斯必须完成12件别人无法做到的大事，用以锤炼赫拉克勒斯的意志，增长他的见识。

赫拉克勒斯恋恋不舍地告别了亲人，带着亲人的嘱咐，踏上了艰难征程。由于从小受到母亲的熏陶，赫拉克勒斯心地善良、正直勇敢，而且富有同情心和正义感。离家后，他路过高加索山时，克服各种意想不到的困难，凭着他惊人的勇气和智慧，搭救了为人类盗火而被宙斯悬吊在悬崖绝壁的普罗米修斯；在崇山峻岭中，他与凶猛的狮子搏斗，终于捕杀了残害人类的猛狮，为民除掉大害。他的威望和名声越来越大，他正直、勇敢的故事经过人们的艺术加工很快传开了。

在路过伊利斯城邦时，他看到国王颁布的榜文，榜文讲，谁如能在一天之内将国王的牛棚打扫干净，就能得到国王牛群的十分之一的奖赏。不知底细的人以为这定是一宗不会亏本的买卖，其实，国王的牛棚由于长年未修而破烂不堪，里面虽然饲养了3000头牛，但是不知何故，每头牛都骨瘦如柴，连一头肥壮的牛都很难见着。而且，因为长年没人打扫，牛粪堆积如山，又臭又脏，一个人别说用一天时间，就是用三天时间也根本不可能清理打扫干净。更何况，国王乃一国之主，万一谁要真打扫干净了，又怎保国王不会出尔反尔。明摆着，国王就是想让那些傻瓜给他白干活。赫拉克勒斯打听到这些情况后，决定戏弄一下这位贪婪的国王。他撕下榜文，晋见了国王，国王看到这个气宇轩昂、仪表堂堂的年轻人，断定赫拉克勒斯就是贪图厚赏而来。国王不作多想，也没有认真打听这位年轻人的来历。

为了防止国王赖账，赫拉克勒斯在与国王谈妥后，找来见证人，写下契约，言明双方事后都不得反悔。

其实，"大力神"赫拉克勒斯早就有了打扫牛棚的锦囊妙计。他把牛棚的隔板拆掉，在牛棚旁边挖了一条沟，引来河水，没半天工夫就把牛棚冲洗得干干净净。他重新装上了隔板，牛棚焕然一新。可是国王赖账了，他不仅不履行自己的诺言，反而一口咬定他从没说过要给这么多赏赐。"大力神"一怒之下赶走了国王。长期受到国王欺压的老百姓，无不拍手称快。这也是他离家后干的第12件别人无法完成的伟业。赫拉克勒斯为了庆祝赶走国王，也为了庆祝自己历尽艰难险阻取得的胜利，在奥林匹亚举行了运动会。

珀罗普斯娶亲开奥运会的故事，可以说是在古希腊传播最广，在希腊许多作品中也一再提到的神话之一。

珀罗普斯是宙斯的孙子。他的父亲因触犯神祇，被打入地狱。后来珀罗普斯所居住的领地也被他人乘机侵占。珀罗普斯被迫离开家园，漂泊到希腊南部一个偏僻的小岛生活。日子久了，人们把这个小岛称做罗普斯岛。时间一天天地过去，珀罗普斯成年了，他萧洒英俊，聪明善良，而且，爱骑射和狩猎。在这里，珀罗普斯遇见一位名叫基波达米娜的美丽少女，两位年轻人一见钟情。

基波达米娜离开后，珀罗普斯就如同失魂落魄，对基波达米娜朝思暮想，他曾好几次来到他们偶然相逢的地方，希望能再次见到梦中的少女，可是他每次都失望了，他处于苦闷不堪之中。这时，比萨城邦国王为公主挑选驸马的消息传到他耳里，经打听，得知那位公主就是基波达米娜。于是珀罗普斯立刻向比萨城邦出发了，他决心不顾一切都要见到这位令他朝思暮想的心上人。

比萨城邦在珀罗普斯岛的西北面。基波达米娜就是这个城邦国王的独生女，被国王视为掌上明珠。

国王感到自己年岁越来越大了，身边又无子，因此想招一位东床驸马继承他的王位。为此，他下诏晓谕比萨城邦。消息不胫而走，应诏求婚者，纷至沓来。

可是，仇视公主的神巫向国王发出了警告，如果国王让公主婚嫁，死神就会夺去国王的生命，并断言，这是神的意志。国王几乎被神巫的预言吓昏了。他不愿为女儿的婚事而使自己过早地离开人世，可又不情愿让自己唯一的女儿老死闺中。矛盾和痛苦使这位国王心神不定，坐立不安。他苦思冥想，终于想出了自认为很巧妙的办法，既可使女儿出不了嫁，又可为自己开脱责任。于是，他下诏说，因自己年老，膝下无子，希望未来的女婿不仅能使女儿满意，还要求他具备文韬武略，可以胜任一国之君的王位。他提出要与求婚者比赛战车，谁赢了，就可娶他的女儿；但是，如果输了，他将用利矛刺死应选者。明眼人当然知道，国王有的是高头大马、轻快战车，跟他比赛，无异于以卵击石，自取毁灭。许多应诏求婚者，听到国王这个苛刻条件后，带着失望、沮丧的心情，纷纷退出了比赛。但是，也有一些血气方刚的青年，勇敢地接受了挑战。他们在战车赛中，都惨死于国王锋利的矛枪之下，一个、两个……接连有13个青年倒下了。就这样，"13"，古代希腊皮沙人，很长时间都把它视为不吉利的数字，甚至一提到它，就毛骨悚然。

战车比赛仍未停止，求婚者仍大有人在。该会是谁成为第14个不幸的人呢？

珀罗普斯耳闻目睹了这几天发生的事情。赛场上的凄惨景象，虽未使他畏惧、退缩，但也使他清醒地认识到，国王马骏车坚，要战胜他，确实不是一件轻而易举的事。但是他希望得到幸福，能娶基波达米娜为妻，这一切驱使他去冒险。他不会像一些人那样怯懦地离去，也不想象13个不幸者那样鲁莽地死亡。他想，他首先要设法弄到几匹快马，然后运用自己的聪明才智与国王较量。当一切准备就绪后，他向国王提出了参赛的要求。

决战前夕，珀罗普斯烦躁不安，他来到了阿尔菲斯河畔，默默地向河神祈祷。突然，他看到了一个少女的身影，很像基波达米娜，在离他不远的地方，面对着河水沉思。是她，真的是她！珀罗普斯一步一步向那里走去。

那正是基波达娜，她，从小失去了母亲，心情经常郁闷不安。虽说父王非常喜欢她，但毕竟比不上母爱呀！自从见到珀罗普斯后，珀罗普斯就在她的心中占据了重要的位置，她好像失去了什么似的。当父王下诏为她挑选驸马后，她希望珀罗普斯能很快来到比萨城邦应战。可是赛场每天传来的噩耗，又使她产生了矛盾，她痛苦极了，所幸的是，那些牺牲者都是陌生人，不是珀罗普斯。可是今天她听到了珀罗普斯的名字，说他明天要参加战车比赛。她心急如焚，走出了王宫，来到河边，她也在为珀罗普斯向河神祈祷，她祈求神灵能给珀罗普斯以暗示，让他尽快离开这个死亡之城。

两个青年人重逢了，他们相互诉说别后的思念。最后，基波达米娜劝说他赶快抛弃比赛的想法，不要做那种自取毁灭的蠢事。可珀罗普斯根本听不进，他坚定地回答："今天能够见到了你，明日我死而无憾。"两个相爱的年轻人顿时抱成一团，伤心地哭了起来……他们的谈话和两人伤心的情景，全被在不远处的另一个人听到。他就是国王的车夫米尔蒂尔。善良的米尔蒂尔同情这两个青年的不幸遭遇，又憎恨神巫的卑鄙，决心冒着生命危险来成全他们，结束这种无情的杀人比赛。

第二天上午，整个城邦的人们聚集在广场上观看这场比赛。赛前，像往常一样，宰了一只肥羊，举行祭典活动，仪式结束后，国王坐进了自己华丽、轻快的战车，沾沾自喜地望着通身油光发亮的骏马，又看了看坐在前面的健壮的车夫米尔蒂尔。接着，侧身望去，见到珀罗普斯的战车就在不远的地方，他几乎乐得喊出声来。珀罗普斯的那匹战马多么矮小、瘦弱，战车又是多么简陋、陈旧，坐在车上的那个车夫也是那么无精打采。但当他向珀罗普斯望去时，发现这个年轻人神态自若，一对炯炯有神的眼睛，闪烁着智慧的光芒。国王想到这个青年，即将倒卧在自己的利矛之下，不知怎的，竟产生了一丝怜悯之情。

比赛号角响了，比赛开始了，一时间，战马嘶嘶，车轮滚滚，两辆战车在广场上疾速奔驰。国王的车很快就跑到了前面，他回望逐渐落在后面的珀罗普斯，心里乐极了。胜利使刚才瞬间出现的怜悯之情消失得无影无踪了。在第二圈时，国王很快就要追上珀罗普斯了，他拿起利矛，准备刺杀。在这千钧一发之际，突然一声巨响，国王的马车翻了，车夫摔出了座位，国王也被撞昏过去。谁也不知道是怎么回事，只有车夫心里明白，这是昨晚从河边回来后煞费心思想到的一条计策，他把一侧车轮的穿钉换上了木制的（也有说是蜡制的）。木钉折断了，车翻马仰，珀罗普斯得救了。神巫的阴谋被打破了。

几天后，为了庆祝国王康复，也为了庆祝基波达米娜和珀罗普斯的婚礼，以及珀罗普斯继承王位，比萨城邦举行了盛大的庆典活动。珀罗普斯成了古希腊运动会神话中的创始人。

古代奥运会

古代奥运会从公元前 776 年起，到公元 394 年止，经历了 1168 年，共举行了 293 届。按其起源、盛衰，大致分为三个时期：

（1）公元前 776 年至公元前 388 年。公元前 776 年，伯罗奔尼撒的统治者伊菲图斯，努力使宗教与体育竞技合为一体。它不仅革新宗教仪式，还组织大规模的体育竞技活动，并决定每 4 年举行一次。时间定在闰年的夏至之后。所以公元前 776 年的古代奥林匹克运动会就正式载入史册，成为古代奥运会的第 1 届。当时仅有一个比赛项目，即距离为 192.27 米的场地跑。

这一时期各城邦之间虽有纷争，但希腊是一个独立的国家，政治、经济、文化都较发达，是运动会的黄金时期。特别是公元前 490 年，希腊雅典在马拉松河谷大败波斯军之后，民情奋发，国威大振，兴建了许多运动设施、庙宇等，参赛者遍及希腊各个城邦，奥运会盛极一时，成为希腊最盛大的节日。

（2）公元前 388 年至公元前 146 年，开始衰落。由于斯巴达和雅典长期的伯罗奔尼撒战争（公元前 431 年至公元前 404 年），希腊国力大减，马其顿逐渐吞并了希腊。马其顿君王菲利普还亲自参加了赛马。亚历山大大帝虽自己不喜爱体育活动，仍积极支持，并视奥运会为古希腊的最高体育活动，为其增添设施。不过，这一时期古奥运会精神已大为减色，并开始出现职业运动员。

（3）公元前 146 年至公元 394 年，古代奥运会由衰落走向毁灭。罗马帝国统治希腊后，起初虽仍举行运动会，但奥林匹亚已不是唯一的竞赛地了。如公元前 80 年第 175 届奥运会，罗马就把优秀竞技者召集在罗马比赛，而奥林匹亚只举行了少年赛。这时职业运动员已开始大量出现，奥运会成了职业选手的比赛，希腊人对此失去了兴趣。公元 2 世纪后，基督教统治了包括希腊在内的整个欧洲，倡导禁欲主义，主张灵肉分开，反对体育运动，使欧洲处于一个黑暗时代，奥运会也随之更趋衰落，直至名存实亡。公元 393 年，罗马皇帝狄奥多西一世宣布基督教为国教，认为古代奥运会有违基督教教旨，是异教徒活动，翌年宣布废止古奥运会。公元 895 年，拜占庭人与歌德人在阿尔菲斯河发生激战，使奥林匹亚各项设施损失殆尽。公元 426 年狄奥多西二世烧毁了奥林匹亚建筑物的残余部分。公元 522、511 年接连发生的两次强烈地震，使奥林匹亚遭到了彻底毁灭。就这样顺延了 1000 余年的古代奥运会不复存在了，繁荣的奥林匹亚变成了一片废墟。

古代奥运会比赛日程和项目：

古代奥运会从第 1 届起，决定每 4 年举行 1 次，每届只举行 1 天。随着比赛项目的不断增多，从第 22 届古代奥运会开始，组织者决定将比赛时间改为 3 天，加上开幕式、闭幕式及庆典活动，整个会期为 5 天。竞赛项目增加为：五项全能（铁饼、标枪、跳远、角力、跑步）、拳击、摔跤、战车赛跑、赛马等。

古代奥运会自公元前 776 年第 1 届至公元前 394 年共举办了 293 届，都是在古希腊奥林匹亚运动场举行。比赛场建在阿尔菲斯河谷北面的小丘旁。小丘经过修整成为看台，最初可容纳 2 万观众，后扩大到 4.5 万人，并设有 160 个贵宾席。比赛场长 212 米，宽 32 米，跑道长 192.25 米，表面未经特殊处理，起跑处铺大理石。赛场西南部有练习场，用石柱廊围起，形成一院落。一侧建会议厅、更衣室和浴室等。这里还有一个 770 米 × 320 米的跑马场，供赛马和马车比赛用。

古代奥运会处罚规则

古代奥运会的比赛规则十分严厉，违者要受到严厉的惩罚。这表现了他们的荣辱感。古希腊人认为，奥运会是神圣的，光明正大地取胜才是最光荣的。反之，则是对神圣事业的亵渎。

古代奥运会对弄虚作假者深恶痛绝。第 90 届古代奥运会上，一个名叫利哈斯的选手获得了冠军，他自称是斯巴达人，但经核实，他是另一个城邦的人，于是被取了名次。古代奥运会对于行贿受贿者更是严惩不贷，不仅要剥夺冠军的称号，还要罚重金以警世人，罚金则用于雕刻宙斯像。第 98 届古代奥运会上，一拳击运动员因买通另外 3 名敌手取胜，结果 4 人皆被罚重金。古代奥运会的组织者用这 4 人的罚金雕刻了 4 尊宙斯像，其中一尊还刻上以下警句：奥林匹克的胜利不是可用金钱买来的，而需依靠飞快的两脚和健壮的体魄。

古代奥运会特色

古代奥运会有三大特色。第一，古代奥运会是以祭神为主，内容丰富多彩，是形式多样的全希腊综合盛会。包括祭祀天神宙斯，朝拜、祝寿众神、诗人朗诵作品、演说家发表祝词、开展集市贸易等活动，体育竞技仅作为其中的一项内容。第二，古代奥运会是希腊各民族文化的一部分，它起到了团结各族人民，维护国家统一，减少和制止战争的积极作用，与政治有着极为密切的关系。第三，由古希腊的风俗习惯、艺术风格、地理环境和物质生产等因素决定，"赤身运动"是它的一大特色。比赛时，要求裸体的运动员全身涂上橄榄油，以使身体在阳光的照射下熠熠生光，肌肉更富有弹性，更加显示出运动员健美的体态，使人们从中得到一种美的享受。

另外，古希腊奥运会的规则规定，禁止女子参加和参观比赛，违反者要受到极刑处置。原因有二：一是古代奥运会的大部分比赛项目，在相当长的时间内，要求运动员赤身裸体进行比赛，妇女到场有伤风化。二是古希腊的体育竞技，是宗教庆典内容之一，是不允许妇女出席的。据说，最初的古代奥运会参赛运动员是披着兽皮衣服进行比赛的。在一次比赛中，一身披狮子皮的选手，不慎将狮子皮脱落到地上，他顿时变成赤身裸体，可他并未因此而影响自己的比赛。最后，击败了对手，夺得了橄榄冠。在这次意外的"事故"中，人们发现裸体更能体现肌肉的健美，领略到了一种特殊的魅力，于是规定以后一律进行赤身比赛。

赤身运动是古希腊文化艺术的独到之处，具有悠久的历史。古希腊历史上所说的"力的时代"就是指这一时期。这在古希腊雕塑家、艺术家的作品中均有所反映，他们的作品刻画的都是赤身裸体的人物。当时，肌肉发达，健壮有力、被人们公认是美的象征。

古代奥运会授奖仪式

古代奥运会的授奖仪式庄严而隆重。授奖台设在宙斯像前，橄榄冠放在一个特制的三角台上。授奖时，先由报道官宣布运动员的姓名、比赛成绩、所属的城邦及运动员父母的名字。然后由司仪把优胜者领到主持人面前，主持人起身，将橄榄冠从三角台上取下来，给优胜者戴上。这时，观众唱歌、诵诗、奏乐、欢呼，并向运动员投掷鲜花。古代奥运会对获胜运动员的奖励，虽曾多次改变，但原则都是着重于精神奖励。物质奖励也有，但相当微薄。

以橄榄枝作为古代奥运会的精神，作为奥林匹克运动精神的象征，寓意深刻，影响久远。古希腊人认为，橄榄树是雅典保护神雅典娜带到人间的，是神赐予人类和平与幸福的象征，因此，用橄榄枝编织的橄榄冠是最神圣的奖品，能获得它是最高的荣誉。据说，用于编织桂冠的橄榄枝必须得由一个双亲健在的 12 岁儿童，用纯金刀子从神树上割下来，然后精心编制。

在奥林匹亚举行的授奖仪式结束后，优胜者便可陆续还乡。这时，各城邦还将为他们的优胜者凯旋而组织盛大的庆典活动。后来希腊还规定免去优胜运动员对国家的义务，在剧场或节日盛会上为他们设置荣誉座位，个别城邦还发给有功绩的运动员终身津贴。

古代奥运会的圣火

古代奥运会召开前，依照宗教规定人们聚集在奥林匹亚宙斯神庙前，举行庄严肃穆的仪式，从祭坛点燃火炬，然后奔赴希腊各个城邦。火炬手高举火炬，一边奔跑，一边呼喊：停止一切战争，参加运动会！火炬像一道严格的命令，有至高无上的的权力，火炬到哪里，哪里的战火就熄灭了。即使是在激烈厮杀的城邦也都纷纷放下武器，神圣休战开始了。希腊又恢复了和平的生活，人们忘记了仇恨，忘记了战争，都奔向奥林匹亚参加奥林匹克运动会。

古代奥运会项目

据史记料记载，第一届古代奥运会的确切举办年代是在公元前 776 年。从这一年起，以后每 4 年古希腊人都在奥林匹亚这个地方举行奥林匹克运动会，一直延续到罗马帝国统治的公元 394 年。至此，古代奥运会历时 1170

余年，举行了 293 届。

从古代奥运会和现代奥运会的竞赛项目来看，存在着很大的差别。古代奥运会设有场地跑、长跑、五项全能、拳击、战车赛、角斗、武装跑等项目。下面我们就来介绍一下古代奥运会的一些主要竞赛项目。

（1）赛跑。持火炬赛跑这个项目是由点燃奥林匹亚庆节上的"圣火"而演变成的"持火炬接力赛跑"，它是当时祭祀仪式中的一项重要组成部分，在古代和现代奥运会开幕前也是必不可少的。它是古希腊人留给我们的最美好的回忆和世界人民爱好和平的象征，也是奥运会召开的前奏。

（2）场地跑。这项古代奥运会的第一个项目的距离为 192.27 米，相传这是大力神脚长的 600 倍，当时古希腊的人们把这项短跑运动称之为"斯泰德"（Stadion），意为"场地跑"。场地跑为今天的短跑运动提供了雏形，比如我们今天的短跑比赛中的 100 米、200 米、400 米比赛中隐约仍可见当年古代奥运会场地跑的影子。

（3）跳远。跳远是在公元前 708 年第 18 届奥运会上被列为正式的竞赛项目的，它同时也是"五项全能运动"项目之一。当时用作跳远的运动场地非常简单，只是把地面刨松，然后在前面放一条木制的"门槛"，参加跳远比赛的运动员必须踏在"门槛"上起跳。这条门槛就是现在起跳板的前身。为了避免落地时产生伤害事故，以后才发明了沙坑，古希腊人称之为"斯卡码"（Skama）。当时古希腊人的跳远竞技，分为行进间跳远和立定跳远两种，后来还产生了类似三级跳远的方式，由此可见，我们今天的各项田径运动都深受古代奥运会的影响。

（4）角力。角力是在公元前 708 年的第 18 届古代奥运会上被列为正式竞赛项目的，它同时也是"五项全能运动项目之一"。在古希腊，这是一项深受人们重视并且最为普及的竞赛活动。由于竞技不按体重分级别，而只有一项无差别的比赛，因此高水平的运动员往往都是一些身高体壮的大力士。古代奥运会的角力比赛是今天摔跤运动的先驱，今天的摔跤运动是从角力发展演变而来的。

（5）拳击。拳击是公元前 688 年的第 23 届奥运会上被正式列为竞赛项目的，古希腊人称之为"扑克兴"（Bixing）。在古代奥运会上的拳击比赛，不论是在形式、比赛规则或竞技时所用的扩具方面，均有别于现代的拳击运动。在奥运会的拳击比赛中，产生了很多冠军，其中较为有名的是古代希腊著名的数学家——毕达哥拉斯。

（6）掷铁饼。我们这里关心的并不是这个项目的本身，而是一件蜚声艺坛和体坛的传世珍品。为了颂扬运动员在奥林匹克运动会上的奋勇拼搏精神以及运动员们的精湛表演，古希腊的现实主义雕塑家以其炽烈的情感、高超的技艺，创造了著名的"掷铁饼者"的雕像。

（7）五项全能运动。它是由徒步赛跑、跳远、掷铁饼、掷标枪和角力五个单项竞赛项目所组成的运动项目，也是古代奥运会上最引人注目、用以确定希腊最佳全能运动员的一项最重要的竞赛项目。

（8）武装赛跑。武装赛跑完全是一项为军队士兵而设的竞赛项目，自公元前 520 年被引进奥运会后，这项炫耀武力的比赛始终是最为统治阶级所重视的一项竞赛项目，直至古代奥运会最终结束时都是如此。无独有偶，在现代奥运会上也有一项专门为军人而设的竞赛项目，那就是现代五项运动。它由射击、游泳、击剑、马术和越野跑五个项目组成。它是一个军事训练综合项目，能培养军人勇敢顽强的品质，因此参赛者多为军人。

（9）战车比赛。战车比赛是在公元前 680 年的第 25 届奥运会上被正式列为竞赛项目的，这是一项非常古老并且最受人们欢迎的竞技项目。

（10）马拉松赛跑。马拉松赛跑是超长距离赛跑的一项。公元前 490 年希腊人在马拉松地方同敌军作战，取得了胜利，有士兵斐迪辟（phidippides）从马拉松平原不停顿地跑到雅典（全程 42195 米），报捷后死亡。为了纪念历史上这一事迹，1896 年在希腊雅典举行地近代第 1 届奥运会中，就用这个距离作为一个竞赛项目，定名为"马拉松赛跑"。

第二章　现代奥林匹克运动

奥林匹克运动体系

现代奥林匹克运动在其发展赛程中，形成了一个完整的体系。这个体系由思想体系、组织体系、活动体系三大部分组成。

奥林匹克运动的思想体系

奥林匹克运动的思想体系包括奥林匹克主义、奥林匹克精神、奥林匹克理想及其宗旨和格言等，它们都属于一个统一的范畴，包含在《奥林匹克宪章》中。

（1）《奥林匹克宪章》。第一部《奥林匹克宪章》是由皮埃尔德·顾拜旦亲自制定的，于 1891 年 6 月在巴黎召开的国际体育会议上正式通过。近百年来，随着人类社会和奥林匹克运动的发展，重要贡献宪章曾多次修改和补充，但其基本原则和精神未变。其主要内容包括奥林匹克运动、国际奥林匹克委员会、国际单项体育联合会、国家奥林匹克委员会和奥林匹克运动会五个部分。它是国际奥林匹克委员会为发展奥林匹克运动所制定的总章或总规则，为国际筹委会所承认的国际单项体育组织、各国（地区）奥委会所应遵循的总的活动规范。在奥林匹克宪章中，对奥林匹克运动宗旨、格言、标志等都有明确说明。

奥林匹克运动主要宗旨是通过体育活动，增进青少年身心健康，促进世界相互了解和建设一个更美好和平的世界。这一宗旨具体的体现为：使体育运动为人类的和谐发展服务，以提高人类尊严；以友谊、团结和公平竞赛的精神，促进青年更好地相互了解，从而有助于建立一个更加美好和平的世界；使世界运动员在每 4 年一次的盛大节日——奥林匹克运动会中联欢聚会在一起。一句话，"和平、友谊、进步"是奥林匹克宗旨的高度概括，也是奥林匹克精神的重要内容。

奥林匹克格言"更快、更高、更强"是现代奥林匹克运动创始人顾拜旦的朋友狄东于 1895 年提出的体育教育口号。顾拜旦对此十分赞同，并经他提议，国际奥林匹克委员会于 1913 年将这一口号定为正式的奥林匹克格言。此外，也有人把"体育就是和平"、"重要的是参与，不是取胜"作为奥林匹克的格言；但是，《奥林匹克宪章》中所规定的正式格言则只有一个，即"更快、更高、更强"。

奥林匹克标志是由五个奥林匹克环组成，五环自左至右互相套接，颜色分别为蓝、黄、黑、绿、红。上面三环是蓝、黑、红，下面两环为黄、绿；在使用中也可以五环均为单色。五环的寓意是象征五大洲的团结和全世界的运动员在奥林匹克运动会上相聚一堂。奥林匹克标志是顾拜旦提出的，1913 年为国际奥委会所批准，正式图样存放在国际奥委会总部。奥林匹克标志也是奥林匹克徽记、旗及各国奥林匹克委员会会徽、会旗的必要部分。各届奥运会的会标也都以奥林匹克标志为必要内容。奥林匹克宪章禁止把奥林匹克标志用于一般的广告和其他商业目的。

奥林匹克徽记是由奥林匹克标志加上其他特殊部分组成的图样，必须经过国际奥委会执委会的批准。最多见的奥林匹克徽记，为各国奥委会的会徽和各届奥运会的会标，以及历届奥林匹克代表大会和国际奥委会全会的会标。

奥林匹克旗是国际奥委会于 1913 年根据顾拜旦的构思和建议而制作的。1914 年为庆祝现代奥林匹克运动恢复 20 周年而在巴黎召开的第 6 届奥林匹克代表大会上首次使用。1920 年在安特卫普举行的第 7 届奥运会开幕式上，比利时奥委会绣了一面同样的锦旗升在主体育场，之后赠给国际奥委会并成为夏季奥运会正式会旗。旗为白底，无边，中央是五色的奥林匹克标志。

奥林匹克会歌是希腊著名作曲家萨马拉斯于 1896 年创作的。原是献给第一届奥运会的赞歌，后由希腊诗人帕拉马斯配词而成《奥林匹克颂歌》。1958 年国际奥委会在东京举行的第 55 届全会，正式决定将雅典奥运会演奏的赞歌作为奥林匹克会歌。

会歌的歌词内容如下：

古代不朽之神，美丽伟大而正直的圣洁之父，祈求降临尘世以彰显自己，让受人瞩目的英雄在这大地穹苍中，作为你荣耀的见证。

请照亮跑道、角力与投掷项目，这些全力以赴的崇高竞赛，把常青树编成的花冠颁赠给优胜者，塑造出钢铁般的躯干。

溪谷、山岳、海洋与你相应生辉，犹如一块色彩斑斓的岩石建成这巨大的神殿，世界各地的人们都赶到这里，膜拜你，啊，永远不朽的古代之神。

（2）奥林匹克主义。奥林匹克主义是奥林匹克运动和奥林匹克运动会的指导思想，是一种增强人的体质、意志并使之全面发展的生活哲学。体育不仅是一种健身方法，而且是一种反映人类理想的健康的生活方式。奥林匹克主义谋求把体育运动与文化和教育融合起来，创造一种在努力中求欢乐、发挥良好榜样的教育价值，并尊重基本公德原则为基础的生活方式。奥林匹克运动，是从现代奥林匹克主义中诞生的一种社会运动，其目的是通过组织没有任何歧视和符合奥林匹克精神的体育活动来教育青年，从而为建立一个更加和平和美好的世界作出贡献。

奥林匹克主义是由顾拜旦通过对古希腊竞技体育和英国近代教育的研究而提出来的。顾拜旦对古希腊人德、智、体全面发展的教育观有很深刻的印象，他认为古代奥运会、艺术和品德高尚的公民是支撑古希腊文明的三大支柱。通过对英国近代教育的研究，顾拜旦认为英国人的自信心和活力，来源于当时英国教育所推行的古典教材、竞技运动和伦理道德综合培养体制。在这一体制中，竞技体育运动充当了主要角色，其价值在于可以同时得到身体训练、道德教育和社会活动能力培养的功效。古希腊的体育和近代英国体育为顾拜旦国际体育运动的构想奠定了理论基础，并形成"奥林匹克主义"的哲学观。

顾拜旦称奥林匹克主义是"一种精神形态——对奋斗、和谐的狂热崇拜，即表现为对自我超越和自我节制的追求。"一位加拿大学者把奥林匹克主义概括为对教育、国际理解、机会均等、公平竞争、体育运动独立、文化和美等7个方面的追求。他们的阐述，被认为是清楚地表达了奥林匹克主义的实质。奥林匹克主义是一种源于体育的生活哲学，但它所宣扬的友爱、平等、尊重、理解、宽容、无私和奉献等，超越了体育本身的范围，而是对人类生活准则和道德规范的追求。这一本质，使奥林匹克主义得到作为一种观念形态传向全球，使奥林匹克运动和奥林匹克运动会得到发挥促进人类和社会进步的工具的作用，这是其他任何一种体育现象所不可企及的。

（3）奥林匹克精神。奥林匹克精神是奥林匹克运动的实质内容，《奥林匹克宪章》指出，奥林匹克精神就是相互了解、友谊、团结和公平竞争的精神。通常它包括参与原则、竞争原则、公正原则、友谊原则和奋斗原则。"参与原则是奥林匹克精神的第一项原则，参与是基础，没有参与，就谈不上奥林匹克的理想、原则和宗旨，等等。""参与比取胜更重要"这句格言最早是美国一位主教提出来的。1908年伦敦举行第4届奥运会时，顾拜旦引用了这句话。后来，顾拜旦在1936年奥运会演讲时也说过："奥运会重要的不是胜利，而是参与；生活的本质不是索取，而是奋斗。"这一原则已被世界各国运动员和广大群众所广泛接受。竞争原则表明奥林匹克运动是一项倡导挑战与竞争的社会活动。竞争是奥林匹克运动的基本形式，也是推动人类社会进步的基本形式之一。人类在竞争中，勇于向世界强手和先进水平挑战，不断超越自我、超越他人，有所发展、有所创新、有所前进。公正原则是参与奥林匹克竞争的行为规范。奥林匹克精神蕴含了公正、平等、正义的内容，承认一切符合公正原则的优胜，唾弃和否定一切不符合道德规范的行为。公正原则使奥林匹克精神具有了极大魅力。友谊原则是奥林匹克运动的目的。奥林匹克运动不仅仅是一项单纯的体育活动，其最高目标，是要通过体育活动的手段，把世界上不同国度、不同种族、不同语言、不同宗教信仰的人凝聚在一起，使大家相互交往，增进了解和友谊，进而达到世界的团结、和平、进步的目的。奋斗原则是奥林匹克精神的灵魂。奋斗精神是人类得以繁衍生息、繁荣昌盛的重要品质，是人类最伟大、最可称颂的内在力量。赛场的奋斗是人类奋斗的一个缩影。奥林匹克精神要求人们具有坚忍不拔的进取精神和克服一切困难的英雄气概。

体育运动是人类文化现象之一。前奥委会主席萨马兰奇说奥林匹克运动就是文化加体育。奥林匹克精神是奥林匹克运动文化意识形态的本质内容。人类的各项竞技运动成绩和运动记录，是社会文化的一部分。在这部分社会文化的积累、更新和创造过程中，奥林匹克运动起了重要作用，众多凝聚着人类智慧和体能的历史记载，多半是经过奥运会确立的。奥林匹克运动属于全人类，只有真正了解奥林匹克精神，人类才能真正拥有它。

（4）奥林匹克理想。奥林匹克理想是奥林匹克主义和奥林匹克精神的综合，是人们对奥林匹克运动未来和前景的向往和希望。奥林匹克运动提倡人的全面发展，提倡人类社会的和谐和公正，提倡建立一个和平的更加美好的世界。这些都是人类中的大多数人所追求的理想和愿望。古代奥林匹克运动包含了这些朴素的思想，现代奥林匹克运动的创始人从一开始就予以肯定和赞扬。正是因为现代奥林匹克运动提出了符合人类社会所追求的崇高目标，在不到一个世纪的时间里，奥林匹克运动从欧洲走向了全球，形成了包括地区组织和国际单项体育组织在内的大家庭。大家庭的所有成员遵循奥林匹克主义和基本原则，以奥林匹克理想为追求目标，从而使奥林匹克运动成为一个世界影响的社会文化现象。

现代奥林匹克运动在其经历的近100年中，它的理想曾经受多次的冲击和"危机"，两次世界大战打断奥运会的正常进程，长期政治干扰使奥运会处于纠葛之中。过度的商业化问题、业余和职业化问题、兴奋剂问题、奥运会规模过大和暴力事件都是与"团结、友谊、和平、进步"为宗旨的奥林匹克理想相违背的。尽管存在着这些与奥林匹克理想相背离的现象，奥林匹克运动仍是在自己宗旨所规定的轨道上运行着。这是因为奥林匹克运动把人自身的力量淋漓尽致地展现在人类面前，人可以跑得更快，跳得更高，变得更强；人类可以举办超级规模的奥林匹克运动大会；人可以创造出尽善尽美、高度发达的运动场地设施；人可以使全球观众同时观看奥林匹克比赛；这一切的一切，充分展示了人的强大，人的威力，奥林匹克运动可以使人感到自豪，感到满足，鼓舞人们去战胜人生征途上的困难。奥林匹克运动可能满足人类对自身崇拜的精神需要。在此基础上，人类一切美好的愿望与理想也同时赋予"奥林匹克"形成了奥林匹克理想。古代奥运会是人们一种对神的崇拜，而现代奥运会是人们一种对人的崇拜，也是一种愿望的寄托，希望人类自己去求得团结、友谊、进步，求得一个和平美好的世界。这正是维系现代奥林匹克运动发展的精神力量。

奥林匹克主义，奥林匹克精神、理想、宗旨和格言，共同构成了奥林匹克运动完整的思想体系。

奥林匹克运动的组织体系

奥林匹克运动自从创立以来，之所以能够发展到当今这样的规模，是因为奥林匹克运动有一个结构完备、功能齐全的组织体系，它包括国际奥委会、国际单项体育联合会和国家奥委会。三个组织构成了奥林匹克运动组织的三大支柱。国际奥委会是奥林匹克运动的领导机构，它的任务是按照奥林匹克宪章领导奥林匹克运动。它根据奥林匹克宪章所作出的决定是最终决定。国际奥委会的绝对领导地位是奥林匹克运动的顺利发展的保证；国际单项体育联合会由各个国家或地区的单项体育协会组成，其最高权力机构是定期召开的代表大会，它在奥林匹克运动中的主要任务是负责其所管辖的运动项目的技术和行政管理方面的工作；国家奥委会是按照《奥林匹克宪章》的规定建立起来，并得到国际奥委会承认的负责在一个国家或地区开展奥林匹克运动的组织，它担负着各自国家或地区发展和维护奥林匹克运动的重大任务。

在发展奥林匹克运动的过程中，三大支柱互相协调、互相配合、互相依赖又互相制约，在共同目标下，促进奥林匹克运动的发展。

此外，为使国际奥委会在区域性的范围内更好地合作，促进各大洲奥林匹克运动的发展，在五大洲还设有奥委会的洲级协会。

奥林匹克运动的活动体系

奥林匹克运动的活动内容是实现奥林匹克理想的具体手段和途径，它通过国际奥委会与各国际单项体育组织、各国奥委会及各方面的人士密切合作，大胆地创新与设计，逐步改进与完善，使奥林匹克运动具有丰富多彩的活动内容与形式，它包括奥林匹克运动会、大众体育以及与体育有关的教育、科学和文化等活动。以奥林匹克主义贯穿一系列活动，形成一个具有鲜明特色的奥林匹克活动体系。

在奥林匹克运动众多的内容中，4 年一度的冬、夏奥运会是最重要的活动，是奥林匹克运动的主旋律。奥林匹克运动会的活动内容包括竞技运动比赛、奥林匹克仪式、奥林匹克文化节、奥林匹克青年营等。

竞技比赛是奥运会的主要内容，所有项目都必须是经国际奥委会承认的；奥林匹克仪式，如圣火传递，开、闭幕式和发奖等，是奥运会的重要组成部分，不仅给奥运会以浓烈的节日气氛，而且升华了奥运会的境界，使之庄严、神圣；奥林匹克文化节是奥运会期间的一个重要文化活动，它使不同国家、民族的文化艺术，一同展现在世界人民面前；奥林匹克青年营是使来自世界各地的青年，在奥林匹克的旗帜下，互相交流、互相学习，借以深刻了解奥林匹克运动的理想。

举办奥运会是对举办国家和城市在政治、经济、文化和教育等方面的一次大检阅，并有可能带来巨大的经济效益和社会效益。因此，争办奥运会的角逐是激烈的，只有符合国际奥委会要求的城市才有可能获得举办权，通过申请、考核和选举，整个申办过程实际上是一次向全世界展示自我的过程，它为展示自己城市乃至国家的形象提供了一个很好的机会。申办工作对一个国家体育事业的各个方面，如广大群众的参与意识、竞技运动水平、体育科研和体育教育等都有重要的促进作用。

在为期 16 天的奥林匹克运动会上，组织者要使各项活动进行得井然有序，就需要在会前进行十分周密的工作，需要数年的准备时间。举办城市的任务是十分艰巨的，世界上没有任何其他方式能够像举办奥运会那样，将一个如此规模的超大型国际活动容纳在这样短暂的时间和狭小的空间里。

奥林匹克运动的其他重要竞赛活动，包括各大洲的洲际运动会、伤残人奥运会等国际奥委会承认的竞赛活动；大众体育活动主要是每年都举办的"奥林匹克日"，旨在促进群众体育活动的开展，扩大奥林匹克影响；奥林匹克科学、文化教育活动主要包括开办国际奥林匹克学院、建立奥林匹克博物馆、召开奥林匹克科学大会等。另外，还有为表彰一些为发展奥林匹克运动作出贡献的团体或个人而进行的颁奖活动。

奥林匹克仪式

奥林匹克仪式是指围绕奥运会而举行的一系列礼仪性的活动，主要有圣火传递仪式、奥运会开幕式和闭幕式、发奖仪式等。它们集中体现了奥林匹克运动的各种文化特征，是奥林匹克文化中最引人注目的部分。这些仪式不仅给奥运会以浓烈的节日气氛，而且大大提高了奥运会的境界，使它庄严、神圣，具有强烈的感染力，以此净化人们的心灵，弘扬奥林匹克崇高的理想。

（1）奥林匹克圣火传递与点燃仪式。奥林匹克圣火是经国际奥委会授权在希腊奥林匹亚点燃的火焰，它代表着奥林匹克崇高的理想，象征着光明、团结、友谊、和平和正义。

从1936年柏林奥运会开始，每届奥运会前，在奥林匹亚的赫拉神庙遗址前都要举行庄重的点火仪式。身着古装的希腊少女用聚光镜采得火种，然后用火炬传到雅典，再由雅典传到主办城市，开幕式举行时由一人手持火炬，在人们的欢呼声中点燃位于主体育场醒目位置的"奥林匹克圣火"。有幸承担这个使命的多是一些著名运动员。

2004年，雅典奥运会的圣火首次穿越了5大洲，途经27个国家的33座城市，历经3600名火炬传递者之手，向全世界传递了第28届奥运会的信息——全人类，无论来自哪个国家，无论是何种民族，也无论有何种信仰，都将在奥林匹克精神的指引下团结起来。尽管当今世界动荡不安，但奥运圣火给人类带来了希望，传递着和平。这是奥林匹克历史上最为成功的一次圣火传递。

（2）开幕式。开幕式是奥运会最隆重的仪式，也是奥林匹克运动奉献给全世界的最绚丽的文明之花，它是体育与艺术最完美的结合，有极强的艺术魅力。开幕式不仅对奥运会，而且对奥林匹克运动都有极其重要的意义。庄严、隆重、充满激情、令人振奋，有极大号召力的奥运会开幕式有一种非凡的感人力量。

作为一届奥运会的破题之笔，开幕式通过综合运用多种艺术手段，将体育、音乐、文化等多种元素融为一体，塑造一种庄严、隆重、充满激情的景象，为即将开始的奥运会定下基调，制造适宜的氛围。

（3）颁奖仪式。无论对获奖的运动员，还是对观众来说，颁奖仪式都是奥运会上最令人激动的时刻之一。

（4）闭幕式。开幕式给了奥运会一个辉煌的开始，闭幕式使其有一个完满的结束。与开幕式庄严而隆重的仪式不同，闭幕式营造的是轻松欢乐的气氛。

闭幕式是奥运会欢乐的音符，它把奥运会参加者及全世界观众的情绪推向欢庆的高潮。

奥林匹克与文化艺术

奥林匹克运动的文化特征

1. 奥林匹克运动也是一种文化现象

人们对"文化"一词有许多不同的表述，但大都承认它是包括人们的活动方式以及由此创造出来的物质和精神财富的复合体，狭义的文化则特指精神文化。体育运动也是这个文化复合体的一个组成部分。

体育运动是一种物质文化，它以人体的物质形态——人体本身为作用对象，在科学的训练和锻炼原则指导下，以一系列有规律的身体运动方式对人的有机体直接产生影响。因此，体育运动是人类进行自我完善、自我发展的重要物质形式。

体育运动也是一种精神文化，人的肉体与精神是不可分割的，体育运动不仅作用于生物的人，而且也同时作用于精神的人和社会的人。体育运动的功能不仅表现于人有形的物质形态，而且对于人的内心世界和社会行为也有相当的影响。因此，体育运动所蕴涵和培育的精神是多种多样的，没有精神活动参与的、纯粹的身体运动在体育中是不存在的。

奥林匹克运动将体育运动作为自己的基本活动内容，因此，它也是以体育运动为基本内容的一种社会文化现象。

2. 文化在奥林匹克运动中的作用

在奥林匹克主义的表述中，文化被置于与教育同等重要的地位。顾拜旦及历届国际奥委会主席反复地强调文化的重要性，是因为：

（1）奥林匹克运动目标的实现离不开文化。

（2）文化加强了竞技运动的精神价值。

（3）文化使奥林匹克运动成为综合的、典型的、理想的社会运动。

3. 奥林匹克运动的文化特征

（1）鲜明的象征性。顾拜旦多次说过，奥林匹克运动是"一个伟大的象征"。的确，奥林匹克运动表示着人类社会的团结、进步、友谊。在奥林匹克运动中有一系列独特而鲜明的象征性标志，如奥林匹克标志、格言、奥运会会旗、会歌、会徽、吉祥物，等等。这些标志有着丰富的文化含义，形象地体现了奥林匹克思想的价值取向和文化内涵；用一些简明洗练的艺术形象符号，表示奥林匹克思想的基本点；将抽象的概念变为可见的、可听的、可触的物质文化，反映了人们对奥林匹克运动认识的深化。

（2）浓郁的艺术性。在奥林匹克运动的各种活动，特别是在奥运会中，人们运用了各种艺术手段，使这些活动达到极高的审美意境，洋溢着浓郁的艺术气息。

（3）内涵的丰富性。由于奥林匹克运动力图从不同角度及不同层次去挖掘、展示人类社会中一切美好的东西，如人的身、心全面发展，社会的进步和国际间的团结、友谊等，这就使它具有丰富的文化内涵，涉及从物质文明到精神文明、从个体到社会、从具体到抽象的各个方面。

4. 奥林匹克仪式与文化

奥林匹克仪式主要是围绕着奥运会进行的，有圣火的传递、开幕式、闭幕式、授奖仪式等。其中开、闭幕式最为引人注目。

（1）奥林匹克仪式的文化功能。奥林匹克仪式的主要作用在于，为这一盛会创造一种高而神圣的意境。

（2）奥运会开、闭幕式的文化意义。奥运会的开、闭幕式是一种文化艺术的创造，是奥林匹克运动奉献给人类文明的一件瑰宝，与极强的艺术魅力。开、闭幕式的这种艺术意境，以其特有的雄浑博大、崇高神圣，给人、人们以强烈的感情冲击。

（3）奥运会开幕式是举办国文化的集中的体现。

奥林匹克运动与其他文化形式

1. 奥林匹克运动与其他文化形式的联系

（1）其他文化形式与奥林匹克运动融为一体。在这类关系中，其他文化形式，如音乐、舞蹈有时是通过与体育运动相结合，成为体育项目的不可分割的组成部分。奥运会比赛项目中女子自由体操、马术中的盛装舞步、表演项目中的艺术体操、花样游泳、花样滑冰、花样滑雪等就属于这种类型。

（2）其他文化形式与奥林匹克运动结成外在的稳固联系。在这类关系中，其他文化形式并不是体育运动过程本身的组成部分，它们与体育运动的联系只有形式上的意义。如在长期的发展过程中，每种运动项目都形成了自己的一套独特的服装文化。此外，奥林匹克场馆的建筑艺术也反映出这种联系。

（3）其他文化形式成为奥林匹克运动信息的载体。在这类联系中，奥林匹克运动借助于其他文化形式来推动自身的发展。邮票、美术、歌曲等，都不是奥林匹克运动的必然成分，但是奥林匹克运动却利用这些形式来进行宣传。奥运会的各种宣传画、会徽、吉祥物图案、纪念邮票、专门创作的歌曲，等等，都有效地起到了宣传奥运会和奥林匹克精神的作用。

2. 奥林匹克运动对其他文化形式的促进

由于奥林匹克运动具有综合性文化特点，因而促进了与之有关的各种文化形式的发展。奥运会为艺术家们提供了运用才思的广阔舞台。奥林匹克运动对其他文化艺术形式的促进作用是十分明显的。

奥林匹克运动对文化交融的贡献

1. 奥林匹克运动和国际文化的传播与交融

在现代社会中，各个国家间的文化传播和交往越来越频繁。奥林匹克运动采用对人类社会有普遍价值的体育运动作为文化传播的中介，采用一系列有效措施使和平、友谊、进步信念居于压倒一切的地位，使各民族文化的冲突降至最低程度，从而确保了传播过程的流畅。

在一个世纪多一点的历史瞬间，奥林匹克运动作为一个国际文化运动，从无到有，风靡世界，它不仅为其他形式的文化传播提供了宝贵的经验，而且为国际间文化的进一步融合做了必要的准备。当人们有了这样的心理体验和思想准备后，对其他外来的优秀文化的鉴赏力和吸收力会大大提高，从而促进了各种文化融合的进程。

2. 奥林匹克运动与国际体育文化的形成

奥林匹克运动作为联系体育文化的民族性与国际性的一座桥梁，促进了民族间体育文化的交流与融合。文化传播往往伴随并促进文化的增值，于是，奥林匹克运动既丰富了各民族的体育文化内容，又促进了融会各民族优秀体育文化精粹的国际体育文化的形成。

奥林匹克运动的宗旨

1. 促进世界和平，建立更加美好的世界

奥林匹克运动的思想体系是沿着由个体到社会，由微观到宏观的逻辑顺序构建的。首先是个人的全面发展，进而扩大到社会，最后扩大到国际社会。奥林匹克运动是在奥林匹克主义指导下的一种国际性的社会运动，它的目的并不限于促进这一运动的参加者个人的发展与完善。它担负着更加重大的历史使命和社会责任，这就是促进不同国家、不同文化之间的相互了解，从而促进和维护世界和平。《奥林匹克宪章》以明确的语言表述了这一运动的宗旨是，"通过没有任何歧视、具有奥林匹克精神——以友谊、团结和公平精神互相了解的体育活动来教育青年，从而为建立一个和平的更美好的世界作出贡献。"

2. 林匹克运动宗旨的重要意义

自从人类进入文明社会以后，在长达数千年的历史中，国家之间政治制度的矛盾、经济利益的冲突、意识形态的差异、民族文化的隔阂、宗教信仰的不同等种种因素，曾经驱使各民族无数次在战场上兵戎相见。战争曾经是人类社会中普通老百姓最大的会聚之地。百万之众的血肉之躯残暴地互相杀戮，人们带着仇恨奔赴战场，怀着更深的仇恨而去。而奥林匹克运动以化干戈为玉帛为宗旨，人们为着和平的目的而来，怀着友谊的深情而去。世界上所有的国家和民族，不分肤色与种族，不分国家与地域，大家以诚相见，以情相娱。如果说出于仇恨，人类最大的聚会是战争，那么为了和平，最大的聚会就是奥运会，就是正在全世界普及的奥林匹克运动。

　　当然，人类的和平不是一个奥林匹克运动所能维护的。和平的实现，离不开政治、经济、军事等一系列复杂因素的作用。但是和平，是世界上各国人民共同的愿望和追求的目标。随着现代科学技术的迅速发展，军事武器的破坏性力量大大增强，人类面临着前所未有的核战巨大威胁，这就使得世界和平的局面尤为宝贵，世界人民需要和平、反对战争的要求愈加迫切。奥林匹克运动力图通过沟通各国人民之间的互相了解，在不同民族、不同文化的人们之间建立起友谊的桥梁，来促进世界和平，减少战争的威胁。奥林匹克运动的宗旨与人类社会正义事业所要达到的目标是一致的，在一定程度上满足了现代国际社会的需要，对进入现代社会以来的人类有直接的现实意义。奥林匹克运动的这个宗旨，使它成为世界和平事业的一个重要组成部分，这就确定了它在当代国际社会中的重要地位。

奥林匹克主义的含义

　　现代奥林匹克运动从 1896 年在希腊雅典举办第一届至今，逐渐形成了以奥林匹克主义为核心的思想体系。奥林匹克主义是现代奥运的灵魂，其核心思想是实现人的身心的和谐发展，通过体育运动来发展人、完善人、提升人。"奥林匹克主义"一词最早是由现代奥运创始人、法国男爵皮埃尔·德·顾拜旦（1863～1937）提出来的，他在《致全国青少年运动员书》中希望"奥林匹克主义能建立一所培养情操高尚与心灵纯洁的学校，也是发展身体耐力和力量的学校。"他想以"奥林匹克主义"为现代奥运确立高尚的目标和哲学基础，但他并没有为这一概念下一个精确的、完整的定义。

对于什么是"奥林匹克主义"这一问题，众说纷纭。有人说奥林匹克主义是"现代的、真正的、激动人心的、强有力的、动态的20世纪的宗教"；有人认为它是"一种完全独立，不受任何民族的、政治的、经济的或其他因素限制的国际机制，其最终目的是人的协调发展与完善"；也有人认为"奥林匹克主义是一个以确定奥林匹克运动内容的，由哲学、道德、伦理和组织原则构成的综合体，它是以竞技运动普遍的、文化的和人道主义的价值为基础的，而奥运会是它的集中体现，奥林匹克主义不仅是使人和谐发展的工具，也是加强和平、友谊和相互了解的工具。"

国际奥委会新修订的、自2000年9月11日起生效的《奥林匹克宪章》在"基本原则"第2条中明确将"奥林匹克主义"表述为："奥林匹克主义是增强体质、意志和精神并使之全面均衡发展的一种生活哲学。奥林匹克主义谋求体育运动与文化和教育的融合，创造一种以奋斗为乐，发挥良好榜样的教育作用并尊重基本公德原则为基础的生活方式。"

奥林匹克三大支柱

在奥林匹克大家庭的诸多成员中起支撑作用的是国际奥委会、国家奥委会和国际单项体育联合会。由于这3个组织系统对奥林匹克运动的生存与发展起着至关重要的作用，缺一不可，故被人们称之为"奥林匹克三大支柱"。

三大支柱在奥林匹克运动中承担着不同的任务：国际奥委会负责领导和协调；国际单项体育联合会负责各种技术性事务，如组织比赛、制定竞赛规则等；国家奥委会则负责在本地区开展各种活动，组队参加奥运会等。国际奥委会十分重视这种团结合作的关系，采取各种措施加强三者之间的联系。

首先，3个组织系统的领导层中保持一定数量的人员兼职。国际奥委会的委员中有不少国际单项体育联合会和国家奥委会的负责人，如曾任国际田联第一任主席的埃德斯特隆和副主席的布伦戴奇就担任过国际奥委会主席。国际奥委会委员是其所在国家的国家奥委会的当然成员。国家奥委会又有国际单项体育联合会下属的国家单项协会的代表。于是在组织上，三大支柱形成了你中有我、我中有你的交叉态势，这有利于加强各组织间的沟通。其次，加强组织间的协商，保持信息渠道畅通。国际奥委会在总部设立了专门与各国家奥委会和国际单项体育联合会联络的部门，保持日常通信通畅无阻。此外，国际奥委会还定期举行双边会议，使三大支柱在重要问题上达成共识，在行动上保持一致。国际奥委会执委会与国际单项体育联合会和国家奥委会分别至少每两年举行一次联席会议。再次，在一些重要的事务中，国际奥委会允许国际单项体育联合会和国家奥委会参与决策过程。如，对申办奥运会城市的调查委员会中有国际单项体育联合会和国家奥委会的代表。最后，国际奥委会通过"奥林匹克销售计划"对出售奥运会电视转播权等收入进行分配，以及建立奥林匹克团结基金等方式，给国际单项体育联合会和国家奥委会以越来越多的经济支持。

为了协调这3个组织系统间的相互关系，国际奥委会于1975年成立了三大支柱委员会（Tripartite Commission），1982年改名为奥林匹克运动委员会。

国际奥委会主席

国际奥林匹克委员会主席是国际奥林匹克委员会的"法定代表人"，主持国际奥委会的全部活动。有权建立常设的或在必要时建立临时的委员会和工作组，并确定其职权范围，指派其成员。一旦认为它们已经完成工作，可决定予以解散。该委员会或工作组未经主席事先同意，不能举行会议。主席是所有委员会和工作组的当然成员，而且在他出席其中任何会议时均应身居上座。国际奥委会成立之初，现代奥运会创始人顾拜旦提出主席轮流制，即国际奥委会主席由奥运会举办国的委员担任，4年一轮换，以体现奥林匹克运动的国际性。由于首届现代奥运会于1896年在希腊雅典举办，因此希腊人维凯拉斯担任第一任主席。雅典奥运会结束后，下一届奥运会将于1900年在法国巴黎举办，于是顾拜旦接任为第二任主席。第3届奥运会定于1904年在美国圣路易斯举办，因此巴黎奥运会后，顾拜旦准备将主席一职交给国际奥委会的美国委员、普林斯顿大学教授斯隆。但是斯隆认为，频繁更换领导人对新生不久的国际奥委会十分不利，坚持要顾拜旦留任。历史证明斯隆的意见是正确的。顾拜旦在其长达29年的国际奥委会主席任期内殚精竭虑，对奥林匹克运动的生存、发展与创新作出一系列重大贡献。顾拜旦之后，先后担任国际奥委会主席的有比利时人巴耶－拉图尔（1925～1942）、瑞典人埃德斯特隆（1942～1952）、美国人布伦戴奇（1952～1972）、爱尔兰人基拉宁（1972～1980）、西班牙人萨马兰奇（1980～2001）、现任主席是比利时人罗格（2001至今）。

国际奥林匹克委员会设主席一人、副主席三人。由主席、副主席及另外七名执委组成国际奥林匹克委员会执行委员会。

根据《奥林匹克宪章》，国际奥委会主席须在国际奥委会全会上以无记名投票方式从委员中产生。主席任期为8年，可连选连任，连任每届任期4年。

从1894年到目前为止，已有8任国际奥委会主席。现任的国际奥委会主席是比利时人雅克·罗格。

（1）第一任（1894～1896）德米特留斯·维凯拉斯（1835.2.15～1908.7.20，希腊人）

国际奥委会首任主席德米特留斯·维凯拉斯是希腊诗人和教育家，1835年生于希腊。作为泛希腊俱乐部会员，代表希腊参加了1894年顾拜旦主持召开的国际奥委会巴黎大会。会上，他积极支持希腊主办首届现代奥林匹克运动会。因此，根据当时的规定，国际奥委会主席应该是奥运会举办国公民，会后被选为第一任国际奥委会主席，从 1894 年任职到 1896 年。他于 1908 年去世，终生为奥林匹克运动的发展作出积极的努力。

（2）第二任（1896～1925）皮埃尔·德·顾拜旦（1863.1.1～1937.9.2，法国人）

国际奥委会第二任主席皮埃尔·德·顾拜旦是现代奥林匹克运动的创始人，顾拜旦的故居在法国的诺曼底省的米尔维勒城堡，古堡的门口有一块牌子，上面写着"现代奥运之父、教育家、历史学家皮埃尔·德·顾拜旦，1863～1937"。出生于法国巴黎贵族家庭，本人为男爵。青年时喜爱古希腊史，崇尚英国学校教育，对其以后放弃仕途、投身体育工作，以及极力主张恢复古代奥运会和改革法国教育有重大影响。

1883 年首次提出定期举行世界性比赛的主张，1889 年建议恢复奥运会，1892、1893 年，遍访欧美诸国，进行实地考察，宣传奥林匹克理想，征询恢复奥运会意见。

1894 年在他的积极努力和多方筹措下，召开了巴黎国际体育会议，促进了国际奥委会的成立，并被选为该会秘书长。

1896～1925 年任国际奥委会主席，1925 年后任终身名誉主席。任职期间，对奥林匹克运动的发展作出了重要贡献。1912 年斯德哥尔摩奥运会时，针对当时体育竞赛中的种种弊端，发表了著名诗作《体育颂》，获该届奥运会文艺赛金质奖章。

另著有《运动心理学试验》（1913）和《竞技运动教育学》（1919）等。1937 年 9 月 2 日病逝于日内瓦，其遗体葬在国际奥委会总部所在地洛桑，心脏则埋在奥林匹克运动发源地奥林匹亚。

（3）第三任（1925～1942）亨利·德·巴耶－拉图尔（1876.3.1～1942.1.6，比利时人）

国际奥委会第三任主席亨利·德·巴耶－拉图尔出生于比利时贵族家庭，社会活动家和奥林匹克运动积极支持者，是顾拜旦的密友。

20世纪初，亨利·德·巴耶－拉图尔曾任比利时驻荷兰外交官。1903年当选为国际奥委会委员。1906年在其积极筹划下建立了比利时国家奥委会。第一次世界大战后，他为安特卫普申请主办1920年第七届奥运会和申办成功后举办该届奥运会作出了巨大的贡献。

1925年接替皮埃尔·德·顾拜旦任国际奥委会主席，1942年病逝于任所。

（4）第四任（1946～1952）西格弗里德·埃德斯特伦（1870～1964，瑞典人）

国际奥委会第四任主席西格弗里德·埃德斯特伦是一位瑞典体育活动家。1870年11月21日生于瑞典的哥德堡。先后就学于哥德堡的查尔默工科大学和瑞士苏黎世综合工艺学院。毕业后曾任瑞典电力公司经理，1934年成为该公司董事长。他在大学时就以16秒4创150米短跑的瑞典纪录。1901～1903年任瑞典业余田径协会主席。1903年建立瑞典全国体操和体育协会并任主席，直至1940年。他曾多次率瑞典田径代表队参加1906～1936年间的国际比赛。他是1912年在斯德哥尔摩举行的第5届奥运会和1932年在洛杉矶举行的第10届奥运会的组织者。1912年第5届奥运会时，经他倡议成立了国际业余田径联合会，并被选为主席，一直到1946年。1920年当选为国际奥委会委员，1921年当选为执委，曾担任1921年在洛桑和1925年在布拉格举行的两次奥林匹克代表大会的主席。1931年任国际奥委会副主席。1942年在巴耶－拉图尔逝世后任临时主席，1946年当选为正式主席。1952年离任后成为国际奥委会名誉主席。

（5）第五任（1952～1972）艾弗里·布伦戴奇（1887～1975，美国人）

国际奥委会第五任主席艾弗里·布伦戴奇是美国体育活动家。喜爱田径运动，曾参加1912年斯德哥尔摩奥运会，获得田径比赛五项全能第五名。

1914 年、1916 年、1918 年三次获美国田径全能冠军。

（6）第六任（1972～1980）迈克尔·莫里斯·基拉宁（1914～1999，爱尔兰人）

国际奥委会第六任主席迈克尔·莫里斯·基拉宁是爱尔兰记者、体育活动家。曾在英国《每日快报》、《每日邮报》等报刊任职。1937～1938 年以军事通信记者身份到中国及亚洲其他国家做战地采访。第二次世界大战后，从事文艺创作和电影导演，创作过不少优秀作品。后投身体育事业，1950 年任爱尔兰奥委会主席。

（7）第七任（1980～2010）胡安·安东尼奥·萨马兰奇（1920.7.17～2010.4.21，西班牙人）

中国人民的老朋友、国际奥林匹克委员会终身名誉主席。1920.7.17～2010.4.21

（1）简　历

1920 年 7 月 17 日，出生于巴塞罗那的一个经营纺织业的富裕家庭

1966 年，获选担任国际奥委会委员

1968～1975 年，担任礼宾部门负责人

1970～1978 年，担任执行委员

1974～1978 年，担任副主席

1980～2001 年，担任主席

（2）生平事迹

西班牙社会活动家，精通西班牙语、法语、英语等多国语言。曾任大学经济学教授、数家银行的董事、巴塞罗那体育负责人、巴塞罗那副代表、西班牙国家体育教育及运动代表、巴塞罗那代表，西班牙驻苏联、蒙古大使。曾从事曲棍球、拳击、足球等运动。在西班牙奥委会曾担任委员、第一副主席、地中海运动会筹委会副主席、西班牙滑冰协会理事长，1956 年科蒂纳丹佩佐冬季奥运会、1960 年罗马奥运会及 1964 年东京奥运会西班牙代表队总领

队，国际赛艇总会会长。

他喜爱收藏艺术品、体育邮票。1982年12月，国际奥林匹克集邮爱好者联合会成立，被选为该会主席。喜好收集运动邮票。萨马兰奇先生当选国际奥委会主席后，即将布伦戴奇时代完全封闭的组织大力改革为开放机构，使这一国际组织变得空前活跃而更富生命力。并面对现实取消所谓的业余规定，并依托国际奥委会、国际单项运动组织、各国家奥委会三大支柱，共同将奥林匹克推向新的纪元，使奥运会成为全球水准最高的体育赛会，主办奥运会的城市也获得了至高无上的荣誉，以及无限的商机。

国际奥委会在胡安·安东尼奥·萨马兰奇领导的19年中，成为全世界历史最悠久、最有影响力、最富有的国际组织。

（8）第八任（2001至今）雅克·罗格（1942.5.2至今，比利时）

（1）简　历

1942年5月2日，出生于比利时

1989年起，任欧洲奥委会主席

1991年以来，任国际奥委会委员

2000年起，任奥运会协调委员会主席

2001年，任国际奥委会主席

（2）生平事迹

出生于1942年5月2日，曾是一位水上运动员，具有神奇色彩的是，他还曾入选过比利时国家橄榄球队。退役后成为一名外科医生的他还同时是位语言天才，精通荷兰语、英语、法语、德语和西班牙语。罗格与国际奥委会的缘分从他在1989年出任欧洲奥委会主席后正式开始。1991年进入国际奥委会后，罗格的"全能素质"得到越来越多的展示与发挥。1998年当选为执委的他逐渐成为萨马兰奇面前的一位红人。

以"廉洁先生"形象出现在国际奥委会的罗格还是缩小奥运会规模的最大支持者，在他看来，奥运会耗资太大，缩小规模理所当然，否则有朝一日奥林匹克运动将进入误区。

体育颂

《体育颂》（Odeto Sport）是现代奥运先驱皮埃尔·德·顾拜旦以霍罗德和艾歇巴赫的笔名创作的散文诗，在 1912 年斯德哥尔摩奥运会"缪斯五项艺术比赛"中获得奥林匹克文学艺术比赛金奖。

诗词

啊，体育，

天神的欢娱，生命的动力。

你猝然降临在灰蒙蒙的林间空地，

苦难的人们，激动不已。

你像是容光焕发的使者，

向暮年人微笑致意。

你像高山之巅出现的晨曦，

照亮了昏暗的大地。

啊，体育，你就是美丽！

你塑造的人体变得高尚还是卑鄙，

要看它是被可耻的欲望引向堕落，

还是由健康的力量悉心培育。

没有匀称协调，便谈不上什么美丽。

你的作用无与伦比，

可使二者和谐统一；

可使人体运动赋有节律；

使动作变得优美，

柔中会有刚毅。

啊，体育，你就是正义！

你体现了社会生活中追求不到的公平合理。

任何人要想更快一分一秒，

更高一分一厘。

取得成功的关键，

只能是体力与精神融为一体。

啊，体育，你就是勇气！

肌肉用力的全部含义是敢于搏击。

若不为此，敏捷、强健有何用？

肌肉发达有何益？

我们所说的勇气，

不是冒险家押上全部赌注似的蛮干，

而是经过慎重的深思熟虑。

啊，体育，你就是荣誉！

荣誉的赢得要公正无私，

反之便毫无意义。

有人要弄见不得人的诡计，

以此达到欺骗同伴的目的。

他内心深处却受着耻辱的绞缢。

有朝一日被人识破，就会落得名声扫地。

啊，体育，你就是乐趣！

想起你，内心充满欢喜，

血液循环加剧，思路更加开阔，

条理愈加清晰。

你可使忧伤的人散心解闷，

你可使欢乐的人生活更加甜蜜。

啊，体育，你就是培育人类的沃地！

你通过最直接的途径，

增强民族体质矫正畸形躯体，

防病患于未然，

使运动员得到启迪：

希望后代长得茁壮有力，

继往开来，夺取桂冠的荣誉。

啊，体育，你就是进步！

为人类的日新月异，

身体和精神的改变要同时抓起，

你规定良好的生活习惯，

要求人们对过度行为引起警惕。

你告诫人们遵守规则，

发挥人类最大的能力，

而又无损健康的肌体。

啊，体育，你就是和平！

你在各民族间建立愉快的联系。

你在有节制、有组织、有技艺的体力较量中产生，

使全世界的青年学会相互尊重和学习，

使不同民族特质成为高尚而和平竞赛的动力！

作品概述

《体育颂》是现代奥林匹克运动会的创始人顾拜旦于1912年第五届奥运会在瑞典斯德哥尔摩举行时，用笔名发表的一篇优美动听的散文诗。该作品获得了首次举办的奥林匹克文学艺术比赛金质奖。这篇作品在当时产生了巨大的轰动效应。《体育颂》经历了多年，其间一直为人们所喜闻乐见，争先传诵，具有永久的魅力。《体育颂》体现了时代特点和重大社会意义的奥

林匹克理想，闪耀着顾拜旦体育思想的灿烂光辉，具有很高的审美价值和强大的美学力量。

顾拜旦在这篇传世的散文诗中充满激情地讴歌体育和奥林匹克运动，高度评价了奥林匹克运动在现代社会文明中的作用和地位，同时也讽刺和批判了奥林匹克运动中的种种弊端，其主导思想是"体育就是和平"，这也是他以"奥林匹克理想"为题的《文选》中多次阐释的奥林匹克主义，且被《奥林匹克宪章》所强调。

顾拜旦用一个法国名字和一个德国名字署名发表这首散文诗，是用心良苦的。首先是基于他所倡导的"费厄泼赖"的公平竞争原则，为使评委能公平评判而用了笔名；其次，根据国际奥林匹克委员会委员、匈牙利人梅佐博士的解释，顾拜旦先生是想告诉人们：即使像法国、德国这样有着世仇的国家，也能在奥林匹克运动的大家庭中，增进互相了解而友好相处。

创作背景

现代奥林匹克运动会从创办到1912年举行第五届奥运会前夕，奥林匹克运动在西方世界被蒙上了一些阴影，发生了变异，暴露出了不少弊端。加拿大学者托马斯·贝德斯基在《体育与民族主义》一文中就指出，十九世纪前半叶是民族主义概念为人们接受的年代，开始是由自由主义出现的，尔后成为沙文主义。欧洲民族主义的成因可以联系到奥林匹克运动会的复兴。于是，奥运会可以用来作为衡量体育中民族主义发展程度的气压计。他在文章中列举了从第一届奥运会开始都曾经多次暴发一些民族主义纠纷。仅以1908年在伦敦举行的第四届奥运会为例，由于英国裁判偏袒本国选手引起其他国家，特别是美国选手的不满，两国曾在拔河比赛中发生争吵，后来在400米跑中英美运动员又发生冲突，而英国裁判又整了美国选手，致使美国选手弃权罢赛以示抗议。奥运会上还发生了其他一些违规情况，如，早在1904年圣路易奥运会上就发生过美国的马拉松选手"以车代步"和"打兴奋针"的欺骗行为，等等。这类事在顾拜旦看来显然都是完全违背了他所提倡的奥林匹克理想的。这使他深感忧虑不安，他在 1908 年 7 月 24 日伦敦第 4 届奥运会期间，在英国政府举办的招待会上发表了警世性的讲话。他说："可以认为，尽管我们所处的时代，物质文明——我通常称作机械文明，使一切事物美好起来，但有些威胁奥林匹克理想的弊端却令人不安。诚然，我毋庸隐讳，'费厄泼赖'（Fairplay，意指公正竞赛）处于危险之中。特别是由于种种毒害毫无顾忌地滋长，造成竞赛的狂热、赌博和冒险的狂热，因此，如果我们着手进行一次改革运动来反对这种危险，我深信会得到这个国家舆论的支持——这些舆论会来自为自身健康、为教育价值、为完善人类的一切爱好体育的人们，这也许是最为有力的因素之一。"某星期天，在美国圣保罗组织的一次运动员授奖大会上，宾夕法尼亚州大主教用中肯的话语提醒大家注意'对奥运会来说，取胜没有参加更为重要。'朋友们，请牢记这铿锵有力的名言。这个论点可以扩展到诸多领域，直至形成客观而正确的哲学基础。对于人生而言，重要的绝非凯旋，而是战斗。这意味着主要不是已经获胜，而是进行战斗。传播这些格言，是为了造就更健壮的人类——从而使人类更加严谨审慎而又勇敢高贵。

由此可见，作为现代奥林匹克运动奠基人的顾拜旦，早已敏锐地看到了当时社会出现的一些不利于体育健康发展的潜在危机，他在这次隆重而庄严的大会上大声呼吁，希望世人能全面、充分理解奥林匹克运动所追求的崇高理想。四年之后，他用德文笔名霍罗德和艾歇巴赫发表了《体育颂》。

《体育颂》一开头，作者就用浪漫主义手法，赞美"体育"是"天神的欢娱，生命的动力"，像"晨曦，照亮大地"，这向我们揭示了体育是神圣的事业，是"大地"（世界）上至高无上的事业。以下各段作者又用褒扬的词语歌颂"体育"是"美丽"、"正义"、"勇气"、"荣誉"、"乐趣"、"活力"、"进步"与"和平"的化身，这又向我们精辟、形象地揭示了体育的功能和体育对人类社会进步的意义。全诗都形象生动地体现了奥林匹克理想。所谓奥林匹克理想（或称"奥林匹克主义"），其内涵是十分丰富的。

早在 1892 年 11 月，顾拜旦在巴黎正式提出创办现代奥运会的倡议时，就明确主张："我们要恢复的应该是这样的运动会——它要像古代奥运会那样，以团结、和平和友谊为宗旨；它不受国家、地区、民族和宗教的限制。"经过两年的奔走努力，终于于 1894 年 6 月 23 日，在巴黎成立了国际奥林匹克委员会。

他的这个初衷和崇高的理想，被写入了《奥林匹克宪章》。《宪章》的中心思想是"在奥林匹克理想指导下，鼓舞和领导体育运动，从而促进和加强各国运动员之间的友谊。"1913 年，根据顾拜旦构思设计制作的奥林匹克会旗有五个相套连的圆环，称为奥林匹克环，它的颜色为蓝、黄、黑、绿、红；它是象征五大洲的团结，全世界运动员以公正、坦率的比赛和友好的精神，在奥林匹克运动会上相聚。奥林匹克会旗上还有三个拉丁文格言："更高、更快、更强"（Citius，Altius，Fortius），这原是顾拜旦一位挚友办学的校训，顾拜旦认为寓意深广，便取用作为奥林匹克格言（又称"奥林匹克口号"），这个格言体现人类不断向上、不断竞争、不断追求的一种体育精神，这也是奥林匹克崇高理想的组成部分。上述这些内容、意义，都巧妙地融汇在《体育颂》中。尤其是结尾一段，顾拜旦满怀深情地赞美。

诗歌作品中所展示的社会生活，是诗人创造性劳动的产物。而诗人反映社会生活总是根据自己的世界观和审美观念，在作品中对社会生活进行评价，寄寓自己的社会理想和道德标准，这就使得诗歌作品具有教育作用。中外久远的文学传统中，都注重一种"诗教"（如孔子和亚里士多德等），作为散文诗的《体育颂》同样也起到"诗教"的作用——给当时和今天的人们以形象的奥林匹克理想和体育文明的教育。

奥林匹克运动的宗旨是什么呢？《奥林匹克宪章》规定得很明确："通过没有任何歧视，具有奥林匹克精神——以友谊、团结和公平精神互相了解的体育活动来教育青年，从而为建立一个和平的更美好的世界作出贡献。"这说明奥林匹克运动是通过具有奥林匹克精神的体育活动来教育青年，以达到它的崇高目的。体育具有教育、健身和娱乐等多种功能（这在《体育颂》中都有生动的抒写和赞美），而体育教育则最能突出这些功能。

顾拜旦向来都十分重视教育，早在1888年和1889年先后发表两篇重要论著，主张在学校中开展体育运动，并以体育为重点来改革教育，他在开始复兴奥林匹克运动之初，就更坚定地认为"在现代生活中最重要的是教育。"在《体育颂》的每一段（节）、字里行间都贯穿着"教育"这根红线。例如，他歌唱道："啊，体育，你就是美丽！你塑造的人体，变得高尚还是卑鄙，要看它是被可耻的欲望引向堕落，还是由健康的力量悉心培育。"顾拜旦在一次讲话中说过："奥林匹克理想在我们心目中是一种强烈的身体文化概念"，并认为"身体文化概念"中包含着"美学概念，即对美与优雅的崇拜"。诗句和讲话既体现了他精辟的体育价值观和人体美学观，又教导人们要全面认识和理解体育。

他认为体育锻炼和运动竞赛应能净化、美化人们的思想情操，而不是单一的身强力壮，所以，他教导人们既要看重人体的外形美——这是可以通过体育锻炼获得，但同时还要通过体育锻炼而获得心灵美，要求人们"二者和谐统一"。在赞美体育正义时，他又歌唱道："啊，体育，你就是正义！你体现了社会生活中追求不到的公平合理。任何人想要超过速度一分一秒，超过高度一分一厘，取得成功的关键，只能是体力与精神融为一体。"这是针对体育竞技场上有人为了追求荣誉而不择手段，甚至做着最卑劣的事，所以他在诗中说："荣誉的赢得要公正无私，反之便毫无意义"，并且提出警告："有人要弄见不得人的诡计，以此达到欺骗同伴的目的。他内心深处却受着耻辱的绞缢"，"有朝一日被人识破，就会落得名声扫地。"顾拜旦看到了当时资本主义兴起后的社会种种不良现象，看到体育竞技中职业化、商业化、沙文主义、服用兴奋剂和暴力冲突事件等已经背离了奥林匹克的宗旨，他是多么希望通过体育教育来拯救人类的灵魂，让世界充满"美丽"、"正义"、"进步"、"友谊"与"和平"啊！顾拜旦在《体育颂》中体现的奥运理想，从美学上讲，就是为人类构造出了体育审美理想。

当今某些体育竞技场内外，还有各种怪现状，如吸毒、赌博、色情、运动员被当做商品买卖、暴力冲突、行贿受贿等与体育本身的宗旨，与奥林匹克的宗旨相悖的极不文明的行为。因此，《体育颂》的带有强烈劝谕倡导、深含教育意味的诗歌美——体育审美理想，在当今的体育世界依然能够作为一面镜子，发挥它强大的理性力量和审美力量而震撼人们的心灵：警示、教育人们要继承和发扬奥林匹克精神，注重体育道德，塑造真善美的体育形象，创建体育文明。而顾拜旦毕生为复兴和高扬奥林匹克理想的奋斗精神，是永远值得世人敬仰的。他不愧为一位伟大的国际体育运动活动家，又是伟大的体育教育家。

《体育颂》的审美价值诗歌同一切文学艺术一样，其审美功能是以艺术性为基础的。人们阅读文学作品，是以艺术形象和形式为依据，引发起富于感情、联想和想象的艺术思维活动，达到情绪、感觉上和心灵上的美感；同时，人们的身心情感在这过程中得到一种很好的陶冶和净化。《体育颂》在奥运会上、在中外举行的各种大中小型运动会上，以及在1988年中国春节举行的"奥林匹克之春"联欢会上，总是被运动员，或演员们热情洋溢地朗诵，之所以这样，除了在于它深刻的认识作用和教育作用外，还在于它在艺术上的美悦作用。

文学作品的美悦作用，一般具有两方面构成因素。首先是题材内容因素。作家、诗人选取的题材、描写的对象、塑造的形象、表达的情感和追求的理想，是健康积极而又诚挚真实的，那么它就能给人一种内容方面的美的感受。前苏联著名文艺评论家卢卡契说过："伟大的艺术家一向是人类进步中的先驱者，通过自己的创作，他们揭示了前所未知的事物之间的相互联系——经过相当长一段时间以后，科学与哲学的才能将这些联系以确切的形式表达出来。"作为现代奥运会先驱者的顾拜旦，他创作的《体育颂》，所写的无疑是非常重大的题材。它气度恢弘，情绪真诚而热烈；它以高屋建瓴之势，用浪漫主义的创作，在读者面前展开了奥林匹克运动无比广阔的领域；并且，层出不穷的科学性、哲理性的诗句，在这广阔的领域中熠熠生辉。

构成文学的美悦作用的，还有是形式方面的因素。诗歌是最典型的语言艺术。诗，必须有形象生动的艺术语言，既有能为人的眼睛、耳朵直观的形式美，又有能表达人的丰富多彩的情感宣泄。《体育颂》的语言，有着独特的艺术风采。"体育"本来是文化范畴中的一个概念术语，而《体育颂》中的"体育"完全被诗化、形象化、人格化了。作者把"体育"比喻为"欢娱"的"天神"、"容光焕发的使者"、"高山之巅出现的晨曦"，比作"勇气"、"荣誉"、"进步"、"和平"等等，并加以拟人化，从而高度地、形象地评价了体育在现代人类社会中的功能和作用。

《体育颂》歌颂体育，抒发奥林匹克理想，不是那种低声浅吟，而是言辞率直、意气骏爽、感情热烈而奔放，极富风骨，真可谓"立意高远，格调昂扬"。诗人正是以这种格调谱写出了时代的最强音，抒发了奥林匹克运动的豪壮气魄和不可摧毁的力量。《体育颂》采用散文诗体式，不是没有道理的。散文诗体式给作者提供驾驭文笔的自由。全诗自如灵活地叙述、描绘、议论、抒情，诗中的词语都如同"体育运动"一样富有弹力和流动感；句式或长或短、段（节）式或大或小，节奏或舒缓或急促，等等，都是根据内容和感情的需要，造成了为人们所称道的"诗的散文美"。我们阅读这样的作品，只感到语词、诗行、段节的律动，仿佛置身于奥运竞技场上感受到生命的奔突和感情的激荡。

显然，《体育颂》具有诗歌美的崇高性。崇高作为美学中的一个范畴，是客观地存在于自然对象和人们实践活动的对象本身。进入诗中的崇高，既是对客体的崇高——现实与实践的矛盾冲突和艰巨斗争的真实揭示，又是对主体的崇高——审美感受中的斗争动荡和愉悦的动人体现，并且使两者达到合规律性与合目的性的统一。《体育颂》诗美的崇高，最突出的表现为：它讴歌奥运历史进程中的巨大事件，它塑造了大写的"人"的形象，歌颂了人的本质力量、人的真善美；并且同作者大手笔的、诗化的、叙事、描写和抒情的全部才能智慧结合在一起。它很好地体现了把对社会历史的剖析与美学的发挥——二者的高度结合。这正是诗歌崇高所达到的境界。我们阅读《体育颂》，会如同登临高山、面向大海所感受到的一种积极向上的快感——会油然产生对于奥林匹克运动巨大力量的冲动与向往，油然产生对于真理和未来的追求动力。

第三章　夏季奥运会

第一届雅典奥运会

　　希腊首都雅典，位于希腊东南部的阿蒂卡半岛西侧，三面环海，气候宜人，它是希腊政治、经济、文化的中心。在古希腊时期，希腊就曾是欧洲文明的摇篮，雅典则是这个摇篮的中心，也是重要的竞技场所之一。在距雅典西南约300千米的地方，有一块丘陵地带，这就是驰名世界的古代奥运会的发源地——奥林匹亚。在古代奥运会沉寂了1000多年以后，第一届现代奥运会于1896年4月6日至15日在希腊首都雅典隆重举行。

　　1894年6月16日，是奥林匹克运动史上一个值得纪念的日子。在现代奥林匹克运动之父——皮埃尔·德·顾拜旦的倡议下，人们期待已久的"国际体育运动代表大会"在法国巴黎隆重召开。大会通过成立了"国际奥林匹克委员会"，批准了顾拜旦制订的第一部《奥林匹克宪章》，选举了希腊诗人维凯拉斯为国际奥委会第一任主席，顾拜旦为秘书长，还选出了14名国际奥委会委员。除新西兰的卡夫外，其他委员都是欧美人，亚洲和非洲未派代表出席。会议规定法语（现为英、法两种语言）为国际奥委会法定语言，并决定每4年举行一次运动会。原拟第一届奥运会于1900年在巴黎举行，后来考虑到希腊为古代奥运会发源地，在希腊举行比在巴黎意义更为重大。大会最后决定把会期改在1896年，鉴于古代奥运会会址奥林匹亚已成了一片废墟，会址改在希腊首都雅典。至此，熄灭了1000多年的奥林匹克圣火，终于得以重新点燃。

1896 年 4 月 6 日下午 3 点，希腊国王乔治一世庄严宣布，第一届现代奥林匹克运动会开幕。这是历届奥运会举行月份最早的一次，东道主之所以将开幕式选在这一天，是为了纪念希腊反抗土耳其统治起义 75 周年。乔治一世国王致辞后，伴随着优美庄严的古典管弦乐曲，全场唱起了《撒马拉斯颂歌》，这首如宗教赞美诗般的管弦乐曲，热情讴歌了奥林匹克运动，并在后来被选定为奥运会会歌。

雅典的大理石体育场是首届奥运会的主要运动场，它是在雅典古运动场的废墟上重建而成的。应邀参加首届奥运会的有澳大利亚、保加利亚、奥地利、英国、德国、丹麦、匈牙利、美国、法国、智利、瑞典、瑞士，加上东道主，共有 13 个国家的 311 名运动员参加。据记载，国际奥委会曾向清朝政府发了邀请，但当时的清王朝不知奥运会为何物，未予理睬。其他亚、非国家亦未能接受邀请前往参赛。

首届奥运会比赛项目有田径、游泳、举重、射击、自行车、古典式摔跤（当时称希腊－罗马式）、体操、击剑和网球 9 个大项，原计划中有赛艇项目，后未举行。东道主没有设 200 米跑项目，这在奥运会史上是仅有的一次。

4 月 6 日，比赛拉开了序幕。美国选手詹姆斯·康诺利在三级跳远赛中旗开得胜，以 13.71 米夺得现代奥运会的第一个冠军。他获胜后，运动场上奏起了美国国歌，升起了美国国旗。此后，奏国歌、升国旗成了奥运会的发奖仪式。在男子 100 米决赛中，美国的托马斯·伯克采用了近似"蹲踞式"的起跑法，最终以 12 秒整的成绩夺得了冠军。110 米跨栏，实际比赛距离是 100 米，栏也只有 8 个。比赛时，运动员的过栏姿势也是五花八门，有的甚至是双腿蹦过栏后再跑。预赛时有 7 人，决赛仅剩下 2 人，结果美国跨栏冠军托马斯·柯蒂斯摘下了这顶桂冠。

雅典奥运会最热烈、最轰动的比赛场面是马拉松比赛。奥运会前，法国语言学家米歇尔·布里尔曾赴希腊考察，对马拉松战役中的传奇英雄菲迪皮得斯非常钦佩。公元前490年希腊在马拉松河谷以少胜多，大败入侵的波斯军。当时，担任传令兵的菲迪皮得斯，奉命把这一胜利消息迅速转告固守待援的雅典，他不顾疲劳，从马拉松跑到雅典，到达雅典后已筋疲力尽，只说了一句"我们胜利了！"就倒毙在广场上。布里尔有感于这一英雄事迹，写信给顾拜旦建议，在奥运会田径赛中专门增设一项马拉松比赛，并提出捐献一个"布里尔银杯"作为对冠军的奖赏。

雅典马拉松赛采用的是昔日菲迪皮得斯所跑过的路线，从马拉松至雅典，全程40千米。当时雅典只有13万5千人，而观看马拉松比赛的竟达10万人之多。当身着浅蓝色背心的希腊选手斯皮里东·鲁易斯第一个冲进运动场时，全场雀跃，欢声雷动。国王乔治一世步下观礼台，亲自迎接这位凯旋的英雄。人群潮水般地涌入场内，争相拥抱鲁易斯，不断把他抛向空中，他获得了希腊民族英雄的光荣称号。但鲁易斯并没享受高官厚禄的殊荣，而是仍然回到了偏僻的家乡，继续做他的乡村邮递员，和妻儿一起过着清贫的生活，直至1940年去世。人们为了纪念他，在他的墓碑上刻下了奥林匹克五环的标志。马拉松比赛将第一届奥运会推向高潮，从此，这项运动在世界各国推广开来，鲁易斯被称为"奥林匹克之魂"。

游泳比赛在公海举行，用浮艇拉着缆绳作为起终点标志线。距离未经过仔细测量，只是大致估算。赛时天气阴冷，海水冰凉，加之波涛很急，个别选手甚至望而却步。匈牙利选手阿尔弗雷德·哈约什获得了100米、1200米自由泳两项冠军，成为匈牙利第一个奥运会金牌获得者，被希腊报纸誉为"匈牙利海豚"。举重、摔跤在当时未按体重分级。举重只有单手举和双手举两项。当时对运动员参赛项目没有规定，也没有参赛标准，因此，不少运动员是跨项的。摔跤赛中这种情况更是突出，如举重赛获胜的埃利奥特，同时也是摔跤选手，不过他只获得了第四名，获得冠军的是身体灵巧、体重比所有对手都轻的德国人卡·舒曼。舒曼也是跨项选手，除摔跤外，他还参加了田径、体操比赛，他在体操赛中，取得了出色的成绩，获跳马冠军和双杠、单杠团体第一名，加上摔跤，总共 4 项第一，是本届获金牌最多的选手。

4 月 15 日，历时 10 天的首届奥运会结束了。闭幕式上，希腊国王乔治一世向获奖运动员颁发奖牌。国际奥委会当时对奖牌的设计未能拿出固定的方案，东道主认为金子太俗气，只铸造了银质和铜质两种奖牌。冠军被授予银牌和橄榄枝花环，亚军被授予铜牌和月桂花冠，第三名只有铜牌。参赛的每位选手都得到一张纪念证书。

第二届巴黎奥运会

世界名城巴黎，是法国首都，位于巴黎盆地中央，横跨塞纳河两岸，水陆交通方便，是举行国际比赛的理想地方。第二届奥运会于 1900 年 5 月 20～10 月 28 日在这里举行。

在 1894 年巴黎国际体育大会上，顾拜旦曾建议第一届奥运会于 1900 年与世界博览会同时在巴黎举行，借以扩大奥运会的影响。但是，雅典奥运会胜利举行后，希腊人对奥运会表现了极大的热情，想推翻第二届会址设在巴黎的决议。希腊一些有影响的人士认为，奥运会是希腊民族文化的部分，它只能在希腊举行，雅典应成为奥运会的固定地址。如果易地他国召开，则是对伟大的、光辉灿烂的希腊文化的公开掠夺。但是，当时已接替维凯拉斯任国际奥委会主席的顾拜旦在这个问题上坚持不让。他说，奥林匹克运动是希腊的，也是全世界的。他认为奥运会必须在不同国家举行，才能使之具有国际性和富有生命力。希腊终于被说服，巴黎赢得了主办权。

但是，顾拜旦想利用世界博览会来扩大奥林匹克运动影响的打算，却未能如愿以偿。法国政府对博览会的兴趣远胜于奥运会，而承办两项会务的主要负责人阿夫雷德·皮卡尔，是一个不热心体育的人，他对顾拜旦提出的奥运会筹备方案淡然置之，甚至不屑一顾。他把主要精力放在博览会上，而对奥运会的比赛项目、日程、场地等均无周密安排，更谈不上花费巨款去兴建体育设施。出生于巴黎贵族家庭的顾拜旦，曾经十分失望地在日记中写到："世界上有一个对奥运会非常冷淡的地方，这就是巴黎。"1900 年 5 月 14 日，作为博览会附属的第二届奥运会总算开始了。组织者根本就没想到要举行开幕式。所以，场面冷冷清清。尽管如此，还是有着第一届奥运会所无法比拟之处。巴黎繁华的城市、便利的交通、可供游览的名胜古迹，等等，十分具有吸引力。参加本届奥运会的国家由上届的 13 个增加到 22 个，运动员达到1330 人，参赛人数也比上届多得多。东道主派出了由 884 名运动员组成的庞大代表团，人数居首位。首次参赛的有比利时、波希米亚、海地、西班牙、意大利、加拿大、古巴、荷兰、挪威和印度。印度选手诺尔曼·普理查德随同英国代表团参加了这次盛会，成为亚洲第一个参加奥运会和获得奖牌的运动员。

这届奥运会打破了过去奥运会只有清一色男选手参赛的局面，首次出现了 11 名女选手。尽管女运动员的参赛没能得到国际奥委会的正式认可，但是妇女参加奥运会，毕竟是开创了女子迈向世界体坛的先河。

本届奥运会比赛项目有很大变化，集体项目第一次列入本届比赛，这是一个重大的突破。古代奥运会进行的只是个人之间的比赛，举行第一届奥运会时，尽管一些集体项目已在欧美等国广为流行，但为了遵循古代奥运会的传统仍未列入比赛。英国、法国、比利时三国参加了本届奥运会足球赛，使足球成为第一次世界性的比赛，对后来国际足球联合会的成立以及世界足球运动的发展，都起到一定的推动作用。

在项目数量上，本届奥运会有很大增加，从上届 9 项变为 17 项，取消了举重和摔跤项目，新增了射箭、马术、水球、赛艇、帆船、足球、橄榄球、高尔夫球、网球等项目，新增项目中大多为集体项目。田径项目首次列入了障碍赛、立定跳（跳高、跳远和三级跳）、团体跑以及拔河赛等，但这次新增加的项目，绝大部分后来都逐渐被取消了。由于第二届奥运会没有留下正式的总结纪录，有的项目，如板球、马术和射箭，究竟是正式比赛项目还是表演项目，迄今仍有争议。

本届奥运会在比赛日程安排上拖沓松散，很不紧凑。击剑赛安排在 6 月，田径体操赛在 7 月，游泳、赛艇在 8 月，自行车赛在 9 月，等等，运动会于 5 月 20 ~ 10 月 28 日历时 5 个月，堪称是一次"马拉松"式的运动会。比赛场地也很分散，大会组织者竟别出心裁，将比赛项目按博览会工业类别分在 16 个区域进行。例如，击剑被安排在刀剑制造工业区，划船安排在救生系统展览区等，实际上，运动会变成了博览会的一部分，成了展览会招揽观众的体育表演。有的项目比赛完了，个别选手甚至不知自己参加的是奥运会比赛。

巴黎奥运会比赛场地不仅分散，而且设施很差。田径赛场就是一个鲜明的例证。这项比赛被安排在巴黎市区一个林场进行，那里原是法国赛马俱乐部的跑马场。虽然环境优美、空气清新，但并不适合举行田径比赛。它场地狭小、林木横生、土质松软、跑道不平，场内设施几乎一无所有。跳跃比赛，需选手自己动手挖掘沙坑；跨栏比赛的个别栏架临时用树枝支架起来凑合；参加投掷比赛的选手更是苦不堪言，器械经常碰撞树木的树杈，有时掷出的链球缠绕其上，还得从树上取下后再进行比赛。

田径比赛在日程安排上曾引起一些争执。7 月 14 日是法国国庆节，巴黎有盛大庆祝活动，因此东道主想把这天的比赛后移一天，但遭到英、美等国反对。因为 7 月 15 日正好是星期天，选手中的教徒要做礼拜无法参赛。虽然法国人后来让步了，但这两天仍都安排了比赛。美国田径队选手来自不同的大学和体育团体，无统一指挥系统，各自为政。有的对星期日参赛问题，采取不闻不问随选手自定的态度；有的则管得很严，不准出赛。因此，在美国田径队内部出现了纠纷。如跳远比赛，当时主要竞争者是美国的两位选手，阿·克伦茨莱因和迈·普林斯顿。他们俩来自不同的大学。预赛中，普林斯顿跳出了 7.175 米成绩，领先其他选手。但是第二天，普林斯顿所属大学规定不得出赛，而克伦茨莱因所属大学则是悉听尊便。结果克伦茨莱因以 7.185 米获得了这个项目的冠军。普林斯顿不服，提出再决一雌雄。克伦茨莱因拒绝了这一挑战。

27 岁的美国选手雷·尤里，幼时身体很弱，得小儿麻痹症后，在轮椅上度日，后来他遵照医生的意见，从事体育锻炼，以顽强的意志在锻炼中恢复了健康，并成为赛场上的出类拔萃者。在 7 月 16 日一天中，他一举夺得立定跳高、立定跳远和立定三级跳远 3 项冠军。他在立定跳跃中表现出的才能，使他赢得了"橡皮人"的美称。4 年后，尤里又在圣路易斯奥运会上卫冕成功，再次夺得这 3 项桂冠，1906 年在雅典举行的庆祝奥运会复兴 10 周年的运动会上，尤里又夺得两枚金牌。1908 年伦敦奥运会上，已经 35 岁的尤里在立定跳高、立定跳远中再次夺魁，从此写下奥运史上夺取金牌数量最多的第一个纪录。一位残疾儿童经过长期而不懈的锻炼，终于出人头地，这正是奥林匹克不断进取、永远向上的奋斗精神，体育对于人生的意义莫过于此。

本届奥运会会前没有积极筹备，会后也没有正式总结，致使比赛情况的记载多有疏漏。尽管东道主对此次奥运会不够重视，但仍取得了良好的成绩。法国共获金牌 26 枚，这也是法国在奥运会比赛中成绩最出色的一次。但是东道主未发给金、银、铜牌，获奖者只得到一些奖杯、纪念牌以及一些实物奖，如雨伞、香烟盒、钱包等物品。

第三届圣路易斯奥运会

圣路易斯是美国第八大城市，位于密西西比河右岸，交通方便，工业发达。第三届奥林匹克运动会于 1904 年 7 月 1～11 月 23 日在美国圣路易斯市举行，延续了 5 个多月，是奥运会史上又一次旷日持久的运动会。

来自大洋彼岸的美国人，在雅典、巴黎奥运会上都有过出色的表演。巴黎奥运会后的会址，国际奥委会当然优先考虑在美国的某个城市，这也符合顾拜旦等使奥林匹克运动国际化的理想。美国北部工业重镇芝加哥和另一个城市圣路易斯为取得第三届奥运会的主办权展开了激烈的竞争。在相持不下的情况下，最后只好求助于美国总统西奥多·罗斯福。罗斯福在了解情况、征询有关人士意见后，倾向于由圣路易斯承办。当1902年国际奥委会讨论这一议题时，顾拜旦力主尊重罗斯福的意见。就这样，圣路易斯成为第三届奥林匹克城。圣路易斯在人口、经济实力上都远逊于芝加哥，它之所以能从芝加哥人手中夺取胜利，主要是原定于1903年举办的庆祝该市开市100周年纪念的世界博览会改在1904年。主办者想使博览会、运动会同时举行，互增光彩。

美国总统罗斯福，虽然赞同运动会在圣路易斯举行，但未出席开幕式，国际奥委会主席顾拜旦也因故未来美国。按惯例，一国首脑和国际奥委会主席都应参加运动会的开、闭幕式，二者同时缺席是极为罕见的。无疑，这对奥运会的气氛会产生一定影响。此届奥运会参赛国家仅有12个，是迄今奥运会参赛国最少的一次。由于远隔重洋旅费昂贵，加之忧心远东日俄海战事态发展，包括法国在内的许多欧洲国家均未出席，仅有英国、德国、希腊、挪威、奥地利、匈牙利、瑞士7个国家，派出了总共只有41人的欧洲队伍参加，而其中有些国家的选手还是客居美国的侨民或留学生。除欧洲外，另5个队是东道主美国和古巴、加拿大、澳大利亚以及首次参加的南非。据记载，1904年中国的许多报刊也曾报道过第三届奥运会的消息，但未能在社会上引起反响。

此次参赛运动员共625人，其中美国占了533人，共有8名女运动员，全由美国派出。由于外国选手总共还不到100人，以致一些项目的比赛，如拳击、自由式摔跤、射箭、网球、水球等，几乎都是清一色的美国人，无怪乎人们把这届奥运会称之为美国运动会。

本届比赛项目略有变化。上届举行了的马术、帆船、自行车、射击等比赛这次未列入，但新增加了拳击、曲棍球等项目，恢复了第一届列入的摔跤、举重项目。女子仅有一项射箭比赛并首次举行了篮球表演赛。圣路易斯奥运会同巴黎奥运会有很多相似之处，比赛场地、运动设施等，都是非常简陋和难以令人满意的。奥运会再次受到博览会的冲击，变成了它的陪衬和推销商品的宣传工具。它最大的失败是组织委员会搞的一个"人类学日"，让运动员扮演非洲矮人、菲律宾莫洛人、美国印第安人，进行爬杆、打泥巴仗等类比赛。这种种族歧视的活动，引起一切有正义感的人们的强烈不满，它不仅是圣路易斯留在奥运会史上难以洗去的污点，而且更严重的是，它违反了奥林匹克精神，阻碍了奥林匹克运动的发展。顾拜旦得知这一信息后，愤怒地斥责说，搞所谓"人类学日"是我们大家的耻辱，在今后的奥运会中绝不允许有类似的情况发生。

本届奥运会田径比赛在华盛顿大学圣路易斯分校运动场进行。决赛安排在 8 月底至 9 月初的一周时间内，不少项目只有两三个国家参加，个别的甚至只有美国一国，加之美国实力雄厚，有的项目前六名均由美国包揽。田径共破 16 项奥运会纪录，其中两项超过世界最好成绩。有密尔沃基流星之称的美短跑手阿·哈恩，在 200 米跑中创造的 21 秒 6 的奥运会纪录，整整保持了 28 年，直到 1932 年才被打破。哈恩还在 60 米、100 米赛中获胜，包揽了从 60～200 米三个短跑项目的全部金牌，人们将这届奥运会誉之为密尔沃基流星大放异彩的运动会。在掷壶铃赛中，来自加拿大蒙特利尔的警察埃·德斯马托，战胜了所有美国对手，夺取了胜利。德斯马托因擅离职守参赛而被警察局解职，但是，当他获冠军后，这项命令立即被撤销了。除这次外，掷壶铃项目以后只在 1920 年安特卫普奥运会再列入过一次。本届奥运会首次列入了十项全能比赛。当时比赛日程只有一天，项目有 100 码（91.44 米）跑、推铅球、跳高、880 码（804.66 米）跑，竞走、掷链球、撑竿跳高、120 码（118.87 米）跨栏、跳远、掷壶铃和 1 英里（1069.34 米）跑，与今天的项目有较大的区别。

游泳比赛在博览会旁边的一个人工水池中进行，虽较首届的冰凉海水和第二届的湍急河流远为理想，但也不是一切都完美无缺。如，出发台为放在水中的一块浮排，因承受不了 6～8 人压力，运动员站在上面时，池水盖过了膝面。在首次列入的跳水项目中，除跳台跳水外，还有一项奇特的跳远赛：运动员跳入水中，不准做任何动作，看谁跳的距离最远。游泳比赛全部用码或英里为距离单位。因为是以码或英里计算成绩，不同于其他各届以米为距离单位，所以，本届游泳成绩无奥运会纪录。

人们对圣路易斯奥运会评价不一，但是，和上届巴黎奥运会相比，圣路易斯奥运会无疑是成功的。从这两届奥运会中，国际奥委会和体育界人士都清醒地认识到，奥运会与世界博览会同时举行是一个失败的尝试，它不仅会受到博览会的冲击，而且会被后者"吞并"，成为其宣传工具和附属品。在大多数的比赛项目中，美国选手不仅将金、银、铜牌全部夺走，而且还包揽了前 6 名，不愧为"美国人的奥运会"。

第四届伦敦奥运会

英国首都伦敦，冬日浓雾弥漫，故有"雾都"之称。这座有着 2000 多年历史的世界名城，古老而又年轻，它既是英国政治、金融的中心，又是文化古都，在体育方面，伦敦还是户外运动、现代体育的主要发源地。第四届奥运会于 1908 年 8 月 27～10 月 29 日在伦敦举行，是五洲代表的第一次聚会。

在第四届奥运会举行之前，即第三与第四届奥运会之间的 1906 年曾在雅典举行了一次非正式的奥运会。1896 年第一届奥运会后，国际奥委会否决了希腊想把雅典作为奥运会固定会址的要求，但答应可在两届奥运会之间于雅典举行一次类似奥运会的运动会，即所谓"中间奥运会"或"届间奥运会"。由于种种原因，希腊只在 1906 年现代奥运会复兴十周年纪念时，在雅典举行了一次这样的运动会。当希腊提出 1906 年召开非正式奥运会时，许多国家跃跃欲试，国际奥委会也积极支持希腊的建议。大会于4月22～5月2日举行，参赛的有20个国家的884名运动员，其中女选手7人，希腊打破祖先留下来的陋习，首次派出妇女参加了世界性比赛。埃及、芬兰是第一次派队参赛。运动会比赛项目有田径、游泳、水球、击剑、体操、赛艇、自行车、足球、古典式摔跤、网球和射击。因为运动会是非正式的，没有列入奥运会届次中，所获奖牌，一般也不统计在国家或个人所获奥运会奖牌数内。

申请主办第四届奥运会的城市有罗马、米兰、柏林和伦敦。柏林由于得不到政府支持被迫撤销了申请。本来经国际奥委会秘密投票决定会址选在罗马，但由于多次地震和火山爆发使意大利经济蒙受巨大损失，因此在1906年雅典运动会期间，罗马提出因财政困难，无力兴建体育设施，宣布放弃主办权。时间紧迫，奥运会又无法延期，最后国际奥委会求助于伦敦，经英国考虑再三，答允运动会在伦敦如期举行并迅速在伦敦西区一个丛林地带兴建了一座可容7万余名观众的体育场，新造了一个长100米、宽15米的游泳池，以及自行车场，等等。

第四届奥运会于7月13日开幕，开幕那天，大雾弥漫，雨下个不停。英国国王、王后及国际奥委会官员出席了大会。这届奥运会首次规定开幕式上各代表团穿统一的服装，在本国国旗引导下列队入场，并规定，旗手通过英国国王爱德华七世观礼台前时，就将旗帜下垂，以示致敬。首先，美国、瑞典代表团进入会场后，发现会场没有悬挂他们的国旗，向组委会提出了抗议。接着，担任美国旗手的美籍爱尔兰人不愿向爱德华七世致敬，高举大旗通过了主席台，引起了一阵骚动。此外，与俄国为一个代表团的芬兰选手（当时俄、芬兰为一个代表团，但单独参加比赛）认为在帝俄旗帜下入场是一种耻辱，因此拒绝参加开幕式。开幕式虽出现了一些纠纷，但某些做法，如代表团着统一服装，在各自的国旗引导下列队入场等，为以后各届开创了先例。

本届奥运会参赛国家共22个，运动员2034人，其中女子36人，总人数比前三届的总和还要多。首次参赛的有冰岛、新西兰、俄国、土耳其和芬兰。1900 年，亚洲的印度曾有一名运动员随同英国队参加了巴黎第二届奥运会，使欧美、亚、大洋洲均有代表参加当届运动会，只是缺少非洲国家。1904 年，非洲与欧、美大洋洲均有代表，但亚洲缺席。本届土耳其队与会，使奥运会首次五洲代表聚会，对奥林匹克日益国际化具有历史意义。

本届共设有比赛项目 24 大项，首次列入的有曲棍球、古典网球、花样滑冰、水上摩托和一些奇异不常见的项目，如热杰球，这是一种古老的类似网球打法的球，这项比赛在奥运会上寿命不长，以后只在第七届列入过。本届女子参赛的项目有网球、射箭和花样滑冰。

伦敦奥运会田径赛共 27 个项目，创 16 项奥运会纪录，其中有 5 项高于当时的世界最佳成绩。从第一届奥运会起就列入了马拉松赛，但历届距离不等。这次马拉松赛因英王室成员提出要观看，大会组织者特地将出发点安排在温莎尔宫的草坪前，终点在白城运动场。二者距离长 26 英里，进入运动场后至王室成员包厢前为 385 码，全程总长 26 英里 385 码，折合为 42.195 千米，这就是今日风靡世界的马拉松跑正式距离的由来。游泳距离计算方法又从码恢复为米制。本届奥运会还举行了冬季项目花样滑冰。

第五届斯德哥尔摩奥运会

瑞典地处北欧斯堪的纳维亚半岛，斯德哥尔摩是瑞典首都，全国政治、文化、经济中心。瑞典还是现代体育开展较早的国家之一。早在 1894 年国际奥委会在巴黎成立时，瑞典就提出希望能在自己的国土上举办奥运会。从那以后，瑞典即着手筹办奥运会，并把它作为关系国家荣辱的事来抓。10 年以后，国际奥委会决定，将瑞典首都斯德哥尔摩作为 1912 年第五届奥运会的会址。于是，瑞典兴建了科罗列夫运动场，尽管它只能容纳 37000 多名观众，比起圣路易、伦敦运动场的规模要小得多，但设施完备、先进。跑道全长 380.33 米，接近今日标准跑道长度，这也是奥运会开办以来，运动员第一次在较标准的跑道上竞赛，场内试验性地安装了电动计时器和终点摄影设备，时间精确到十分之一秒。

7月6日，运动会在科罗列夫运动场正式开幕。当日天气晴朗，阳光灿烂，瑞典国王古斯塔夫和以顾拜旦为首的国际奥委会官员莅临大会。大会首次举行了隆重的仪式，瑞典姑娘们进行了精彩的歌舞表演，并从此形成传统。应邀参赛的有28个国家，运动员共2547人，其中女子57人。首次参赛的国家有埃及、卢森堡、葡萄牙、叙利亚和日本。

与上届相比，比赛项目削减了不少。瑞典人认为，拳击有损人体健康，所以取消了这个项目。最后确定下来的比赛项目，男子有田径、游泳（含跳水、水球）、自行车、射击、体操、摔跤（古典式）、马术、击剑、现代五项、赛艇、帆船、足球和网球；女子有游泳（含跳水）和网球。它为以后奥运会项目的设立，形成了雏形。

田径比赛向来是奥运赛场上最受重视的项目，比赛从7月6～15日在科罗列夫运动场进行，首次列入了5000米、10000米、4×100米接力等标准项目。报名参赛的极为踊跃。参加100米跑的选手达到97人，4×100米接力有13个队。本届共28个国家与会，而参加田径赛的就有26个国家之多。参加本届100米比赛的运动员先分成17个小组进行预赛，然后是次赛、复赛、决赛。200米跑分成18个组进行预赛。5000米和10000米也进行了数次预赛。奥运会举办以来，一直在田径比赛中占有绝对优势的美国队，在上届伦敦奥运会上，首次失去了100米、200米两个短跑桂冠，这次决心东山再起。他们在搭乘"芬兰号"轮船前来斯德哥尔摩时，特意在船上安装了一条软木跑道，即使在横渡大西洋的旅途中，也从未间断训练。他们果然如愿以偿。一位名叫拉·克雷格的大学生得了这两个短跑项目的冠军。在100米预赛中，克雷格气势逼人，以10秒6的成绩创下该项第一个世界纪录。上届投掷项目分古典、自由两种投式，这次变了花样，改为单手投和左右手投，分别计成绩，左右手投以二者总和成绩定名次。在五项全能和十项全能这两个比赛持续时间最长、运动员体力消耗最大的项目中，美国选手吉姆·索普以惊人的毅力和无与伦比的技艺，冠绝群雄。他被瑞典国王古斯塔夫五世称赞为"我们时代最伟大的运动员"而在本届奥运会中出尽风头，成为本届奥运会的知名人物和人们心目中的英雄。

现代五项是根据顾拜旦的建议首次列入奥运会的。由射击、游泳、击剑、马术和越野跑 5 个项目组成。它是一个军事训练综合项目，能培养军人勇敢顽强的品质，因此参赛者多属军人。这次只有个人赛，赛程共 6 天，参赛的 32 名选手中瑞典占了 12 人，瑞典人包下了前六名中除第五名外的其余名次。古·利勒赫克上尉获得了冠军。

本届奥运会首次举行了五项文艺比赛。内容是以体育运动和奥运会为题材的建筑、色彩画、雕塑、音乐和文学作品。顾拜旦的名著《运动颂》获得了金质奖章。7 月 17 日，第五届奥运会举行了隆重的闭幕大会，这次会上的发奖仪式很特别。东道主在科罗列夫运动场设置了三个不同高度的授奖台，运动员按所获金、银、铜牌类别在台前排列长队。授奖者站在台上，传令官呼叫运动员到台领奖。国王发金牌，皇太后发银牌，亲王发铜牌。

第七届安特卫普奥运会

从 1912 年斯德哥尔摩奥运会到本届奥运会，整整间隔了 8 年。这期间，奥林匹克运动发生了许多重大事情。其中最重要的是 1914 年巴黎奥林匹克代表大会，会议通过了几项重要决议：一、确定了国际奥委会五环会旗、会徽；二、规定了法、英、德文（现为法、英文）为国际奥委会法定语言；三、第一次讨论了国际奥委会与各国家奥委会、国际单项体育组织的相互关系和协作问题。这对以后奥林匹克运动的发展具有深远的历史意义。

随后不久，第一次世界大战爆发了，冲击了原定在 1916 年举行的第六届奥运会，中断了国际奥林匹克运动的发展。燃烧的战火，使巴黎日益受到威胁。1915 年国际奥委会将总部从巴黎迁到了瑞士洛桑。1918 年，有 3 个城市布达佩斯、里昂和安特卫普申请主办第七届奥运会，国际奥委会决定由安特卫普承办。

安特卫普是比利时的一个省城，跨斯海尔德河两岸，是欧洲北部贸易中心和世界大港之一。安特卫普市民兴建了一个能容纳 3 万人左右的体育场和其他体育设施，体育场的煤渣跑道周长 400 米，这是奥运会第一次使用标准跑道，使运动会得以如期、顺利举行。

1920 年 8 月 14 日举行了开幕式，奥运会为纪念在世界大战牺牲的协约国将士，点燃了一支火炬，这支象征胜利与光明的火炬，成为后来奥运火炬点燃的雏形。由顾拜旦设计的五环旗第一次飘扬在奥运会会场上空。开幕式上还第一次安排了运动员宣誓仪式。此后，运动员宣誓便成为开幕式的一个重要仪式，往往由东道国著名运动员作为代表。

本届参赛的国家共有 29 个。为惩罚第一次世界大战的元凶德国及其同盟国，国际奥委会决定本届奥运会不邀请他们参加。但是，国际奥委会也犯了一个错误，没有邀请刚刚建立新政府的苏联。首次参加奥运会的国家有阿根廷、摩纳哥、巴西、南斯拉夫、捷克斯洛伐克。爱沙尼亚、芬兰也以独立的身份参加了比赛。运动员共 2607 人，其中女选手 64 人。比赛项目在上届的基础上又有所增加，列入了上届取消的自由式摔跤、拳击、马球、橄榄球、曲棍球等。16 年来未举行的奥运会举重项目，这次也重新恢复了。冬季项目，除重新列入花样滑冰外，首次增加了冰球，这也是夏季奥运会最后一次举行这类比赛。国际奥委会首次作出决定，赛艇比赛每个单项每个国家只限派一条船艇参加。这为以后其他项目限制参赛人数或队数开创了先例。

本届奥运会田径比赛，出现了芬兰与美国相抗衡的局面，芬兰队不仅长跑成绩出色，在三级跳远、铅球、铁饼、标枪和五项全能中也接连取胜，总共得了 9 枚金牌，与美国恰好相等，一个小国能与世界头号田径强国在金牌上平分秋色，这在奥运会的历史上是空前的。径赛战幕揭开后，上届奥运会英雄、芬兰长跑名将科勒赫迈宁又出现在观众面前，虽已年满 31 岁，但雄风犹在。在这次马拉松赛中，获得了他的第 4 枚，也是最后 1 枚奥运会金牌。为表彰他的功勋，人们在他的家乡为他树立了一尊青铜纪念像。

长跑运动人才辈出的芬兰，在这届奥运会上又涌现了一颗新星，后来比科勒赫迈宁取得了更大的成就，他就是 20 世纪超级长跑手帕沃·鲁米。他首次出场，参加了 7 月 17 日进行的 5000 米比赛，因经验不足，在离终点 200 米时，被紧跟在他后面的法国选手约瑟夫·吉耶莫超过。吉耶莫获胜是大出人们意料的。这位第一次世界大战的前线战士，肺部因中毒受到严重损伤。他从死神手中赢得了生命，又从强手如林的奥运会中赢得了金牌。3 天后，10000 米比赛时，鲁米与吉耶莫再度相逢。鲁米吸取 5000 米失败的教训，不再领先跑在前面，而是如影随身紧跟吉耶莫，最后一圈，他也像吉耶莫在 5000 米赛中那样奋力冲刺，并取得了成功，夺得他在奥运会赛中的第一枚金牌。

拔河比赛自 1900 年始是第五次也是最后一次列入。英国队获得了冠军。有趣的是，英国队中的詹·谢泼德、弗·汉弗莱斯、埃·米尔斯 3 名队员，1908 年就是英国拔河队的成员，12 年后，他们又重获冠军的荣誉。美国的爱德华·伊根在本届奥运会上夺得了 79.38 千克级拳击赛冠军。12 年后，他又在 1932 年冬季奥运会四人雪橇赛中夺冠，成为奥运会史上在冬、夏两季奥运会比赛中均获金牌的唯一选手。

网球比赛中，法国 21 岁的苏珊娜·伦格伦和英国的网球皇后葛英利格外引人注目。伦格伦一举夺得了女单、混双两枚金牌和女双铜牌。她身材健美，姿势优美，击球准确有力，被专家们誉为杰出的网球女神。英国的葛英利夺得了本届运动会的女双冠军，并在 4 年后的巴黎奥运会上，又获 2 枚金牌。1924 年以后，奥运会取消了网球比赛，直到 1988 年汉城奥运会时才得以恢复。

第八届巴黎奥运会

第八届奥林匹克运动会于 1924 年 5 月 3 ~ 7 月 27 日在法国巴黎举行。30 年前国际奥委会在巴黎国际体育会议上成立，几十年来，世界体育、奥运会都有了飞跃的发展。为了庆祝这个 30 周年纪念，以及表彰奥林匹克运动的奠基人以及不久即将卸任的国际奥委会主席顾拜旦所作的贡献，选择国际奥委会诞生地巴黎举行第八届奥运会，是众望所归，也是符合顾拜旦的心愿的。巴黎成为了第一个两次主办奥运会的城市。

法国前橄榄球队队长、上届奥运会银牌获得者伏久查里克提出的，兴建一座能容纳 10 万名观众的体育建筑群，和一个能安排 2000 人住宿的奥运村的设想得到赞同。但筹委会一开始便碰上让人头痛的资金问题。战争留下的痕迹，虽已基本平复，但法国政府为此耗费了巨额资金。加上 1923 年冬塞纳河决堤，洪水袭击了巴黎，使原来就很紧张的法国财政更是捉襟见肘。法国上层人士甚至提出放弃主办权，让洛杉矶接替。但筹委会顶住了压力，克服重重困难，筹集了 400 万法郎，修建了能容 6 万多人的"科龙市"运动场，不过场内的煤渣跑道长度为 500 米，不如上届标准。为了安排运动员住宿，筹委会在运动场旁盖了一排简易的房屋，它就是以后奥运村的雏形。

大会正式开幕是 7 月 5 日。开幕式前和闭幕式后，都安排有比赛活动，这是奥运会初期某些届次的共同特点。开幕式前就已开始的比赛有足球，时间在 5 ~ 6 月；射击在 6 ~ 7 月；艺术比赛要算最早的了，3 月 15 日即已开始，4 月 15 日就已结束了。

本届应邀参赛的有 44 个国家，首次参加的有爱尔兰、波兰、罗马尼亚、菲律宾、墨西哥、乌拉圭、厄瓜多尔。德国仍被排除在奥运会大门之外，但匈牙利、奥地利获得了参赛权。运动员共 3092 人。其中女子 136 人。本届比赛项目，除射箭、曲棍球、冰上项目被取消外，其余的与上届相同。另外，还安排了一些表演项目，如法国式拳击、儿童篮球、排球等。

田径比赛正值巴黎盛夏，在这酷暑难当的一周中，仍破了 14 项奥运会纪录，其中有 8 项还刷新了世界纪录。芬兰田坛上的 3 颗长跑巨星——科勒赫迈宁、鲁米和维·里托拉，在奥运会赛场几乎包揽了中长跑冠军。上届奥运会初显露田坛的芬兰长跑名将帕沃·鲁米，再次大显威风，取得了更出色的成绩，夺得了 1500 米、3000 米、5000 米等项目的 5 枚金牌，成为本届获金牌最多的运动员。芬兰人包揽了从 1500 米到马拉松全部中长跑项目的冠军，加上标枪和五项全能，共获 10 枚金牌，仅比美国少 2 枚。100～800 米是美国的优势项目，但美国仅杰·肖尔茨在 200 米赛中获胜，其余 3 枚金牌均被英国人夺走。举重比赛仍分为 5 个级别，但总成绩改为计单手抓、挺举、双手推、抓和挺举的 5 项成绩。本届奥运会足球赛共 22 个队参加，是参赛人数最多的一次。英国因与国际足联闹矛盾，在这次比赛中缺席。南美劲旅乌拉圭派队参加了比赛，是南美足球队首次在奥运会上与欧洲队交锋。乌拉圭队在预赛中以 7:0 的明显比分战胜了欧洲强队南斯拉夫，后又连战皆捷，最后夺得冠军。美国运动员在本届奥运会的网球比赛中表现出了精湛的技艺，他们囊括了全部 5 枚金牌。女选手哈·魏特曼在双、混双中两度取胜。网球赛中的"魏特曼杯"就是以她的名字命名的。

运动会于 7 月 27 日正式闭幕。从本届开始，出现了两种排名方法。一种是计前六名团体总分，办法是：第一名 7 分，第二名 5 分，第三名 4 分，以此类推。另一种是按奖牌排列顺序，首先是金牌，多者列前，如金牌数相等，则按银牌数排列，以此类推。第一种方法，前苏联等国家采用较多，第二种则盛行于欧美和西方国家。不过，这两种名次排列方法都是非正式的。本届巴黎奥运会结束后，没有正式宣布名次，没有获国家的国旗，闭幕式上也没有举行授奖仪式。奖牌是后来从邮局寄去的。

总的来说，这次运动会还是比较成功的，改变了巴黎 1900 年留给人们的不好印象。

第九届阿姆斯特丹奥运会

1925 年，年迈体弱、担任国际奥委会主席长达 30 年之久的顾拜旦，正式提出了辞呈。他作为现代奥林匹克运动的创始人，受到世界人民的崇敬。但是，在某些问题上却出现了失误和差错。如，女子参加奥运会问题，在他长时间的任职内，迟迟未能得到正式承认，直到他卸任前一年才最后解决这一悬案。顾拜旦引退后，侨居洛桑，1937 年逝世，享年 74 岁。由于顾拜旦的引退，1925 年 5 月 28 日国际奥委会布拉格会议，选举了比利时的巴耶·拉图尔为新任主席，在这次会议上，还解决了德国重新参加奥运会的问题。

前几届奥运会都有好几个城市争办，即使是第一次世界大战刚刚结束的第七届奥运会，也有三个城市提出了申请。然而，1928 年第九届奥运会，却只有荷兰的阿姆斯特丹一个城市申请主办。在无竞争对手的情况下，阿姆斯特丹成了当然的会址。

阿姆斯特丹是荷兰首都和世界第二大港口，当时居民不足 50 万人，交通方便。为了进一步扩大奥林匹克的影响，东道主特意建造了一座高塔。在奥运会期间，高塔一直燃烧着熊熊火焰。火种取自奥林匹亚，用聚光镜聚集阳光点燃火炬，然后通过接力传送，途经希腊、南斯拉夫、奥地利、德国 4 个国家，最后传到东道主国的奥运会场。这是奥运会首次举行这个活动。1934 年国际奥委会才正式决定，从第十一届开始，在开幕式上举行这项仪式。因此，准确的说法，燃烧奥林匹克火焰应是始于 1936 年柏林奥运会。

第九届奥运会于 5 月 17~8 月 12 日举行，于 7 月 28 日正式开幕。开幕式上，各国代表队按顺序入场，即希腊率先，东道国殿后，其他各国按东道国文字排列，以后各届运动员入场按顺序这一规定是从本届开始的。此次参赛的有 46 个国家，运动员共 3014 人，其中女运动员 290 名。首次参加的有马耳他、巴拿马和罗得西亚。中国继 1924 年派出 3 名网球运动员赴巴黎表演后，这次首次派出了观察员宋如海出席。德国在与奥运会关系中断16年后，重新派队参加了比赛。

本届运动会取消了橄榄球、马术、网球、射击等项目，首次列入了女子田径和女子体操。本届奥运会值得纪念的是，国际业余田径联合会终于一致同意列入女子田径项目。这是继第三届奥运会列入女子游泳、击剑比赛后，女子体育运动的又一次开放。

举重仍分为五个级别进行，但计分方法作了较大的修改，从上届计算五项总成绩改为计双手推、抓、挺3项总成绩。这种计分方法沿用了近半个世纪，直到1972年奥运会取消推举后才改变。在帆船比赛中，挪威王子与3位队友驾驶的"诺尔纳"号帆船取得了最后胜利。1957年，这位王储继位为挪威国王。希腊国王康斯坦丁也在1960年奥运会帆船"龙"型赛中获得了冠军。

阿姆斯特丹的奥林匹克艺术赛中，匈牙利著名奥林匹克学者费伦茨·梅佐博士所著《奥运会史》一书获得了金牌。梅佐后来被选为国际奥委会委员。1956年他又发表了新作《现代奥林匹克运动会》。

本届奥运会的裁判工作受到了批评，引起了许多国家的不满。瑞典、爱尔兰、法国、埃及、美国都纷纷向国际奥委会投诉。如，自由式摔跤61千克级赛中，瑞士的汉斯·明德尔在比赛刚结束时，被宣布为冠军，可是授奖时，他得到的却是银牌，而最后的成绩公报中，他又变成了第三名。又如，男子跳台跳水的冠军最初为埃及的法尔德·西迈卡，授奖仪式上，埃及国旗随着埃及的国歌声徐徐升起，可是这一切突然停止，埃及国旗被降下，并由美国国旗取而代之，冠军变成了美国队的德贾斯丁，西迈卡屈居第二。问及原因，答复是起初只算了总分，没算名次分。诸如此类的事情时有发生。

第十届洛杉矶奥运会

洛杉矶，1846年归属美国，位于加利福尼亚南部太平洋海岸，是一个港口城市，有"天使之城"之称。经国际奥委会罗马会议决定，第十届奥运会于 1932 年 7 月 30 ~ 8 月 14 日在美国洛杉矶举行。这届奥运会首次在两个多星期内进行，使会期开始走向规范化。

罗马会议结束后，洛杉矶市开始进行筹备工作，即使是在经济危机席卷全球时，也未受到多大影响。准备工作大致于 1930 年完成。体育设施及其他安排都很出色，是以往各届无法相比的。体育场馆不仅设计新颖，设备完善，而且宏伟壮观。有观众席 10 万 5 千多个。新建了一个可容纳 1 万多名观众的游泳馆，游泳馆内设备齐全，看台下有更衣室、淋浴室和休息室等。拳击、摔跤馆可容纳观众 1 万 2 千多名，还可进行篮球、网球比赛。另外，还为男选手专门修建了一座漂亮、舒适的宿舍，这就是以后所说的奥运村。女选手则被安排在临近赛场的豪华旅店内。各项比赛，一俟结束即行授奖。还专门设置了授奖台。运动员按名次登上相应高低的台阶，改变了过去授奖站在高台而运动员反站在下面的做法。

大会于 1932 年 7 月 30 日在纪念体育场开幕。本届参赛国家共 37 个，首次参加的有中国和哥伦比亚。运动员共 1048 人，其中女子 127 人。中国代表团在政府不予财政支持的状况下，首次参赛。代表团共 6 人，分别为刘长春、沈嗣良、宋君复、刘雪松、申国权、托平，但运动员仅刘长春一人。刘原拟参加 3 个短跑项目，因旅途劳顿，放弃了 400 米跑，在 100 米、200 米预赛中，分列第五、六名，遭淘汰。但他挫败了日本侵略者企图把伪满洲国塞进奥运会，从而骗取世界各国承认伪满洲国的政治阴谋，在政治上赢得了成功。

本届比赛取消了足球，恢复了射击，其余的均与上届相同。由于 1930 年国际足联组织了世界杯足球赛，且东道主兴趣不大，故未将足球列入。上届没有表演项目，这次进行了橄榄球、长曲棍球的表演赛。

长跑项目 10000 米自 1912 年列入奥运会以来，冠军非芬兰莫属。但这次却败在波兰雅努什·库索辛斯基脚下。开赛不久，雅努什因跑鞋夹脚，跑起路来很不对劲，到后来，每跑一步都感到钻心的疼痛。比赛结束，他的鞋袜已被血肉粘住，无法脱下来了。雅努什硬是凭着顽强的意志跑完了全程并夺得了桂冠。第二次世界大战爆发后，雅努什上了前线，后来又留在华沙从事地下工作。1940 年 3 月 26 日，被德国法西斯杀害了。

8 月 5 日，芬兰终于在 5000 米赛中获得了他们在长跑中的第一枚金牌。参加这项比赛的芬兰选手劳里·莱赫蒂宁是夺标呼声最高者。他曾以 14 分 17 秒的成绩创世界纪录。可是这次他却碰上了"黑马"——美国的拉尔·希尔。在最后阶段时，希尔稍稍落后，起初他想从内侧超过对手，后来又想从外侧超过去，但每次都受到了芬兰人的阻挡。看台上发出了吼叫声，指责莱赫蒂宁。最后，莱赫蒂宁和希尔同时跑到终点，成绩都是 14 分 30 秒。美国人抗议，要求取消莱赫蒂宁的资格。发奖仪式拖了很长时间，最后由裁判长、美国的古斯塔夫斯·柯尔比一锤定音，判莱赫蒂宁为冠军。事后，莱赫蒂宁向希尔表示歉意。发奖时，莱赫蒂宁请希尔和他一起站在冠军台上，但后者婉言谢绝了。莱赫蒂宁将一枚有芬兰国旗图案的纪念章别在希尔的运动衫上，希尔也回赠了一枚。胜利是暂时的，而友谊则是长存的。

第十一届柏林奥运会

柏林是欧洲名城和重要的国际交通枢纽之一，是德国的首都，也是希特勒梦想称霸世界的大本营。第十一届奥运会于 1936 年 8 月 1～16 日在这里召开。

柏林曾被定为 1916 年奥运会的举办地，但因为它后来成了战争的策源地，使第六届奥运会变为空白。战后，德国军国主义受到了惩罚，连续两届被剥夺了参赛资格，直到 1928 年方获得参加奥运会的权利。1927 年 1 月 29 日，德国奥委会致函国际奥委会，希望由德国主办第十一届奥运会，并提出柏林、科隆、纽伦堡和法兰克福四城市作为候选城市。与此同时，申请主办这届奥委会的还有埃及的亚历山大、西班牙的巴塞罗那、匈牙利的布达佩斯、阿根廷的布宜诺斯艾利斯、爱尔兰的都柏林、意大利的罗马和芬兰的赫尔辛基。

1932年国际奥委会决定将会址选在柏林。当时纳粹虽未上台，但已经蠢蠢欲动，气焰十分嚣张。他们认为奥运会是"犹太人和和平主义者搞的花样"。纳粹分子还斥责德国运动员在1932年奥运会上与黑人一起比赛，有损日耳曼民族的尊严。1933年希特勒夺取了德国政权，德国政局发生了严重变化。鉴于当时德国的政治形势，1934年国际奥委会讨论了是否仍在柏林举行奥运会的问题，并专门成立了一个调查委员会，前往德国实地考察。尽管调查委员会耳闻目睹了纳粹排斥犹太人、扩军备战等法西斯罪行，也察觉到了纳粹由反对到积极支持奥运会的真实意图，但他们还是认为柏林具有举办奥运会的条件。国际奥委会因受希特勒宣传和表面现象的蒙骗，以及当时欧洲推行绥靖政策的影响，最后仍维持了原议，在柏林举行第十一届奥运会。

同年2月，刚刚窃取德国政府首脑的希特勒，担任了柏林奥委会大会总裁。他下令用16吨铜铸造了一座奥林匹克巨钟，用大量钢材建造了一座高达70米的希特勒钟塔，耗费巨额资金，用花岗岩、大理石等新建了一座能容纳10万人的大型运动场，新建的游泳池可容纳2万名观众，并修建了比洛杉矶更豪华舒适的奥运村。他要借助奥运会来达到大肆宣传纳粹思想，炫耀德国繁荣的目的，进而为他的政治阴谋作冠冕堂皇的掩饰。应该肯定的是，德国第一次通过电视播放了奥运会的比赛盛况，为以后电视转播奥运会开了先河。

但是，德国法西斯所玩弄的蒙骗手段，仍被许多正直人士所识破。1936年6月，在法国巴黎召开的"保卫奥林匹克思想大会"号召人们反对在柏林举行奥运会，积极争取将会址改在巴塞罗那。美国纽约成立了一个斗争委员会，欧洲一些国家明确表态，不参加柏林奥运会，并积极支持筹办巴塞罗那奥运会。7月，法、英、美、瑞士、瑞典、希腊等20多个国家的运动员，云集巴塞罗那，准备参加7月18日在这里举行的运动会。可惜由于法西斯分子的捣乱，运动会流产了。

令人遗憾的是，这一切未能使国际奥委会改变初衷，运动会仍如期在柏林举行。大会于1936年8月1日正式开幕。与奥林匹克颂歌不协调的是，开幕式会场上到处飘扬着色彩夺目的纳粹旗帜，本应处于显著位置的奥运会五环旗被淡化，德国运动员还抛弃了传统的奥林匹克礼仪，通过主席台时，行纳粹礼，并高呼"伊晦（万岁）希特勒!"给本来象征和平友谊的奥运会涂上了一层阴影。

1934年国际奥委会雅典会议决定，恢复古代奥运会旧制，运动会期间，从开幕式起至闭幕式止，在主会场燃烧奥林匹克圣火。并规定，火种必须取自奥林匹亚，采取火炬接力方式，由运动员从奥林匹亚传到主办国。从本届起，国际奥委会正式规定，点燃奥林匹克火焰是每届奥运会开幕式不可缺少的仪式之一。

参加比赛的有来自49个国家的4066名运动员，其中女选手328人。首次参赛的国家有阿富汗、百慕大群岛、玻利维亚、哥斯达黎加、列支敦士登和秘鲁。中国派出了由总领队王正廷，总教练马约翰组成的100多人的代表团，其中运动员69名（女子2人），参加了田径、游泳、举重、拳击、自行车、篮球和足球6个大项的比赛。另外还派了一个武术表演队和一个体育考察团。但是运动员却未经挑选和训练，全部23名田径选手中，只有撑竿跳高选手符保卢一人通过了及格赛标准，他在跳过3.80米高度后被淘汰，与另外8名选手并列第17名。足球队首战输给了英国队后，失去了继续参赛的资格，篮球队尽管赢了法国队、秘鲁队，但也未能进入下一轮次的比赛，中国队最后惨败而归。

正式比赛开始后，希特勒常出没于体育场，希望通过在德国的奥运会，来证明诺尔曼人种的优越。然而，事与愿违，本届奥运出现了一位独领风骚的田径大王——美国黑人运动员杰西·欧文斯。他在本届田径比赛中，共获得了 100 米、200 米、跳远和 4×100 米接力 4 枚金牌，成为柏林街头巷尾谈论的中心人物。因此，新闻界把本届运动会誉为"欧文斯运动会"。

大会于 8 月 16 日闭幕。东道主以主办国的有利条件，获金牌 33 枚、银牌 26 枚、铜牌 30 枚，居各国之首。柏林奥运会是纳粹一手炮制的奥运会，它违反了奥林匹克精神，为德国法西斯粉饰和平起了推波助澜的作用。大会过去 3 年多，1939 年 9 月，德国法西斯即发动了侵略战争，给包括德国人民在内的全世界人民带来了空前的灾难。

第十四届伦敦奥运会

第十四届奥运会于 1948 年 7 月 29 ~ 8 月 14 日在英国伦敦举行，这是继法国巴黎之后，伦敦成为第二个两次举办奥运会的城市。

柏林奥运会时，世界已处于动荡不安，战争成一触即发之势。但是，国际奥委会仍在进行下届奥运会的准备工作。运动会期间，国际奥委会选定东京为第十二届奥运会的举办地，第十二届奥运会原定 1940 年 9 月 21 ~ 10 月 6 日举行。

1937 年日本发动了侵华战争，日本奥委会在军方压力下，不得不宣布 1940 年日本无法举行奥运会。在这种形势下，国际奥委会才决定将夏季奥运会会址改在赫尔辛基，会期定在 1940 年 7 月 20 ~ 8 月 4 日。由于第二次世界大战爆发，1940 年 1 月 1 日芬兰通知国际奥委会放弃主办权。随后，战火遍及欧洲和世界各地，第十二届奥运会也就随之流产了。

第二次世界大战前夕，国际奥委会还选定了第十三届奥运会会址。1939 年 7 月 6 ~ 9 日国际奥委会伦敦会议将运动会会址选在伦敦。但是这届奥运会也因战争而未能举行。

20 世纪的两次世界大战，使原拟在 1916、1940、1944 年举办的三届奥运会变成了空白，人们把这几年称为奥林匹克运动史最黑暗的年代。它毁掉了奥运会，也扼杀了世界体育的发展。

1945 年大战结束，同年 10 月，英国奥委会向国际奥委会申请于伦敦举行第十四届奥运会。由于申请主办的仅伦敦一家，英国轻而易举地获得了主办权。英国奥委会在战后资金严重短缺的情况下，兴建了奥林匹克村，修缮了一些体育场馆，使运动会准备工作如期完成。这是第二次世界大战中断了 12 年后举行的首届运动会，是奥林匹克运动的新起点。本届参赛国家和地区达 59 个，是一个创纪录的数字。运动员共 4099 人，其中女子 385 人，也是以往历届所不及的。首次参加的有缅甸、英属圭亚那、委内瑞拉、伊拉里尼达、锡兰（今斯里兰卡）、南朝鲜、牙买加。德国、日本因系第二次世界大战策源国，被剥夺了参赛资格。中国派出了 33 名男运动员参加了篮球、足球、田径、游泳、自行车共 5 个项目的比赛，但未能取得名次。

本届奥运会项目与上届基本相同，只取消了手球和只列入过一次的女子皮艇。共打破了 4 项世界纪录。有"飞行荷兰"之称的荷兰女选手布兰克尔斯－科恩是本届奥运会赛场上的新闻人物之一。布兰克尔斯－科恩，参加了 4 个项目。100 米赛中，她第一个到达终点，成绩是 11 秒 9，比最接近她的对手快了 0.3 秒。裁判形容她疾跑如飞，"荷兰女飞人"美称就是这样获得的。在 80 米栏比赛中，由于思想紧张，连发令枪声也没听到，直到对手跑出 1 米远后才奋起直追。最后和英国选手加德纳同时到达终点，成绩都是 11 秒 2。冠军谁属，只好等待裁判裁决。突然乐队奏起了英国国歌，她感到浑身无力。夺冠已经无望了。差不多也就是这个时候，加德纳跑来向她祝贺。一场虚惊过后。才知原来乐曲是为了欢迎英女王莅临而演奏的。之后，她又夺得了 200 米和 4×100 米接力赛的冠军，成为与柏林奥运会欧文斯齐名的人。

在游泳比赛中，丹麦女子游泳选手格雷塔·安德森获得了 1 枚金牌和 1 枚银牌。但她闻名于世，不仅仅因为这次比赛，而是她后来的生活经历和成就。伦敦奥运会后，她患了严重的关节炎，在很长的时间内只能拄着拐杖走路。可是她以顽强的意志终于战胜了病魔，重新站了起来。1957、1958年两次成功地游渡英吉利海峡。1958年，她又从卡塔林岛游往文森特角，全程33.8千米，只用了10小时。在游到文森特角后，格雷塔只在水中休息了17分钟又往回游，总共花了15小时36分钟，这一举动轰动了世界。

匈牙利独臂射手卡·塔卡奇是本届射击赛中的新闻人物。十多年前他就颇有名气。1936年，在一次不幸事故后，他失去了右手，从医院出来后，这位射击运动爱好者，改用左手顽强地练习，1939年便夺得世界冠军。这次他以580环的成绩创手枪速射世界纪录并夺得金牌。四年后他又蝉联了这个项目的冠军。

本届奥运会虽然参赛选手多，比赛项目全，且也得到了广泛的承认，但其成绩却不如以往各届。成绩水平低的原因当然也是显而易见的。一些优秀运动员，有的年岁大了，有的已在战争死去，而年轻的选手尚未成熟。另一个原因，是战争使整个世界大伤元气。战争结束后，各国忙于各方面的恢复工作，没有更多的钱投入体育事业。来伦敦参赛的队，有的甚至在赛前还在缝补运动衫裤。英国作为现代体育运动开展较普及的国家，并占有东道国的有利条件，在这届奥运会上总共只得了3枚金牌，这也从另一个侧面反映了战争给英国体育事业带来的影响。

第十五届赫尔辛基奥运会

与第十四届奥运会只有伦敦一家申请主办形成鲜明对比的是，第十五届有赫尔辛基、阿姆斯特丹、雅典、底特律、明尼阿波利斯、洛桑、费城、斯德哥尔摩、芝加哥9个城市同时提出了申请。仅美国，就有4个城市参加了竞选，这在奥运史上是罕见的。通过国际奥委会投票表决，赫尔辛基赢得了主办权。

赫尔辛基，又名赫尔辛福，是芬兰的首都和主要港口。虽然这个国家不大，人口不多，但体育运动相当普及，在冬、夏两届奥运会上都取得过优异成绩。在现代奥林匹克运动史的前50年中，芬兰取得的成就仅次于美国。

1952年7月19日当地时间下午1时，第十五届奥运会在赫尔辛基主体运动场正式开幕。应邀参加本届奥运会的有69个国家和地区的4925名运动员，其中女子518人。首次参加的有巴哈马群岛、加纳、危地马拉、中国香港、以色列、印度尼西亚、尼日利亚、荷属安的列斯群岛、泰国和南越。刚成立不久的中华人民共和国、苏联和联邦德国也首次应邀参加了奥运会。

1952年7月17日，国际奥委会在赫尔辛基举行第47届会议，以33票对20票的多数通过了邀请中国运动员参加本届奥运会的决议。但由于中国台湾代表的一再阻挠，中华全国体育总会收到邀请电时，已离奥运会开幕仅几个小时了。7月19日，周恩来总理果断做出批示："要去！"并指出："正式比赛参加不上，但可以和芬兰运动员进行比赛，多做友好工作，要通过代表团的工作和运动员的精神面貌去宣传新中国。"新中国首次匆匆组队参加奥运会，待到达赫尔辛基时，许多项目的比赛已经结束。中国的三支球队同芬兰的球队进行了4场比赛。吴传玉参加了100米仰泳比赛，成绩为1分12秒3。这是新中国运动员在奥运会上写下的第一个纪录。

首次参赛的苏联队，对这届运动会非常重视，共派出295名运动员，人数居各国之首。苏联参加奥运会后，在部分项目中打破了美国的垄断地位，开始了美、苏两强相争的局面。

本届奥运会在东道主的精心筹备下，取得了巨大的成功。仅在田径比赛中，就打破了世界纪录14次，179次刷新了奥运会纪录。一大批训练有素的优秀选手涌现在世界体坛上。

捷克斯洛伐克的埃米尔·扎托皮克，是20世纪50年代前后田坛长跑骁将，有"人类火车头"之称。他曾先后6次刷新5000米、10000米等长跑项目的世界纪录。本届奥运会上，他先后夺得5000米、10000米和马拉松跑 3 枚金牌，是获金牌最多的运动员。有趣的是，7 月 24 日他在 5000 米赛获冠不久，他的妻子丹娜·扎托皮科娃也荣登了女子标枪冠军的宝座。扎托皮克生于 1922 年 9 月 19 日，正好与妻子丹娜同年同月同日生，而这次夫妻双双又在同一天获得奥运会金牌，成为体坛界的一段佳话。

澳大利亚的游泳运动员约·戴维斯在 200 米蛙泳赛中夺得金牌，但游的却是蝶泳姿势。蛙、蝶两姿直到 1953 年才正式分开。本届奥运会的体操比赛中不乏世界冠军或奥运会冠军，如瑞士的约瑟夫·斯塔尔德，联邦德国的阿尔弗雷德·施瓦茨曼，芬兰 44 岁的老将赫·萨沃莱宁等。但由于苏联队的出现，这些一度在奥运会上称雄的选手们失去了往日的光彩，从此开始了苏联居主导地位的年代。男女 15 个项目中，苏联夺得了包括男女团体和个人全能在内的 9 枚金牌。女子成绩突出的是玛·戈罗霍夫斯卡娅，获金牌 2 枚，银牌 5 枚，是本届获奖牌最多的选手；男子则是的维·朱卡林，获金牌 4 枚，银牌 2 枚，他也是本届唯一获得 4 枚金牌的运动员。

为期两周的赫尔辛基奥运会，于 1952 年 8 月 3 日正式闭幕。大会期间，虽然气候不佳，不时遭到寒风和大雨的袭击，但仍然是一次成功的高水平的运动会。美国仍保持了金牌总数领先的地位，共获 40 枚。苏联紧随其后，金牌数为 22 枚。如要计算前六名非正式团体总分，则两国均为 490 分。赫尔辛基奥运会揭开了奥林匹克新的篇章，进入了美、苏两个体育强国抗衡的年代。

第十六届墨尔本奥运会

墨尔本是澳大利亚仅次于悉尼的第二大城市，1901～1927 年曾是澳联邦首都。该市位于菲利普湾港的亚拉河口，是一个港口城市和海滨游览胜地。第十六届奥运会于 1956 年 11 月 22～12 月 8 日在澳大利亚首都墨尔本举行。

申请主办这届奥运会的共有 10 个城市，除墨尔本外，其余的全属美洲。它们是阿根廷首都布宜诺斯艾利斯，墨西哥首都墨西哥城，加拿大的蒙特利尔以及美国的底特律、洛杉矶、明尼阿波利斯、圣弗兰西斯科（旧金山）、费城、芝加哥 9 个城市。1949 年国际奥委会执委会决定由墨尔本主办，使大洋洲继欧洲、美洲之后第一次举办奥运会。会期原定在 1956 年 2 月，后改在 11 月底至 12 月。按照澳大利亚法律，牲口入境后必须经过 6 个月的隔离检疫。国际奥委会决定将马术比赛改在瑞典斯德哥尔摩进行。本届奥运会成为奥运会史上唯一分在两个洲举办的奥运会。

墨尔本奥运会参赛国家和地区共 67 个，运动员 3184 人，其中女运动员 371 人。本届奥运会（包括斯德哥尔摩）首次参加的国家和地区有肯尼亚、柬埔寨（只参加了马术比赛）、利比里亚、马来西亚、乌干达、斐济、埃塞俄比亚。1956 年民主德国被接纳为国际奥委会会员国，两个德国经过协商，组成了德国队参赛。中国奥委会没有派队参加。中国台湾派出 21 名男运动员，参加了田径、举重、射击、篮球、拳击项目的比赛。埃及、西班牙、荷兰、瑞士均仅参加了斯德哥尔摩的马术比赛。斯德哥尔摩马术比赛于 6 月 11～17 日举行，共有 29 个国家和地区参加比赛，运动员 158 人，其中女运动员 13 人。

开幕式于 11 月 22 日下午 3 时在有 10.4 万观众席的主运动场举行。来自奥林匹亚的火种，首次利用飞机传递，行程共约 2 万多千米。点燃奥林匹克圣火的是澳大利亚著名田径运动员 R. 克拉克。他曾 17 次创多项长跑的世界纪录，但在奥运会中仅获 1964 年（第 18 届）10000 米赛 1 枚铜牌，被称为克拉克现象。

本届奥运会比赛项目仍为 17 个大项。除了将蛙泳和蝶泳分开举行比赛外，其他均与上几届相同。

本届奥运会共有 61 个国家和地区的 883 名运动员参加了田径比赛，共创 28 项奥运会纪录，其中 5 项世界纪录。有"白人欧文斯"之称的美国男子短跑明星罗伯特·莫罗是这次成绩突出的人物，他在不到 10 天的时间里共获 3 枚金牌，且成绩出色。澳大利亚的亚贝·卡思伯特在女子田径赛中的成绩与莫罗同样出色。有趣的是，她和莫罗同样参加了 100 米、200 米和 4×100 米接力赛，同样跑的是最后一棒，同样于 12 月 1 日获得第三枚金牌。

美国跳水选手帕·麦考密克再次获跳板、跳台跳水两项冠军，是奥运会史上两届包揽板、台跳水金牌的唯一女运动员。在女子体操赛中，匈牙利的凯莱蒂是 L. 拉特尼娜成为继芬兰 P. 努尔米之后的第二位获 9 枚奥运会金牌的运动员，而她的金、银、铜牌总数（18 枚），为迄今奥运会之最。

本届奥运会在田径、游泳、举重、射击、自行车比赛中共破 56 项奥运会纪录、16 项世界纪录。苏联获 37 枚金牌，超过美国 5 枚，首次在金牌和非正式团体分上均高于美国。

12 月 8 日举行大会闭幕式，运动员的入场式采用各国运动员不分国籍按比赛项目列队，手拉手入场。

第十七届罗马奥运会

罗马曾于 1908 年获得第四届奥运会的主办权，但由于维苏威火山爆发和经济等原因，意大利政府不得不放弃主办权。在沉默了近半个世纪以后，罗马再次提出举办奥运会的申请，在 13 个申请举办城市的竞争中，过关斩将，最终赢得了主办权。

罗马是意大利的首都和第一大城市，是一座已有 2700 年悠久历史的世界名城。又因为它是天主教的中心，所以人们也称它是世界 7 亿多天主教徒的精神首都。城徽图案奇特，为一只母狼哺乳两个婴儿，据《荷马史诗》记载，罗马人始祖伊尼德的后代、传说中的罗马城第一任国王罗慕路，就是被母狼哺乳的两个婴儿中的一个。第十七届奥运会的标志就是罗马城徽。

罗马还是古老的世界体育名城，世界八大名胜之一的古罗马竞技场，也称斗兽场就坐落于此。2000 多年前，古罗马以征服者的姿态，强行将 175 届古代奥运会从奥林匹亚移到罗马，2000 多年后的公元 1960 年，奥林匹克圣火又再次在这个古城燃起。借古论今，其意义不可同日而语。

本届奥运会开幕式，于 1960 年 8 月 25 日下午在罗马奥林匹克运动场正式举行。由于代表团人数过多，按规定时间无法全部入场，因此，代表团中的一部分人只能坐在观众席上，不能参加入场式。代表团不能全体人员参加开幕式，这在奥运史上还是第一次。此次应邀参赛的有 84 个国家和地区，共 5348 名运动员，其中女子 610 人。首次参加的有摩洛哥、苏丹、突尼斯和圣马力诺。特立尼达和牙买加组成了西印度联队，埃及和叙利亚组成了阿联队，两个德国仍以德国联队名义参加。中国台湾派出了 47 名运动员，参加了田径、足球、篮球、游泳、拳击、射击 7 个项目的比赛。

罗马奥运会是一次高水平的运动会，共 76 次打破奥运会纪录，30 次刷新世界纪录。田径比赛的格局也发生了很大变化。自 1932 年以来，美国人连续五届夺取了 100 米、200 米的桂冠。但是这次比赛，美国人却接连在短跑中失利。获得男子 100 米短跑冠军的是法兰克福的一位职员，名叫哈里。这个无师自通的德国人，发明了一种"火箭式"的起跑方法。在比赛中，他就是靠着起跑这一间隙的快速反应，再加上 46 步跑完全程，而且中途不换一口气的新技术，在当时的 100 米跑道上独领风骚。他的这种起跑方法被田坛命名为"哈里式"。

十项全能是本届奥运会田径比赛争夺最激烈的项目，参赛的有当时的"三杰"：美国的拉·约翰逊、苏联的瓦·库兹涅佐夫和中国台湾运动员杨传广。自 1955 年以来，十项全能世界纪录的争夺，在约翰逊和库兹涅佐夫之间形成拉锯战，纪录几度相互易手。1960 年奥运会前约翰逊创造了 8683 分的新世界纪录。杨传广当时虽未进入纪录争夺的行列，但已是很有威胁的人物。"三杰"罗马相逢，竞争立即白热化。比赛中，杨传广与约翰逊比分咬得很紧，最后，约翰逊以 8392 分打破奥运会纪录夺得金牌，杨传广获银牌，成绩是 8334 分。杨传广是台湾台东人，出生于 1933 年 7 月 11 日，洛杉矶加州大学体育系毕业。他曾在亚洲运动会和其他重大国际比赛中多次获胜，是中国第一个获奥运会奖牌的人，也是亚洲在这次田径赛中获得奖牌的唯一选手，有"亚洲铁人"之称。罗马奥运会 3 年后，他终以 9121 分创造了世界纪录，夺得了"田坛之王"的桂冠。

驰名世界的拳王、美国黑人穆罕默德·阿里在本届奥运会的拳击比赛中获得 81 千克级的冠军，他当时叫卡修斯·克莱，后来成为了驰名世界的拳王阿里。1964 年他获得世界重量级冠军，1968 年因拒服兵役，被不公正地剥夺了冠军称号，1974 年重返拳坛，第二次获得世界冠军，1978 年成为世界拳击史上第一个 3 次获得重量级世界冠军的职业运动员。

罗马奥运会对个别项目进行了药物检查，如马拉松的参赛选手的食物检查，但自行车比赛出了事故，一名服了兴奋剂的运动员猝死途中。这一事件，引起了大会的震惊和重视，对以后奥运会全面地进行兴奋剂检查，起了借鉴作用。

1960 年 9 月 11 日下午 6 时 50 分，第十七届奥运会圆满结束。苏联在这届比赛中表现出色，获金牌 43 枚，远远超过了美国（金牌 34 枚）。

第十八届东京奥运会

日本是亚洲参加奥运会最早的国家，日本东京曾被选为 1940 年第十二届奥运会会址。但因日本军国主义坚持对外扩张，谋求霸权，致使这届奥运会流产。第二次世界大战以后，日本受到了应有的惩罚，一度被国际奥委会排除在奥林匹克运动之外。50 年代东京曾提出申请，希望举办第十七届奥运会，但罗马已捷足先登，使东京的愿望落空。以后东京总结了经验教训，再次提出申请，终于在激烈的竞争中，战胜了比利时的布鲁塞尔、奥地利的维也纳、美国的底特律，赢得了第十八届奥运会的主办权，成为亚洲第一个奥林匹克城。

东京又称东京都，是世界人口最多的首都之一，位于亚洲南部，东临东京湾，是日本政治、经济、文化的中心，也是国际上引人注目的现代化大都市。为了摆脱第二次世界大战时日本的侵略者形象，扩大日本战后的国际影响，也为了重塑日本在奥林匹克大家庭的形象，日本政府和体育界对东京奥运会非常重视，耗费近 30 亿美元巨款，扩建了城市，改进了交通网点，兴建了体育场馆和其他设施，这对以后奥运会主办者追求豪华设备产生了重大影响。

1964 年 10 月 10 日下午 2 时，东京国立体育场举行了隆重的奥运会开幕式。美国发射了"辛科姆"通信卫星，向世界各地转播奥运会盛况，这在奥运会史上还是第一次。本届应邀参赛的国家和地区有 94 个，参赛运动员 5140 人，女子 683 名。首次参赛的有阿尔及利亚、象牙海岸（现科特迪瓦）、喀麦隆、刚果、马里、尼日利亚、塞内加尔、坦噶尼喀和桑给巴尔（现坦桑尼亚）、乍得、多米尼加、特立尼达、多巴哥、蒙古和尼泊尔。马来西亚队由马来亚、新加坡、北婆罗洲组成。南非因推行种族歧视政策，被剥夺了参赛资格。中国台湾派出了 55 名选手，参加了田径、篮球、举重、自行车、拳击等 8 个项目的比赛。

本届比赛项目除田径、游泳（含跳水、水球）、举重、射击、篮球、足球、曲棍球、体操、击剑、自行车、摔跤、拳击、马术、赛艇、帆船、皮划艇、现代五项等 17 个传统项目外，新增添了排球（男女）、柔道这两个日本擅长的项目。这是奥运会项目规范化后，大项数首次达到 19 个。

贝基拉在东京是第二次获得马拉松跑奥运会冠军。他的出现，使非洲长跑运动迎来了一个灿烂的春天。上届奥运会时，他出人意料地获得了马拉松冠军，并破奥运会纪录。因为他是赤脚跑完全程的，因此获得了"赤脚大仙"的美称。东京奥运会时，他已 32 岁，不久前，他刚做过盲肠炎手术，身体状况欠佳。但贝基拉出人意料地以 2 小时 12 分 11 秒 2 的成绩，再创奥运会纪录，被人们称为非洲长跑的"报春燕"。由大松博文苦心训练、有"东洋魔女"之称的日本队获得了女排冠军。

1964 年 10 月 24 日，第十八届奥运会圆满结束。本届奥运会许多项目的成绩比上届又有很大提高。共 81 次破奥运会纪录，其中 32 次破世界纪录。自苏联参加奥运会后，美、苏两国一直是比赛的焦点，金牌霸主两者轮流坐庄。1952 年苏联金牌数远落后于美国，1956、1960 年两届，苏联均超过美国。本届美国又跃居第一位，共获金牌 36 枚，苏联金牌 30 枚。东道主日本首次进入前三名，获金牌 16 枚。

第十九届墨西哥奥运会

墨西哥首都墨西哥城，是世界最大城市之一。该城海拔 2259 米，东西南三面群山环绕，北部是比较开阔的地带。这里气候温和，四季如春。经奥委会检验，该市高原气候对长跑、竞走、划船、公路自行车等运动项目的成绩有不利影响，但于短跑、跳跃等却有意想不到的好处。墨西哥城还是"壁画之都"，市内绚丽的壁画，比比皆是。第十九届奥运会会徽就是以壁画为主要标志，突出了该城的特点。奥运会于 1968 年 10 月 12～27 日在墨西哥城举行。

本届奥运会第一次正式进行了性别和兴奋剂检查。本届奥运会应邀参赛的有 112 个国家和地区（当时国际奥委会会员国 125 个）。这是奥运会参赛单位首次突破 100 个。参赛运动员 5531 人，其中女子 781 人。首次参加的国家和地区有巴巴多斯、英属洪都拉斯、维尔京群岛、几内亚、刚果（金沙萨）、科威特、利比亚、尼加拉瓜、巴拉圭、萨尔瓦多、苏里南、塞拉利昂、中非共和国。南非同 1964 年一样，再次被拒之门外。中国台湾派出了 43 名运动员。两个德国从 1956 年开始联合组队，参加了 1956～1964 年三届奥运会。从本届起，各自派队独立参加比赛。本届奥运会取消了上届刚列入的柔道，其余未变，共 18 个大项。

运动会于 10 月 12 日开幕。这天是哥伦布（1492 年）发现新大陆 476 周年纪念日。墨西哥女田径选手克塔·巴西利奥点燃了奥运圣火，她是奥运会史上第一个点燃圣火的女性。为了加强裁判员的责任感，本届开幕式上首次列入裁判宣誓。仪式安排在运动员宣誓之后。由主办国推选一名裁判员宣读如下誓词："我代表全体裁判员和工作人员宣誓，在本届奥运会上我们将以真正的奥运会精神和遵守奥运会一切规则，公正地履行裁判员职责。"

美国的吉姆·海因斯在田径的 100 米决赛中首次突破 10 秒大关，以 9 秒 9 的成绩获胜。这项成绩电计时为 9 秒 95，直到 1983 年才被美国另一名运动员卡尔文·史密斯以 9 秒 93 刷新。在 200 米决赛中，美国的托姆·史密斯以 19 秒 8 破 20 秒大关，新成绩电计时为 19 秒 83。11 年过去后，1979 年意大利的皮·门内阿才再次在这一高原地区以 19 秒 72 超过。在 400 米赛中，美国选手李·伊万斯，跑出了 43 秒 8 的成绩，再创世界纪录。新纪录电计时为 43 秒 86。直到今日，也没有人能打破这一纪录，成为世界田径纪录中有数的几个"老资格"。此外，4×400 米接力队也创造了世界纪录，成绩是 2 分 56 秒 1，电计时为 2 分 56 秒 16，这一纪录保持到 20 世纪结束。在跳远比赛中，美国的鲍勃·比蒙第一次试跳就跳出了 8 米 90，在场的观众、裁判以及比蒙本人都惊呆了。他的这一成绩，超过当时世界纪录整整 55 厘米，这在跳远史上是空前的。这一纪录直到 1991 年的日本东京田径世锦赛上，才由他的同胞鲍威尔打破。在一届奥运会上能有这么多新世界纪录出现，并长期无法突破是以往历届所没有的现象，它是这次高原盛会最大的奇迹。

本届奥运会不仅所破纪录"质量"高，而且个别项目的纪录数度更新，这也是过去极为罕见的。如三级跳远，世界纪录 5 次被打破：意大利朱·詹蒂莱先后跳出了 17.10 米、17.22 米的成绩，接着苏联的维·萨涅耶夫以 17.23 米超过了他，随后又是巴西内·普鲁登西奥以 17.27 米战胜了萨涅耶夫，而最后萨涅耶夫又再次创造了 17.39 米的新纪录，夺得了金牌。这个项目前五名运动员的成绩，都超过了赛前 17.03 米的正式世界纪录。在跳高比赛中，美国选手迪·福斯贝里以"背越式"跳过了 2 米 24，获得金牌。尽管该成绩还低于世界纪录 4 厘米，但他所采用的过杆姿势是一次技术上的革命，对促进跳高成绩提高起了积极推动作用。

中国台湾运动员纪政，在 80 米栏赛中以与第二名相同的成绩（10 秒 4）获得了铜牌。这也是亚洲女田径选手在这届奥运会上取得的唯一奖牌。纪政在这次比赛中未能取得更出色的成就，但两年后，她成为世界知名运动员。1970 年的 6、7 月她 6 次打破或平了以下世界纪录：100 码，10 秒，破世界纪录；220 码，22 秒 7、22 秒 6，破世界纪录；100 米栏，12 秒 8，平世界纪录。在一个多月时间里，取得如此丰硕的成果，在世界女子田径史上是极为罕见的。

运动会于 10 月 27 日下午 6 时举行了闭幕式。本届奥运会美国获金牌 45 枚，银牌 28 枚，铜牌 34 枚，非正式团体总分 713.3 分；苏联所获金、银、铜牌数依次为 29、32、30 枚，非正式团体总分为 590.8 分。这是自 1952 年以来，苏美两个体育强国在奥运会的较量中，苏联第一次在金牌和总分上都输给了美国。

第二十届慕尼黑奥运会

提出申请举办第二十届奥运会的有 4 个城市：加拿大的蒙特利尔、联邦德国的慕尼黑、西班牙的马德里和美国的底特律。由于这 4 个城市都是国际著名城市，因此，竞争十分激烈。在罗马召开的第 64 届国际奥委会上，经过激烈竞争，慕尼黑仅以一票的优势赢得了本届奥运会的主办权。将会址定在纳粹法西斯发迹的城市，充分显示了奥林匹克运动的国际性和对和平的期望，是一件具有世界意义的大事。

慕尼黑位于多瑙河支流伊扎尔河畔，这个城市优美、宁静，原是联邦德国的第二大城市，是一座文化艺术名城。1972 年 8 月 26 日下午 3 点，本届奥运会正式开幕。参加本届大会的有 122 个国家和地区的运动员 7147 人，其中女子 1070 人。首次参赛的有阿尔巴尼亚、上沃尔特（布基纳法索）、加蓬、达荷美、莱索托、马拉维、多哥、沙特阿拉伯、斯威士兰、索马里、朝鲜民主主义共和国、中国台湾派出 63 名运动员，参加了田径、游泳、摔跤、拳击、举重、射击、射箭、帆船、自行车、柔道 10 个项目的比赛，但未取得名次。本届比赛项目除上届的 18 个大项外，又重新列入了上届被取消的柔道，恢复了多年未举行的手球和射箭。

在这次比赛中，令人信服地看到了启用电子设备的优越性。如男子 400 米个人混合泳第一名瑞典的贡·拉尔松，仅比第二名美国的蒂·麦基快千分之二秒；又如田径男子 800 米决赛中，美国达·沃特尔和苏联叶·阿尔扎诺夫同时撞线，但安装在终点的摄影机拍下的照片表明，沃特尔领先百分之一秒；再如射击，朝鲜李浩准在小口径步枪 60 发卧射中以 599 环破世界纪录，起初裁判只算了 596 环，后来经过一种首次使用的特殊仪器检查，确定成绩是 599 环，等等。

由于田径及其他一些项目中的"意外"结果，评论家们认为，今后，一个国家将不会拥有"永恒"比赛的项目。女子 1500 米赛这次首次列入奥运女子"长跑"项目。前七名运动员的决赛成绩都超过了赛前的世界纪录。其中最突出的是获该项冠军的苏联选手柳·勃拉金娜。她在预、复、决赛中都刷新了世界纪录，成绩分别为 4 分 06 秒 5、4 分 05 秒 1 和 4 分 01 秒 4。1500 米跑比赛的情况表明，女子在中长跑中具有无限的潜力，这为女子中长跑项目列入奥运会比赛奠定了基础。

与墨西哥奥运会形成鲜明对照的是，这次游泳取得了出色的成绩，30 次破 22 项世界纪录。成绩突出的当然要首推美国的马克·施皮茨。他在 100 米、200 米自由泳和 100 米、200 米蝶泳以及 3 个接力赛中均创造了世界纪录，共获 7 枚金牌，成为奥运会史上一届获金牌最多的运动员。加上上届得到的两枚金牌，他是继苏联的拉蒂尼娜（体操）、芬兰的鲁米（长跑）后奥运史上第三个获 9 枚金牌的运动员。

联邦德国和英国在马术比赛中各得了 2 枚金牌。引人注目的是联邦德国 45 岁的女骑手利·林森霍夫，她在盛装舞步骑术个人赛中，技压群"雄"，成为在这个男女混合项目中首次获奥运会金牌的女选手。林森霍夫是位老将，1956 年她就曾在这个项目的个人赛中获铜牌，团体赛中获银牌。24 岁的英国玛丽·戈登-沃森，也是一位众人瞩目的人物。她与男队友合作，获得了三项赛团体金牌。此前的 1970 年，她在世界锦标赛该项目中取胜，成为马术史上第一个女世界冠军。

本届奥运会于 1972 年 9 月 11 日闭幕。苏联获得了 50 枚金牌，27 枚银牌，22 枚铜牌，美国金、银、铜牌分别为 33、31、30 枚。这是苏联在上两届失利后，再次以金牌多数压倒美国。值得注意的是，这次列第三位的民主德国队，获得了金牌 20 枚，银、铜牌各 23 枚。民主德国从 1956 年起至本届止，总共只参加了 5 届奥运会，但进步是相当惊人的。60 年代中期民主德国的体育水平并不很高，可是 60 年代末开始了飞跃。其进步原因，主要是对体育投资多、重视青少年运动员的培养工作，并加强了体育科学的研究。

第二十一届蒙特利尔奥运会

蒙特利尔是加拿大最大的城市之一。1825～1849 年曾是加拿大政府所在地。该市位于魁北克南部圣劳伦斯河蒙特利尔岛上，是世界重要海港之一。1976 年 7 月 17～8 月 1 日，第二十一届奥运会在加拿大蒙特利尔举行。

加拿大蒙特利尔市曾先后五次申请主办奥运会。在争取 1972 年奥运会主办权时，最后仅以一票之差败于联邦德国慕尼黑。在此之后，经过激烈的竞争，终于击败美国洛杉矶、前苏联莫斯科和意大利佛罗伦萨三市，赢得了第二十一届奥运会的主办权。

本届奥运会规模远逊于上届慕尼黑奥运会，主要原因是发生了抵制事件。1976年6月，南非政权邀请新西兰橄榄球队访问。非洲最高体育理事会对此曾提出警告，如果新西兰应邀，非洲将反对新西兰参加即将举行的奥运会。但新西兰对此置若罔闻。后来，又派代表团来蒙特利尔参加奥运会。这引起了非洲的强烈不满。加蓬、冈比亚等国拒绝派队出席奥运会，阿尔及利亚、加纳等国体育代表团虽去了蒙特利尔，但在开幕后不久即退出了比赛。

本届应邀参赛的有88个国家和地区，运动员6189人，其中女子1274人。运动员人数比来的记者（约7800人）还要少。首次参赛的有安道尔、安提瓜、开曼群岛和巴布亚新几内亚。中国台湾没有参加本届运动会。比赛仍设21个大项。增设了女子篮球、女子手球等。虽有许多非洲国家退出，但仍不失为一次高水平的比赛。田径、游泳、举重、射击、射箭共82次破奥运会纪录，其中34次为世界纪录。游泳成绩最为突出，共26项比赛，刷新了25项奥运会纪录，21项世界纪录。

运动会于7月17日正式开幕。本届奥林匹克火焰传递采取了与以往不同的做法。7月13日于奥林匹亚点燃，火种传到雅典后，不像以往用轮船、飞机或接力传递，而是利用卫星传到加拿大首都渥太华，随后进行火炬接力跑，7月17日传递到蒙特利尔。最后点燃主体育场奥林匹克火焰，是由一对少年男女共同完成的。这是奥运会史上的第一次、也是唯一的一次由两人共同执行这一光荣的使命。

在从上届奥运会开始逐渐形成的田坛德（民主德国）、美、苏三足鼎立的局面中，民主德国已跃居执牛耳的地位，但三国男女实力有所不同。民主德国的女子实力很强，美国的优势在于男子，苏联则男女实力较为均衡。

游泳池中之争，主要是美国和民主德国两家。美国男子表现了无可争议的优势，囊括了除200米蛙泳外全部项目的金牌；民主德国则获得女子13

个项目中的 11 项冠军，这是它在世界性比赛中第一次取得如此辉煌的成就。在举重比赛中，国际举重联合鉴于推举对运动员健康不利，以及在裁判工作中容易引起争议，1972 年奥运会后，决定将推举从举重比赛中取消。因此，本届奥运会举重是首次按抓、挺两项计总成绩的比赛。苏联选手阿列克谢耶夫是 20 世纪无与伦比的举重运动员，他是世界上第一个举起 600 千克（三项总成绩）的选手，80 次破世界纪录，两次获奥运会冠军，6 次获世界冠军，迄今无人能超过他在这方面的成就。

体操比赛的新闻人物是罗马尼亚著名运动员纳迪娅·科马内奇。她在高低杠赛比赛中获得了奥运史上第一个满分"10 分"，并接连创造奇迹，总共拿了 7 个满分。最后她夺得了个人全能、高低杠、平衡木 3 枚金牌。

本届奥运会于 8 月 1 日闭幕。苏联成绩再次领先，共获 49 枚金牌。自 1952 年一直与苏联争夺王座的美国队，这次不仅落后于苏联，且败给了近届成绩不断上升的民主德国队，退居第三，这是美国队在奥运会上一次最严重的失败。作为主办国的加拿大成绩也不理想，这在奥运史上也是没有先例的。

第二十二届莫斯科奥运会

早在 1970 年，莫斯科市就提出过举办奥运会的申请，但由于泛美集团的阻挠输给了加拿大的蒙特利尔。申请主办本届奥运会的只有莫斯科和洛杉矶两个城市。1974 年 10 月，国际奥委会第 75 届会议决定由莫斯科承办第 22 届奥运会。

莫斯科是一座已有 800 多年历史的古城，城区横跨莫斯科河及其支流亚乌扎河两岸，有人口 800 多万，是苏联首都和政治、经济、文化的中心。据外电报道，苏联为主办这届奥运会，总共耗资 90 亿美元。这在奥运会史上是创纪录的数字。

运动会于 1980 年 7 月 19 ~ 8 月 3 日举行，恰好与第十五届奥运会会期相吻合。两届会期举办月、日完全一样，是奥运会史上仅有的一次。第十五届是苏联首次参加的奥运会，它标志着苏联奥林匹克运动发展进入了一个新时期。两届会期吻合是组委会的精心安排。

运动会于 7 月 19 日下午 2 点在莫斯科中央体育场正式开幕。国际奥委会主席基拉宁主持了他任期内的最后一届奥运会，西班牙的胡安·安东尼奥·萨马兰奇将成为新主席。

因苏军入侵阿富汗，公然违背和平、友谊的奥运宗旨，导致国际奥委会承认的 147 个国家和地区中，有五分之二的参赛国公开抵制和拒绝参加。结果，仅有 81 个国家和地区参加了本届奥运会。有 16 个队在入场式上没有打本国国旗，以奥林匹克五环旗替代；有 10 个队只有旗手一人，运动员没有出场。美国、日本、西德、加拿大、澳大利亚、中国等国坚决执行抵制政策，没有参加本届奥运会。本届奥运会参赛运动员共 5872 人，其中女子 1274 人。本届奥运会竞赛项目仍为 21 个大项，女子曲棍球首次进入奥运会赛场。前苏联首次参加了全部大项的比赛。

抵制行动虽然给本届奥运会带来了负面影响，但总的来说，还是一次较高水平的运动会。奥运会共打破 33 项世界纪录。举重、自行车水平都很高，特别是自行车，全部 3 个有纪录的项目，有 10 人次破世界纪录。举重比赛共 18 次刷新 13 项世界纪录，108 次破参赛选手所属国家纪录。

本届奥运会于 8 月 3 日闭幕，苏联共获金牌 80 枚、银牌 69 枚、铜牌 46 枚，居各队之首。这是苏联自 1952 年以来在奥运会上获金牌最多的一次，也是奥运会有史以来一个国家在一届奥运会上获金牌最多的一次。

由于本届奥运会缺乏强者的竞争，故运动员在角逐之后不免有一种孤独之感，国际奥委会主席基拉宁悲喜交加，悲的是奥运生涯险象环生，曲折不断；喜的是终于在 1979 年 11 月 26 日，经国际奥委会表决通过，恢复了中华人民共和国在国际奥委会中的合法席位。

第二十三届洛杉矶奥运会

由于近几届奥运会耗资不断加大以及政治因素的干扰，使得申办奥运会的城市望而却步，越来越少。本届奥运会的申办城市原有两家，除洛杉矶外，还有伊朗的德黑兰，但出于上述种种原因，德黑兰中途退出。因此，在1978 年国际奥委会雅典年会上，洛杉矶在没有对手的情况下，获得了本届奥运会的承办权。1932 年洛市曾主办过第十届奥运会，52 年过去，奥林匹克圣火又再次在这里燃起，使它成了继巴黎、伦敦之后，第三个举行两届夏季奥运会的城市。

雅典会议后，洛市开始了全面的筹划工作，首先成立了筹备委员会，1979 年邀请金融人士、45 岁的彼得·尤伯罗斯担任了筹委会主席。这位体坛默默无闻者，富有远见卓识，在这次筹备组织工作中，特别是财政管理上，表现了杰出的才华，从而一举闻名于世。

奥运会的花费是巨大的，特别是近几届更如此，如 1972 年，慕尼黑花了 10 亿美元；1976 年，蒙特利尔花了 20 多亿美元；而 1980 年，莫斯科竟花了 90 多亿美元。尤伯罗斯任主席后，面临的第一个难题是经费来源。洛杉矶奥运会是 1896 年奥运会创办以来首次由民间承办的运动会，既无政府补贴，又不能增加纳税人负担，加之美国法律还禁止发行彩票，一切资金就都得自行筹措。尤伯罗斯领导这个委员会白手起家，广开财源，采取了如下主要措施：与企业集团订立资助协议；出售电视广播权和比赛门票；压缩各项开支，充分利用现有设施，尽量不修建体育场馆；不新盖奥林匹克村，租借加州两座大学宿舍供运动员、官员住宿；招募志愿人员为大会义务工作等。

本届奥运会的总预算为 4.5 亿美元，原来尤伯罗斯计划以他的经营方式收支相抵后，尚可盈余 1.5 亿美元。但据 1984 年 12 月 19 日洛杉矶奥运会组委会公布的材料，盈余为2.5亿美元。尤伯罗斯因此名气大振，被民间誉为奥运经营之神。尤伯罗斯以特殊的经营方式，为奥运会顺利度过困难时期作出贡献，为此国际奥委会向其颁发了奥林匹克金质勋章。尤伯罗斯开创了民间承办奥运会的先例，尽管他的某些做法遭到非议（如收取火炬接力费等。在美国境内的火炬接力，参加者每跑1英里需缴纳3000美元），但这种以工商企业的方式，充分利用商业手段的做法，不仅给许多经济不发达国家承办奥运会以启示，同时也给奥林匹克运动的发展带来了生机。

参与本届奥运会报道的新闻记者共有9190人，其中文字记者4327名，广播记者4863名。大会共招募志愿服务者28742人。

火炬传递与开幕式

7月28日当地时间下午4点15分，大会于洛杉矶纪念体育场正式开幕，10万名服色艳丽的观众挤满了看台，由好莱坞著名导演戴·沃尔帕主持的一幕幕富有美国民族特色的歌舞，引人入胜，使开幕式成了一次激荡人心的艺术盛会。7时15分美国总统里根宣布大会开幕。自1904年以来，美国虽曾4次举办冬（1932、1980）、夏季（1904、1932）奥运会，但总统亲自出席开幕式这还是第一次。

在里根宣布开幕后，美国已故著名田径运动员杰西·欧文斯的孙女吉娜·汉菲尔高举火炬进入会场。随后，美国1960年奥运会十项全能冠军拉·约翰逊接过火炬，点燃了奥林匹克火焰。接着是美国1976年奥运会跨栏冠军埃·摩西代表运动员宣誓。整个开幕式持续了好几个小时，当落日收尽余晖，体育场上暮色凝重的天空又升起了五彩缤纷的焰火。身着世界各地民族服装的2000多名洛杉矶市民，伴随着贝多芬的"欢乐颂"放歌狂舞，把开幕式的节日气氛再次推向了高潮。

基本情况

大会于洛杉矶的黄金时节7月28～8月12日举行。当时国际奥委会成员有159个，参赛的共140个国家和地区，远远超过了以往各国的规模。抵制和因故未参加的国家和地区有 19 个：阿富汗、阿尔巴尼亚、保加利亚、朝鲜、古巴、埃塞俄比亚、匈牙利、伊朗、老挝、蒙古、波兰、民主德国、捷克斯洛伐克、苏联、越南、民主也门、利比亚、安哥拉、上沃尔特。

本届参赛运动员共 6797 人，其中女子 1567 人，男子 5230 人，也是历届人数最多的一次。东道主选手最多，共 622 人；加拿大次之，共 483 人；联邦德国列第三，为 444 人。中国奥委会派出了一个大型体育代表团参加这次盛会。52 年前，旧中国首次参加的第十届奥运会，地点也是在洛杉矶。当时运动员仅刘长春子然一身。而这次运动员达 225 人，参加了除足球、曲棍球、拳击、马术、现代五项以外的其余 16 个大项的比赛。中国台北奥委会也派出 67 名运动员参加了田径、游泳、举重等项的比赛，这是海峡两岸中华儿女首次在夏季奥运会上相逢。本届奥运会比赛项目仍为 21 个大项，但单项数从上届的 203 项增加到 221 项。新增加的 18 个单项，男子占 6 项，女子为 12 项。由于科学技术的发展，对女子身体机能有了进一步的了解，加之女子体育在许多国家得到了日益广泛的开展，使得奥运会中的女子项目有了历史性的突破。新增设的女子项目，有长期以来被认为是女子不适宜参加的马拉松跑，有自 1896 年以来一直只有男子项目的射击和自行车，还有首次列入的纯女子项目：花样游泳和艺术体操。从发展趋势看，女子项目还将进一步扩大。竞赛情况：7 月 29 日，普拉多（本届射击赛场）的枪声给本届奥运会带来了第一枚金牌，中国射手许海峰是夺得这个荣誉的幸运儿，他也是中国自 1932 年参加奥运会以来的第一个奥运会金牌得主，随之各项金牌之争进入白热化。

射击比赛共有 68 个国家和地区的 480 名运动员参加。以往射击虽然准许女子参加，但它仍属男子项目，这次为女子单独设置了标准步枪、气步枪和手枪比赛。意大利多向飞碟名将、36 岁的卢·焦万内蒂蝉联了该项冠军。上届手枪速射金牌获得者罗马尼亚的科·扬成绩不佳，输给了年已 48 岁的日本老将蒲池猛夫，后者也是本届夺冠者年龄最大的运动员。

本届田径项目首次增设了女子 400 米栏、3000 米和马拉松跑。男女总项数达到 41 个。另外，女子五项全能改成了七项全能。参加比赛的有 115 个国家和地区，1377 名男女运动员。美国取得了出色的成绩，头号新闻人物是卡尔·刘易斯。23 岁的刘易斯是当时田坛宠儿，他在本届奥运会上实现了自己赶超欧文斯夺金破纪录的诺言，在 1936 年奥运会欧文斯夺取金牌的四个项目中（100 米、200 米、4×100 米接力及跳远）也均居第一，个人独揽 4 块金牌。

男子田径赛中另一位神奇人物是美国黑人跨栏选手埃德温·摩西。他在 1976 年获 400 米栏奥运会金牌后，除 1977 年在一次国际赛中败于联邦德国施密特外，曾在其间十余年间 100 多场比赛中保持取胜，被誉为"常胜将军"和"跨栏之王"。这次他又轻松地战胜了所有对手，以 47 秒 75 第二次取得奥运会金牌。

女子田径赛中的出类拔萃者，是美国 24 岁的瓦·布里斯科－胡克斯。当时她已是一个孩子的妈妈。赛前成绩并不出色，排世界前十名之外，可是在本届奥运会上一鸣惊人，夺得 3 枚金牌（200 米、400 米、4×400 米接力），成为仅次于刘易斯的人物。不过她能取得这样的成就，与民主德国及前苏联等缺席不无关系。在新增设的女子马拉松比赛中，美国 27 岁的琼·贝诺瓦取胜，成绩 2 小时 24 分 52 秒，超过了 1956 年男子奥运会冠军(2 小时 25 分)。

美国在这次奥运会的游泳比赛中成绩出色，获得了 20 个项目的 21 枚金牌（有 1 项并列）。联邦德国、加拿大、荷兰、澳大利亚分获了其他金牌。男子比赛中，美国理·凯里、安·盖恩斯各获得了 3 枚金牌。联邦德国的米·格罗斯和加拿大的亚·鲍曼也是本届男子赛中的新闻人物，各获 2 金。女子获 3 枚以上游泳金牌的全是美国人，她们是特·考尔金斯、玛·马尔和南·霍格斯黑德。

球类有男女 9 个项目。南斯拉夫夺得男女手球双项冠军。美国男女篮球水平高于其他各队，较轻易地摘下了这两项桂冠。排球形势较为复杂。美国通过积极开展排球运动，仅几年工夫，男女国家队便均达到了世界一流水平。其中男队夺了其在奥运会上的第一枚金牌。而以海曼为首的美国女队，在8月3日预赛中以3∶1战胜过后来夺冠的中国队。法国则在击败巴西后，夺取了足球冠军。

参加体操比赛的有19个国家和地区的156名男女运动员。在男子团体赛中，美国出人意料地击败了卫冕世界冠军中国队，获得了团体冠军，中国队屈居亚军。27岁的日本老将具志坚幸司夺得全能金牌，实现了他为之奋斗16年的心愿。他还在吊环、跳马和单杠项目中分获金、银、铜牌各1枚。女子比赛中，以埃·萨博为首的罗马尼亚年轻选手，战胜了美国和中国，荣登团体冠军宝座。但是，在个人全能赛中，享有"科马内奇接班人"称号的17岁的萨博，输给了比她年轻一岁的美国新秀玛·雷顿，名列第二。不过萨博仍是本届最出色的运动员，她总共获得4枚金牌（团体、跳马、平衡木和自由体操）、1枚银牌（个人全能），超过了科马内奇在蒙特利尔奥运会上的成就，比本届头号新闻人物刘易斯还多得了1枚银牌。

第二十三届奥运会的奥林匹克圣火于8月12日在欢乐、友谊的气氛中熄灭。东道主美国获得了自参加奥运会后有史以来最多的一次奖牌，计金牌83枚、银牌61枚、铜牌30枚；罗马尼亚也取得了历史上最好的名次，列第二，得金牌20枚、银牌16枚、铜牌17枚；联邦德国位居第三，金牌17枚、银牌19枚、铜牌23枚；中国队按金牌数排第四位，金牌15枚、银牌8枚、铜牌9枚。

中国代表团

重返奥运赛场的中国体育代表团在洛杉矶奥运会开幕后的第一天便展示出新兴世界体育强国的风采。许海峰在男子手枪慢射比赛中所获的金牌不仅是本届奥运会决出的第一块金牌，更实现了炎黄子孙在奥运会上金牌"零的突破"，一雪百余年来"东亚病夫"的耻辱。北京时间7月30日上午，当许海峰夺冠的消息传回祖国时，他的名字立即响彻了神州大地。此后，中国射击队再接再厉，李玉伟和吴小旋又分别在"跑猪"和女子标准步枪赛中各得了1枚金牌。

田径比赛中，我国共有3名选手参加男子跳高项目，除当时世界纪录保持者朱建华外，另外两人是刘云鹏、蔡舒分获第七、八名。朱建华在压力之下未能发挥出个人的最高水平，仅获得铜牌，也是亚洲在这次田径赛获取的唯一奖牌，它表明亚洲田径与其他洲存在着明显差距。

男子跳水之争，主要是中美两国较量。24岁的美国选手格·洛加尼斯8年前就曾在蒙特利尔获奥运会银牌。近年来，他在世界杯赛、泛美运动会等重要比赛中接连夺冠，成为跳水界的"王子"。在这次争夺中，技高一筹，双夺板、台冠军。中国谭良德、李孔政分获板、台银、铜牌。女子跳台赛中，中国名将陈肖霞失利，冠军为中国另一选手19岁的周继红获得；女子跳板预赛中成绩居首位的中国的李艺花，决赛时发挥不佳，仅得第四名。金牌获得者是加拿大新秀西伯尼埃。

中国25岁的栾菊杰经过奋力拼搏，战胜了世界名手、联邦德国32岁的科·哈尼施，夺得女子花剑冠军。这也是亚洲第一次在奥运会上获取击剑金牌。

中国运动员自7月29日举重开赛以来，连连告捷，60千克级已是他们第三次夺冠，此前，曾国强在52千克级、吴数德在56千克级各得1枚金牌。8月1日，姚景远又在67.5千克级中取胜。中国在这次举重赛中，除荣获4枚金牌外，还得了两枚银牌，是本届举重成绩最出色的队。

7月31日，艾伯特·格斯滕体育馆内60千克级举重比赛刚刚结束，四周响起了热烈的掌声。领奖台上站立着两位龙的子孙：一个是来自中国大陆的陈伟强，另一个是中国台北的蔡温义。他们俩分获了这个级别的金牌和铜牌。海峡两岸的中国儿女，虽说在萨拉热窝冬季奥运会上就已首次相逢，但同台领奖还是第一次。

中国女排在小组赛负于老对手美国队后很快调整好状态，8月8日决赛时，中国队充分发挥所长，直落三局击败美国队，拿下了金牌，实现了三连冠（1981年世界杯和1982年世界锦标赛冠军）的夙愿。

在体操比赛中，实力一流的中国男队在团体和全能失利后，并未气馁，在单项赛中发挥了水平。李宁在自由体操、鞍马、吊环中一人独得3枚金牌。此外，还得了2枚银牌和1枚铜牌，是本届获奖牌最多的运动员，被誉为"力量之塔"和"使人倾倒的小巨人"。楼云也摘取跳马比赛的桂冠。而在女子比赛中，21岁的马燕红在她的拿手项目高低杠比赛中与美国朱·麦克纳马拉并列冠军。本届体操比赛，中国共获11枚奖牌，是在这届奥运会上为中国获奖牌最多的项目。

第二十四届汉城奥运会

申办本届奥运会的除韩国的汉城外，还有日本的名古屋、澳大利亚的墨尔本和希腊的雅典。1981年在联邦德国巴登－巴登市举行的第84届国际奥委会会议上，雅典与墨尔本相继退出，最后投票通过汉城为第24届奥运会的承办城市。汉城是继东京之后第二个主办奥运会的亚洲城市。汉城申办奥运会，是韩国政府"和平统一外交政策"的一个重要步骤。韩国为提高本国的国际形象和国际地位，于1973年制订了该政策，并倡导"门户开放"，措施之一就是积极进行体育文化外交，并争取主办1986年的亚运会和1988年的奥运会。因此，对这届奥运会，韩国政府给予了大力支持。汉城于1981年11月1日成立筹委会，集全国各有关部门，包括工商、企业、建筑、文教、艺术、传播等优秀人才于一体，积极开展各项筹备工作。当时，韩国政府不顾背负高额外债的压力，拨款9亿美元资助奥运会的筹备工作，将其中的55%用于竞赛场地、奥运村、记者村以及新闻中心等硬件建设，将45%用于美化市容、修建奥林匹克公园、改善医疗服务、提高接待质量、搞好宣传报道等软件建设。此外，加上一些间接投资，汉城奥运会的投资总额合计约为30亿美元。汉城为举办本届奥运会共修建了竞赛场馆34座，以及各项辅助训练场地。奥林匹克公园占地18.645公顷，除主会场外，园内还设有自行车、举重、击剑、体操、游泳及网球共6个场馆，而且完成了公园绿化的目标，开发了供民众休闲娱乐的功能。各个场馆均采用现代化与标准化的设计，并且符合多功能的要求，许多场馆可随时提供相关的竞赛与训练条件，游泳池冬天可用温水，配合空调可不受气候的影响。奥运村和记者村都是公寓式的建筑，会后可以出售。另外还修了一个直达市中心的交通系统，使之成为交通方便、环境幽雅的新区。

火炬传递与开闭幕式

本届奥林匹克圣火于8月23日在希腊奥林匹亚引燃，8月25日由韩国专机从雅典运抵济州岛，途经釜山、大丘、仁川等29个城镇的火炬接力，历时22天，行程4186千米。第24届奥运会的开幕形式于9月17日10时30分在可容纳10万名观众的蚕室奥林匹克体育场举行。汉城奥运会组委会委员长朴世植致开幕词，国际奥委会主席胡安·安东尼奥·萨马兰奇致欢迎词，韩国总统卢泰愚宣布大会开幕。曾获第11届奥运会马拉松冠军的76岁的孙基祯手持火炬进入会场，第10届亚运会3枚金牌获得者林春爱接过火炬绕场一周后，由象征体育、科技和艺术的二男一女接过火炬点燃奥林匹克圣火。

基本情况

共有159个国家和地区的8465名运动员（其中女运动员2186人，男运动员6279人），参加了25个大项237个单项的比赛。参赛运动员最多的国家和地区是：美国612人、苏联524人和韩国467人。中国奥委会派出299名运动员参赛，居参赛国的第11位。首次参赛的国家和地区有文莱（只有1名官员出席了开幕式）、马尔代夫、美属萨摩亚、圣文森特和格林纳达、阿鲁巴、瓦努阿图、关岛、库克群岛。其规模之大，胜过以往各届。起初，国际奥委会担心因韩国与许多国家没有外交关系而使抵制国家增多，影响奥运会的参加代表团数量。结果，只是朝鲜因提出与汉城合办本届奥运会，并且主办至少一半项目的要求未被允许，而正式宣布抵制汉城奥运会，响应者也寥寥无几。此外加上国际奥委会主席萨马兰奇的外交协调，说服了许多有抵制意向的国家，都按时赶到汉城。本届奥运会新列入乒乓球比赛，恢复了已中断 64 年的网球比赛项目。并允许网球和足球职业运动员参赛，但足球职业运动员年龄限制在 23 岁以下。表演项目有在韩国流行的跆拳道、棒球、羽毛球和女子柔道等。

参与报道本届赛会的新闻记者共有 11331 名，其中文字记者 4978 名，广播记者 6353 名。共招募到 27221 名志愿服务者。

竞赛情况

在本届奥运会上，美国女子短跑运动员、绰号为"花蝴蝶"的弗洛伦斯·格里菲斯·乔伊纳不仅勇夺 100 米和 200 米桂冠，在 200 米赛中刷新世界纪录，还获得 4×100 米接力金牌和 4×400 米接力银牌，成为本届奥运会获奖牌最多的田径运动员。

在游泳比赛中，来自民主德国莱比锡的姑娘克里斯汀·奥托连夺 6 枚金牌（50 米、100 米自由泳，100 米仰泳、蝶泳和 4×100 米混合泳、自由泳接力），获金牌数为本届参赛运动员之冠，并且成为奥运会历史上一届获金牌最多的女选手。美国游泳名称马特·比昂迪获得 5 枚金牌（50 米、100 米自由泳，4×100 米混合泳、自由泳接力，4×200 米自由泳接力）、1 枚银牌（100 米蝶泳）和 1 枚铜牌（200 米自由泳），其中 50 米自由泳和 3 项接力均打破世界纪录。

苏联运动员弗拉基米尔·阿尔捷莫夫在男子体操比赛中独得个人全能、双杠、单杠 3 枚金牌和团体金牌。罗马尼亚女子体操运动员丹妮埃拉·希莉瓦斯则获高低杠、自由体操和平衡木 3 枚金牌和个人全能银牌、跳马铜牌，成为本届奥运会女子体操明星。

加拿大短跑名将本·约翰逊在 100 米短跑比赛中以 9 秒 79 的成绩震惊田坛，但被查出服用兴奋剂被取消纪录，追回金牌，成为本届奥运会最为轰动的丑闻。"约翰逊事件"使奥林匹克运动和世界体育界把兴奋剂问题提高到严重损害体育道德和违反奥林匹克精神的高度来对待。此外，在举重比赛中也有运动员被查出服用兴奋剂。本届奥运会共破 64 项奥运会纪录，其中有 22 项世界纪录。田径破奥运会纪录 30 项，其中世界纪录 5 项；游泳破奥运会纪录 23 项，其中世界纪录 11 项；举重总成绩破奥运会纪录 3 项，其中世界纪录 3 项；射击和射箭破奥运会纪录与世界纪录各 2 项和 1 项。奖牌榜前三名的国家为：苏联获金牌 55 枚、银牌 31 枚、铜牌 46 枚；民主德国金牌 37 枚、银牌 35 枚、铜牌 30 枚；美国获得金牌 36 枚、银牌 31 枚、铜牌 27 枚。东道主韩国以 12 枚金牌、10 枚银牌和 11 枚铜牌名列第四，取得了自我宣传和运动成绩双丰收。

中国情况

中国这次选派 299 名选手参加比赛。由于苏联、民主德国及东欧等国家都参加了本届奥运会，竞争比上届激烈得多，中国运动员在本届奥运会上最终只获得 5 枚金牌、11 枚银牌和 12 枚铜牌，总分数居第 8 位。女子跳水运动员高敏和许艳梅，分别获跳板跳水和跳台跳水冠军，娄云在男子体操比赛中夺得跳马金牌和自由体操铜牌；乒乓球运动员陈静夺得女子单打冠军，第 2、3 名分别由李惠芬、焦志敏获得，陈龙灿与韦晴光获男子双打冠军。

第二十五届巴塞罗那奥运会

申请主办这次奥运会的城市还有法国的巴黎、荷兰的阿姆斯特丹、澳大利亚的布里斯班、英国的伯明翰和南斯拉夫的贝尔格莱德。1986 年 10 月 17 日在洛桑举行的国际奥委会第 91 届全会上，巴塞罗那赢得了主办权。

巴塞罗那是前任国际奥委会主席萨马兰奇的故乡，是素有"地中海明珠"之称的国际旅游胜地。历史上巴塞罗那曾申办过 1924、1936 和 1940 年的三届奥运会，但均未成功。因而，他们非常珍惜这次机会，决心在国际奥委会的支持下，举办一届历史上最成功的奥运会。

基本情况

本届奥运会共有 28 个大项 257 个单项，首次列入棒球、羽毛球两个大项，并新增设了女子柔道等 20 个单项。轮滑冰球、回力球和跆拳道及残障轮椅赛跑被列为表演项目。共有 169 个国家和地区的 9367 名运动员参加了比赛，其中女运动员 2708 人，男运动员 6659 人。参赛运动员最多的国家是美国 537 人，独联体 472 人和德国 463 人。中国派出 251 名运动员参加了 20 个项目的比赛，中国台北有 37 名运动员参加 7 个项目的比赛。国际奥委会的成员全部参加了本届奥运会，其中南也门和北也门、东德和西德各合并为一个国家奥委会，新独立的立陶宛、爱沙尼亚、拉脱维亚、克罗地亚、斯洛文尼亚和波黑共和国、纳米比亚等国的奥委会得到国际奥委会的承认。前苏联解体后，原有的许多世界级优秀运动员分散到各个独立的国家里，国际奥委会经过与各方多次协商，终于使他们聚在一起，原来 15 个加盟共和国除波罗的海 3 国外，余下的 12 国组成"独联体"代表队，所需经费靠奥林匹克团结基金和拉取赞助解决。这样，既保证了本届奥运会竞技的高水平，又解决了各个新独立国家的参赛问题。独联体代表团的旗帜则采用国际奥委会的会旗。未出席上届奥运会的朝鲜、古巴、塞舌尔、埃塞俄比亚、马达加斯加、尼加拉瓜、阿尔巴尼亚 7 国也参加了本届奥运会。由于南斯拉夫的战乱，联合国安理会在 1992 年 5 月底通过第 757 号决议，不准塞尔维亚和黑山地区的运动员参加国际比赛及国际性文化交流活动。为改变这种局面，促使这个地区的运动员参赛，国际奥委会主席萨马兰奇多方奔走，穿梭外交，直到开幕前 3 天，终于获得联合国安理会的恩准。但由塞尔维亚和黑山共和国组成的南斯拉夫运动员只能以个人身份参加，并不得参加开、闭幕式和集体项目的比赛。国际奥委会得知这个可喜的结果后，立即派专机接运南斯拉夫运动员,使他们按时参加了获准参加的各项比赛。参与报道本届赛会的新闻记者共有 13082 名,其中文字记者 5131 名,广播记者 7951 名。共招募到 34548 名志愿服务者。

火炬传递与开幕式

本届奥林匹克圣火于 6 月 5 日上午 11 时 45 分由希腊著名女演员玛丽娅·帕布基于奥林匹亚引燃。火炬传递至雅典后,用轮船于 13 日晚运抵西班牙海岸城市埃恩普里斯。随后进行了在西班牙本土穿越全国 17 个自治大区 625 个中小城镇的接力传递,于 7 月 24 日到达巴塞罗那,全程 3964 千米,历时 43 天。开幕式于 7 月 25 日当地时间晚 8 时整在蒙锥克体育场举行。价值 10200 万美元的通信卫星,在大西洋上空同时用 32 条线路向五大洲约 35 亿观众进行实况转播。西班牙国王卡洛斯、国际奥委会席萨马兰奇和来自 24 个国家的首脑和政府要员出席了大会。本届奥运会的开幕式有许多特色。其一,在火炬接力过程中,72 岁高龄的国际奥委会主席萨马兰奇在巴塞罗那附近一个小城中,也兴致勃勃地持火炬跑了 1000 米,成为奥运史上第一位直接参加火炬传递的国际奥委会主席。其二,巴塞罗那奥运会筹委会邀请国外人士参加火炬接力,共邀请了 50 个国家和地区的 255 名选手。其中包括中国 6 名,中国台北 2 名。这在奥运史上是第一次。其三,火炬传到主会场后,由 1984、1988 年两届残疾人奥运会射箭奖牌获得者,37 岁的巴塞罗那选手雷波洛(Antonio Rebollo)射箭点火。只见他从轮椅上站起来,用火种点燃箭头,然后准确地射向 70 米远、21 米高的圣火台,圣火随之而起。据说,为了表演这项绝技,他练了不下 2000 次。其四,在开幕式上,大会特制一面巨幅的奥林匹克五环旗,覆盖了会场中的所有代表团,以此象征奥林匹克大家庭的团结、和谐与完美。

竞赛情况

足球赛于开幕前一天开始。

7 月 26 日上午韩国 18 岁的女中学生吕甲顺在气步枪赛中,夺得大会第一枚奥运会金牌。

本届比赛成绩突出的有独联体男子体操运动员维塔利·谢尔博、游泳运动员叶夫根尼·萨多维、匈牙利女子游泳运动员克里斯蒂娜·艾盖尔塞吉和杰基·乔伊纳－克西等。

本届奥运会首次为职业篮球运动员敞开大门，使早已风靡全球的美国职业篮球 NBA 明星球员得以参加奥运会。以"飞人"乔丹、"魔术师"约翰逊等职业篮球选手组成的美国"梦之队"以极其精彩的表演轰动了全城，他们不仅以全胜成绩轻松夺冠，而且把他们的球艺通过电视传给全世界更多的观众，扩大了篮球运动的影响。

本届奥运会共破 19 项世界纪录，其中田径 3 项、游泳 9 项、射箭 5 项、自行车 2 项。最终获得金牌前三名的国家是独联体第一，金银铜牌数依次为 45、38、29 枚；美国第二，金银铜牌数依次为 37、34、37 枚；德国第三，金银铜牌数依次为 33、21、28 枚。中国队名列第四。

在田径比赛中，奖牌分布比较均匀。在 100 米赛跑决赛中，参加者全是黑人选手，最后 32 岁的英国老将克里斯蒂以 9 秒 96 的成绩夺得冠军。跳远比赛金牌的有力争夺者是美国的两位名将卡尔·刘易斯和迈克尔·鲍威尔。结果，刘易斯以 8.67 米实现了奥运跳远比赛的三连冠；鲍威尔以 8.64 米屈居亚军。

中国情况

中国此次选派男运动员 118 人、女运动员 133 人参加除足球、曲棍球、棒球、手球及马术以外共 20 个项目的比赛。中国代表团在经过 1988 年汉城奥运会的失意后，本次重新发挥出高水平，结果共获金牌 16 枚、银牌 22 枚、铜牌 16 枚，成绩超过了此前最高的 1984 年奥运会时，取得了历史最好成绩。中国台北棒球队则获得了该项目的银牌。水上项目是中国队本届奥运会的夺金大项，其中在女子游泳比赛中，中国队的"四朵金花"庄泳（100 米自由泳）、钱红（100 米蝶泳）、林莉（200 米个人混合泳）和杨文意（50

米自由泳）各获 1 金。跳水比赛中国队也三度摘金。女子跳板决赛中，高敏在分数连续多轮落后的不利局面下，顶住压力，最终成功卫冕。刚刚在国际跳坛崭露头角仅两年的小将伏明霞则在女子跳台比赛中获胜，以 14 岁的年龄成为奥运会冠军。孙淑伟在男子跳台项目中为中国取得了历史上第一枚男子跳水金牌。乒乓球项目共为中国代表团增添 3 金，其中邓亚萍在夺得女子单打冠军后，又与队友乔红合作，获女子双打金牌，而王涛和吕林则在男子双打比赛中夺冠。

在体操单项决赛中，中国队的领军人物李小双以技惊四座的后空翻"团三周"夺取了男子自由操的金牌，陆莉则以完美的表现在高低杠比赛中夺金。

在射击比赛中，已是连续第三次征战奥运会的王义夫在男子气手枪项目中终于首次取得了奥运金牌，而女子运动员张山则在与男运动员的同场竞技中，获得了双向飞碟项目的冠军。

此外，陈跃玲田径女子 10 千米竞走，庄晓岩在柔道女子 72 千克以上级中也各夺得 1 枚金牌。

中国女篮一路过关斩将，顽强地拼到了一枚银牌。中国的传统强项羽毛球本届首次被列为奥运会正式赛项，但中国队却意外地全军覆没，未能夺取任何单项的金牌。

趣闻拾零

傲慢的萨翁

在第 25 届奥运会拳击上，来自古巴的萨翁轻而易举地夺走了拳击重量级金牌，五场比赛他战胜了所有对手，几乎没有在他的脸上留下什么痕迹。而其他参赛选手，无一不是鼻青脸肿地下台。他曾参加过 146 场正式比赛，胜 137 场，这在业余拳击运动员中是不多见的。早在巴塞罗那奥运会之前，萨翁就扬言他唯一缺少的就是对手，果然他所向无敌，夺得了金牌。在发奖仪式上，其他三名选手都从围绳中间钻过去，只有萨翁从上面迈过去，以显示他压倒一切的优势。

擅自做主

第25届奥运会组委会与国际垒球联合会协商后，单方面宣布将女子垒球比赛列入1992年奥运会比赛项目并通过新闻媒介进行宣传。国际垒球联合会立即致函各会员协会，通报这一"特大喜讯"。国际奥委会对此十分不满，同时重申了它对奥运会比赛项目设置的决定权。巴塞罗那奥运会组委会自知理亏，向国际奥委会表示歉意，重申组委会的筹备将严格遵守奥林匹克宪章的规定。

其他

本届奥运会的电视转播权被美国全国广播公司（NBC）以4.01亿美元购得，再加上欧洲广播电视联盟、日本NHK、澳洲电视台等相继投资，使筹委会获得6亿多美元的收入。此外，各大厂商的赞助、发行纪念币、出售门票等，使巴塞罗那奥运会获得了盈余。本届奥运会的经费预算及总投资超过了莫斯科和汉城奥运会，达到了96亿美元。其中扩建国际机场、兴建高速公路等设施占了三分之一，其余主要用于体育场馆的修建和场地整修，大会开始前各种场馆设施均达到了现代化的国际标准。

本届奥运会的吉祥物，是一只取名为"科比"的小狗。它是一位西班牙著名画家早在1987年专为这届奥运会设计的。经过5年的宣传与展示，小"科比"的形象已深入人心。

第二十六届亚特兰大奥运会

在美国，申办本届奥运会的城市除亚特兰大外，还有明尼阿波利斯、圣保罗、旧金山和纳什维尔。申办工作起步最晚的亚特兰大市，在1988年4月29日的美国奥委会执委会中，一举击败其他城市，获得了美国国内的胜利。接着，亚特兰大又与希腊的雅典、南斯拉夫的贝尔格莱德、英国的曼彻斯特、澳大利亚的墨尔本和加拿大的多伦多展开激烈的竞争。

亚特兰大最有威胁的竞争者是希腊的雅典。因为 1996 年是诞生于希腊雅典的现代奥运会的百年大庆，雅典人非常渴望本届奥运会返回故乡，喜庆百岁的生日，因此，他们喊出了"1996 属于雅典"的争办口号，咄咄逼人。而亚特兰大的争办口号却是"尊重国际奥委会的选择"，显得那么谦虚有礼。也许是后者的口号更符合国际奥委会委员们的口味，也许是因为美国的财大气粗，也许还因为其他说不清的原因，最终是亚特兰大以 51∶35 的票数击败雅典，赢得了主办权。亚特兰大位于美国南部的佐治亚州，是州府所在地，也是前总统卡特和世界文学名著《飘》的故乡。

基本情况

本届奥运会是奥林匹克大家庭的全家福，197 个会员国全部出席，参加的运动员也增加到 10318 名，其中女运动员 3512 人，男运动员 6806 人。除了亚特兰大市外，佐治亚州的雅典市、佛罗里达州的奥兰多市、迈阿密市、亚拉巴马州的伯明翰市和美国首都华盛顿市还承办了足球项目的比赛；田纳西州的奥科伊河承办了皮划艇回转项目的比赛；佐治亚州的萨凡纳市则承办了帆船项目的比赛。本届比赛中设 26 个大项 41 个分项 271 个小项，因而这是现代奥运会百年历史中参加成员国最多、运动员最多、运动项目最多的一次盛会，创下现代奥运会举办以来参赛代表团、参赛人数和比赛项目 3 项最高纪录。参与报道本届赛会的新闻记者共有 15108 名，其中文字记者 5695 名，广播记者 9413 名。大会共招募到 47466 名志愿服务者。

火炬传递与开幕式

奥运圣火的传递大多安排平民，在美国本土传递的距离也超过 1984 年洛杉矶奥运会 9656 千米的长度。最后点燃圣火坛的是深受美国人民喜爱的拳王阿里。在美国总统克林顿宣布大会开幕后，女子篮球运动员特雷萨·埃德沃兹和跳水裁判员霍比·比林斯利分别代表运动员和裁判员进行了宣誓。

竞赛情况

本届奥运会运动成绩比上届有较大突破，各国/地区选手经过 17 天的激烈争夺，共创造和打破 24 项世界纪录，其中大多数是在田径、游泳、举重、射击等比赛中产生的。在体操比赛中，俄罗斯选手涅莫夫表现突出，共夺得 2 金 1 银 2 铜 5 枚奖牌，是获得奖牌最多的选手。其次，获得 4 枚奖牌的有 3 名男选手和 5 名女选手：男选手是美国和俄罗斯游泳选手霍尔和波波夫（均为 2 金 2 银）、白俄罗斯体操选手谢尔博（4 铜）；女选手有美国游泳选手范戴肯（4 金）、爱尔兰游泳选手史密斯（3 金 1 铜）、美国游泳选手马蒂诺（2 金 2 铜）、罗马尼亚体操选手阿玛纳尔（1 金 1 银 2 铜）、罗马尼亚体操选手高吉安（1 银 3 铜）。本届奥运会新增设了一个女子项目：垒球，并首次将沙滩排球、山地自行车、轻量级赛艇和女子足球列入比赛项目。而对足球项目的运动员参赛资格进一步放宽，允许各参赛队派遣三名职业球员出战，这三名队员的年龄和是否参加过世界杯赛也均不受限制。此外，自行车项目也对职业运动员敞开了大门。

中国情况

中国派出由 495 人组成的体育代表团，其中运动员 309 人（女运动员 199 人），运动员人数居各国和地区体育代表团的第 12 位。中国代表团是以年轻选手、新选手为主组成的，运动员平均年龄 21.7 岁，其中 85% 的运动员是第一次参加奥运会。中国运动员参加了本届奥运会 26 个大项中 22 个大项 153 个小项的比赛，共获得奖牌 50 枚，有 2 人 4 次创 4 项世界纪录，3 人 6 次创 6 项奥运会纪录，6 人 13 次创 12 项亚洲纪录，7 人 15 次创 12 项全国纪录。在规模庞大、强手如林、竞争激烈、奖牌分流和困难较多的情况下，中国体育代表团的金牌总数和奖牌总数均列奥运会排行榜的第四位，证明中国竞技体育的总体水平有所提高，全面竞争能力进一步加强。在本届奥运会的赛场上，中国举重小将占旭刚以自己的神力连破 3 项世界纪录，显示了中国人“力拔山兮气盖世”的精神面貌；5000 米赛跑名将王军霞，在外国选手的围追堵截中奋力冲杀，以甩下亚军 20 多米的成绩夺得金牌，跑出了中国人的骨气、志气和勇气；射击老将王义夫带病参赛，在 10 米气手枪决赛最后一枪前还一直领先第二名 3.8 环，最终因身体不支而痛失冠军，他以顽强的毅力打完最后一枪后，便晕倒在靶场上。王义夫这种不屈不挠的顽强精神，立即在国内引起了强烈反响。就连最后取胜的意大利运动员也对王义夫表示了由衷的敬意。

赛场内外

可爱的吉祥物

"伊奇"是本届奥运会的吉祥物，它是一个来自未来世界的小家伙，由计算机设计，形象生动可爱，一双光芒四射的眼睛格外惹人喜爱，脸上总是带着迷人的微笑，它还穿着一双大靴子。它是由克拉福德通信有限公司是约翰·瑞安设计的。

异想天开

澳大利亚墨尔本 F1 汽车大奖赛组委会官员 11 月 4 日表示，他们希望在 2000 年悉尼奥运会上，使 F1 赛车能够成为奥运会的比赛项目。但不幸的是他在说这些话时，忘记是否该先看一看奥林匹克宪章。对他们的说法，澳大利亚国际奥委会委员高斯立即表示，这个主意有些异想天开，因为奥林匹克宪章不允许靠机械推进的体育项目参加奥运会。

战胜病魔的王义夫

我国射击运动员王义夫，在来亚特兰大之前就病魔缠身，他是坐着轮椅被抬上飞机的。比赛前一天，他曾两次昏厥，当领队问他能不能参加比赛时，他坚定地说，"我死也要死在靶台上"。第二天他不仅参加了比赛，而且在打最后一枪之前还领先第二名 3.8 环。但在他准备打最后一枪时，比赛场上突然停电，在王义夫支撑病体再次站到靶台前时，他眼前已是一片漆黑，硬是凭直觉打了 6.5 环，打完后便昏了过去。他仅以 0.1 环之差屈居第二。他的这种忘我的拼搏精神，受到了国内外人们的高度赞扬和敬佩。

其他

本届奥运会共售出 861 万余张门票，创下有史以来观众人数的最高纪录。另外，奥林匹克公园在比赛期间共接待游人 530 万人次，来这里的游人共欣赏了 567 场音乐会，先后有 130 个乐队和 1000 名歌手进行了演出，包括中国歌手韦唯。本届奥运会与 1984 年洛杉矶奥运会类似，也是由私人或公司承办的，没有得到美国政府的有力支持，甚至没有本国奥委会和各单项体育组织的介入，因而出现了不少的问题。其中最突出的问题是交通系统不畅。开赛之初，运动员和记者的班车就运转不灵。运动员的班车出车祸，因晚点耽误比赛；记者要经过班车转运站转换两次班车才能到达目的地，一个小时的比赛要有两个小时消耗在路上。再者是大会的安全保卫出现漏洞，7 月 27 日凌晨奥林匹克公园发生一起爆炸事件，造成 1 人死亡、110 人受伤，使与会者惶惶不安。比赛结果获得奖牌前四名的国家是：美国第一，金牌 44 枚、银牌 32 枚、铜牌 25 枚；俄罗斯第二，金、银、铜牌分别为 26 枚、21 枚、16 枚；德国第三，金、银、铜牌分别为 20 枚、18 枚、27 枚；中国名列第四，获金牌 16 枚、银牌 22 枚、铜牌 12 枚，金牌、奖牌榜均列第四，实现了冲击第二集团首位的预定目标。此外，中国代表团还有 2 人 4 次打破 4 项世界纪录，乒乓球囊括 4 金。值得一提的是，中国代表团的男运动员们经过不懈努力，突破性地夺得 7 金 9 银 5 铜，向世界展现了我国男子运动员的实力。中国香港和中国台北运动员在此次奥运会上分别夺得 1 金和 1 银。这届奥运会的吉祥物首次用电脑合成，全身呈浅蓝色，有白色肚皮和牙齿，脚踏红色胶底鞋，头顶和尾巴上各围绕一个奥林匹克环，并按孩子们的意见将原来的名字"什么东西"改为"伊奇"（Izzy）。尽管人们对这个模拟式的动物褒贬不一，但作为亚特兰大奥运会的象征，还是受到人们特别是孩子们的欢迎。

第二十七届悉尼奥运会

2000 年悉尼奥运会是至今最大型的赛事，共有 10651 名选手参加了 300 个项目的竞逐。暂且不论他们的规格，仅看他们良好的组织，就让人们重新恢复了对奥林匹克运动的信心。菲舍尔在皮划艇比赛中获得两枚金牌，从而成为首位在奥运会上 20 年间都有奖牌入账的女选手。在巴塞罗那和亚特兰大两届奥运会决赛中都落败的日本柔道选手田村亮子在悉尼卷土重来终于赢得金牌。雷德格雷夫成为了首位连续五届奥运会上都赢得金牌的划艇选手。美国垒球队以激动人心的方式夺冠，他们在连输三场无路可退的情况下击败了所有对手最终登顶。

曾有中国首都北京在内的 30 余个城市表示有意承办这届千禧年奥运会，最终进入最后争办的 5 个城市是悉尼、北京、德国的柏林、土耳其的伊斯坦布尔和英国的曼彻斯特。1993 年 9 月 23 日主办城市揭晓的投票日，北京直到最后一轮投票时才以两票之差的微弱劣势负于悉尼，遗憾地未能获得本届奥运会的主办权。

共有来自国际奥委会 199 个会员协会的 10651 名运动员（其中女运动员 4069 名，男运动员 6582 名）参加了这届奥运会总共 27 个大项 41 个分项 300 个小项的比赛。参与报道本届赛会的新闻记者共有 16033 名，其中文字记者 5298 名，广播记者 10735 名。共招募到 46967 名志愿服务者。

悉尼奥运会期间，共售出 670 万张门票，观看比赛的上座率达到 87%。其中 9 月 22 日，便有 400345 名观众前往奥林匹克公园观看比赛。在电视转播方面也取得了成功，全球有 220 个国家和地区通过电视收了本届奥运会的比赛。而国际互联网的介入也使本届奥运会得到了更广泛的宣传。到赛会闭幕时，悉尼奥运会官方网站的点击次数已达到了 100 亿次。在市场销售方面，悉尼奥运会也取得了成功。从 1997 年到奥运会结束期间，赛会纪念品的销售额达到 4 亿 2 千万美元。

奥运会开幕前的圣火传递活动本次又有了新意，组织者充分利用了水、陆、空各种运输方式，圣火甚至由潜水运动员带到了水下。

本届奥运会的比赛是提前开幕式两天，从 9 月 13 日开始的。9 月 15 日的开幕式进行得精彩纷呈，而独树一帜的圣火点燃仪式更是将开幕式的热烈气氛推向了高潮，点燃圣火的是澳大利亚优秀女子短跑运动员卡茜·弗里曼。在澳大利亚总督威廉·迪恩爵士宣布本届奥运会开幕后，曲棍球运动员雷切尔·霍克斯和水球裁判员彼得·克尔分别代表运动员和裁判员进行了宣誓。

在竞赛成绩方面，本届奥运会也是成功的，不仅创造了多个项目的世界纪录，而且涌现了众多明星运动员。比尔吉特·菲舍尔在皮艇比赛中获得两块金牌，她因此成为有史以来第一位能在相隔 20 年后重新夺取奥运会冠军的女运动员。英国赛艇运动员斯蒂文·雷德格雷夫本届再夺冠军后，成为第一位在连续五届奥运会上都获得金牌的赛艇选手。美国著名短跑运动员马里昂·琼斯在本届比赛中独得 5 枚奖牌，成为第一位在一届奥运会上夺取 5 块田径项目奖牌的女运动员。在首先进行的 100 米比赛中，她以较大优势获得金牌，随后又在 200 米跑中顺利取胜。在夺得了跳远和 4×100 米接力的两块铜牌后，她又帮助美国队夺得了 4×400 米接力的金牌。在开幕式上点燃圣火的弗里曼不仅是澳大利亚民族和解的象征人物，而且也是澳洲土著人获取奖牌的希望。她果然不负众望，在开幕式十天后摘取了 400 米跑的金牌，令东道主的观众兴奋不已。另一位澳大利亚运动员伊安·索普则更加风光，这位 17 岁的游泳巨星在以打破自己保持的世界纪录的成绩夺得男子 400 米自由泳金牌后，又随澳大利亚队夺取了 4×100 米自由泳接力和 4×200 米自由泳接力的两块金牌。此外，他还在 200 米自由泳比赛中获得了银牌。

在奖牌榜方面，美国以 40 金 24 银和 33 铜的成绩排名第一，俄罗斯以 32 金 28 银和 28 铜的成绩列第二。列第三位的是中国，金、银、铜牌分别为

28 枚、16 枚和 15 枚。东道主澳大利亚以 16 金 25 银和 17 铜的成绩排名第四。

中国代表团此次派出 311 名运动员参赛，以金牌 28 枚、奖牌总数 59 枚的优异成绩一举跃入了奖牌榜世界三强行列，这两项指标不仅都创下了中国自参加奥运会以来的单届最高纪录，而且均名列世界第三位。仅 9 月 22 日一天，中国就日收 6 金，创下了中国运动员参加奥运会历史上单日夺取金牌数的最高纪录。

悉尼奥运会上，中国运动员在传统优势项目中继续保持着强盛势头，乒乓球包揽了全部 4 个单项的冠军，女子举重在所参加的 4 个级别中全部夺金而归，羽毛球金牌 5 中取 4，跳水则在出师不利的情况下连夺 5 金，与举重一样，成为中国在本届奥运会上收获金牌最多的项目。此外，射击和体操各获 3 枚金牌。

本届奥运会跳水比赛由于新增了双人项目，金牌数也增加了一倍，达到 8 枚。赛前被寄予厚望的中国队出人意料地在前三项比赛中接连失手，均只得到了银牌。关键时刻，奥运会前复出的老将熊倪为压力骤然增加的跳水队稳住了军心。他在男子跳板决赛中凭借最后一跳的稳定发挥，以微弱优势击败了强劲对手墨西哥的普拉塔斯和俄罗斯的萨乌丁，为中国在本次跳水比赛中夺得了第一块金牌。随后，他又与队友肖海亮合作，在跳板双人项目中称雄，再次获得了金牌。跳水队另一位退役后复出的老将伏明霞也表现稳健，在女子跳板中蝉联了奥运会冠军。

在乒乓球的 4 个单项中，女子单、双打和男子双打的决赛都是在中国运动员之间进行的，唯一由中国选手与外国选手争夺冠军的男子单打决赛进行得跌宕起伏，扣人心弦。中国的孔令辉面对乒坛常青树、瑞典老将瓦尔德内尔，积极主动，斗志旺盛，最终击败对手，确保了中国队连续第二次包揽奥运会乒乓球项目的全部冠军。

羽毛球的 5 项比赛中，中国除了传统弱项男子双打无缘奖牌外，在其他

4 个单项中全面开花。男子单打 7 号种子吉新鹏状态出色，连续"手刃"了世界前两名种子球员印度尼西亚的陶菲克和叶诚万，一举摘得金牌。铁双打葛菲/顾俊则在收山之作中战胜队友高崚/秦艺源，卫冕了奥运会女子双打冠军。高崚尽管在女双项目中未能夺金，但她与张军合作，在混合双打决赛中力挫印尼搭档许一敏/特里古斯，获得了冠军。龚智超则在女子单打决赛中，击败了丹麦名将马尔廷，为中国代表团锦上添花。

本届新增设的女子举重项目规定一个协会最多只能派 4 名运动员参赛，曾在这个项目中处于支配地位的中国尽管优势受到遏制，但还是由 4 名选手分头出击，在各自级别中如愿夺金。4 位金牌选手是：杨霞（53 千克级）、陈晓敏（63 千克级）、林伟宁（69 千克级）和丁美媛（75 千克以上级）。而占旭刚在男子举重 77 千克级比赛中，也顽强地拼下一金，成为中国第一位连续两届奥运会夺取举重金牌的运动员。

本届奥运会还有其他一些重要事件：南、北朝鲜的运动员再次携手出现在了国际体育舞台，在开、闭幕式的入场仪式中，来自朝鲜半岛的两国运动员均行进在同一面代表团旗帜下。四名东帝汶运动员以个人身份参加了本届奥运会。35 岁的马里亚·伊萨贝尔·乌鲁蒂亚在女子举重 75 千克以下级中夺得冠军，为哥伦比亚获得了第一枚奥运会金牌。越南跆拳道运动员唐赫南在 57 千克级比赛中获得银牌，这块银牌是越南自 1952 年开始参加奥运会以来赢得的第一枚奥运奖牌。同时，苏桑蒂卡·贾雅辛格在田径女子 200 米跑中荣获银牌，成为斯里兰卡第一位夺得奥运会奖牌的女运动员。

本届比赛中，铁人三项和跆拳道被首次列为正式比赛项目。此外，在现代五项和女子举重中均首次设立了女子比赛。大会也首次对运动员同时进行了 EPO 检测和血检。国际反兴奋剂协会（WADA）作为独立的组织，参与并监督了本届奥运会的药检工作。

第二十八届雅典奥运会

2004年，奥运会回到了希腊，这也是古代奥林匹克运动会和首届现代奥运会的故乡。共有创纪录的201个国际奥委会会员协会参加了本届比赛。本届奥运会共设了301个小项（比2000悉尼奥运会多1项）的比赛。其影响力激增达到新高，与2000年悉尼奥运会的36亿电视观众相比，本次共有39亿人通过电视收看了雅典奥运会。女子摔跤项目首次进入奥运会，游泳名将菲尔普斯共夺得8枚奖牌，其中赢得了6枚金牌并打破一项个人项目纪录。范莫塞尔也成为首位职业生涯获得4枚奥运金牌和6枚奖牌的自行车女子选手。独木舟选手费舍尔则变成了在5届奥运会中每届比赛至少有2枚奖牌入账的运动员。田径名将奎罗伊在1500米和5000米两个项目中胜出，与此同时女将霍尔姆斯则在800米和1500米比赛中登上最高领奖台。在团体项目上，阿根廷以零失球夺得男足冠军；美国女垒登顶，全部比赛与对手的得失分比居然是51∶1。

第28届夏季奥运会于2004年8月13～29日在希腊首都雅典举行。

奥林匹克运动发源地、1896年首届现代奥运会举办地希腊曾申办过1996年和2000年的两届奥运会，但都未能成功。尤其是1996年的第26届奥运会，踌躇满志的雅典欲夺下主办权，以在本土举办的奥运会庆祝现代奥运会创办100周年，并对申办获胜胸有成竹。但不料，美国的亚特兰大从半路杀出，将那届奥运会的主办权抢走。这一失败令希腊人耿耿于怀。2004年奥运会，雅典连续第三次提出申办。

随着奥林匹克运动的日益普及，以及举办奥运会越来越大的商业利益，已有越来越多的国家对举办奥运会表示出了兴趣。本届奥运会的申办也不例外，全球共有10个城市提出了正式申请，最终进入决选的5个城市除了雅典外，还有阿根廷首都布宜诺斯艾利斯、南非立法首都开普敦、意大利首都罗马和瑞典首都斯德哥尔摩。1997年9月5日，在瑞士洛桑举行的国际奥委会第106次全会投票决定，雅典获得本届奥运会的主办权。奥运会在时隔108年后，终于又回到了其故乡——希腊。

希腊尽管得到了来之不易的举办权，但他们的筹备工作进展缓慢，以至于国际奥委会在2000年时曾一度考虑过变更本届奥运会的比赛地。希腊主办方此后加快工作节奏，在赛会开始前夕，总算勉强完成了筹备工作，使奥运会得以顺利进行。不过，由于游泳比赛场地已来不及建设顶棚，下午参赛的运动员只能经受烈日和酷暑的考验。幸好半决赛和决赛等最重要的比赛都是安排在水温和气温都相对稍低一些的晚间进行，便于运动员能在最重要的比赛中发挥出自己的最高水平。

雅典奥运会不仅有些场馆的建筑受到称赞，更令人钦羡的是，雅典还有着其他任何城市都无法比拟的优势。本届运动会田径项目中的男、女铅球比赛是在古奥林匹亚体育场进行的，颇能使人重温古代奥运会的神圣和辉煌。而曾举办过1896年首届现代奥运会的帕那西奈科体育场经过重新布置，承办了本届赛会射箭和马拉松终点阶段的比赛；曾经作为1896年首届现代奥运会自行车赛场的卡莱斯卡基体育场经过翻建后，成为本届男、女足球比赛的场地；马拉松赛的路线则完全是传说故事中公元前490年希腊勇士菲里皮迪斯传递消息时所跑的原路线。

共有来自国际奥委会201个会员协会的11099名运动员参加了这届奥运会，总共28个大项，37个分项，301个小项的比赛。与悉尼奥运会相比，减少了拳击项目的1个小项、男子摔跤项目的2个小项和女子花剑团体项目，增加了女子摔跤4个小项和女子佩剑个人项目。参与报道本届赛会的新闻记者共有21500名，其中摄影/文字记者5500名，广播记者16000名。共招募到16万名志愿服务者。

由于近年来的国际恐怖主义活动猖獗，雅典奥运会进一步加强了安全保卫工作，组委会共动用了45000名保安工作人员。参与保卫工作的有来自警察、军队、海岸警卫队、消防队、私人保镖和经过专门训练的志愿服务人员。尽管安全措施极为严密,但大会门票销售情况仍不理想。直到 8 月 13 日赛会正式开幕时,全部 520 万张门票还只卖出了不到一半。赛会开始后的头几天,许多赛事的看台上都有数千的空余席位。但这种情况很快就有了改善,尤其是晚间的田径比赛,能容纳 7 万人的看台场场爆满。其他赛事的赛场在大会最后一星期中也几乎是座无虚席。

奥运会开幕前的圣火传递开创了多项第一。为了纪念奥运会重新回到故乡,组委会对火炬传递路线进行了精心设计。本次奥运会火炬首次传遍了全世界的五大洲,并首次到达了非洲和南美洲,使世界各地的人们都有机会参与并体验这一盛大活动。圣火传遍历史上举办过夏季奥运会的所有城市,使这些城市有机会再次亲眼目睹奥运圣火,再次体验到奥运会带来的快乐。此外,火炬还到达了一些有特殊意义的城市,如欧盟中心城市布鲁塞尔、国际奥委会总部所在地洛桑以及下届奥运会主办地北京等。整个火炬传递过程共用 78 天,在全世界传递了 78000 千米,并传遍希腊所有行政大区和所有州。

本届奥运会的比赛是提前开幕式两天,从 8 月 11 日开始的。8 月 13 日的开幕式进行得精彩纷呈,希腊演员以如诗如梦般的表演展示了爱琴海的浪漫和古代希腊的文明。而独树一帜的圣火点燃仪式更是将开幕式的热烈气氛推向了高潮,点燃圣火的是希腊优秀男子帆板运动员尼科拉奥斯·卡克拉马纳基斯。在希腊总统科斯蒂斯·斯蒂凡诺普洛斯宣布本届奥运会开幕后,游泳运动员多米斯卡齐和篮球裁判员沃里亚迪斯分别代表运动员和裁判员进行了宣誓。

本届奥运会田径赛中未出现以往几届中一人夺取多枚奖牌的超级明星,获金牌最多的选手也只得了两枚,他们是英国的凯莉·霍尔姆斯(女子 800 米、1500 米)和摩洛哥的希查姆·埃尔·盖鲁伊(男子 1500 米、5000 米)。曾在四年前的悉尼奥运会上独得 5 枚奖牌的美国女子短跑选手马里昂·琼斯本次在个人项目中,只有跳远一项进入了决赛,但也仅获第五名。她还参加了女子4×100米接力的比赛，但美国队由于一次交接棒的低级错误而被取消了比赛资格。直到本届奥运会开幕前夕，她还因涉嫌服用了违禁药物而在接受调查，以至有些运动员都认为她甚至不应该参赛。

美国和俄罗斯是本届赛会田径比赛的最大赢家，分别获得了8枚和6枚金牌。美国的金牌主要来自男子项目和短跑项目。在引人注目的男子100米比赛中，3名进入决赛的美国运动员均跑进了前四名，而且成绩都在9秒90以内，其中夺冠的朱斯汀·加特林成绩为9秒85。在8位选手旗鼓相当的决赛中，有5名选手跑进10秒以内，前四名成绩均在9秒90以内，这在历届奥运会的百米决赛中还是首次。在近年来国际田坛屡受兴奋剂丑闻困扰的背景下，这样高水平的百米角逐颇令人眼前为之一亮。

与美国相反，俄罗斯获得的田径金牌则大多来自女子项目和田赛项目，由女选手获得的金牌多达5枚。叶莲娜·伊辛巴耶娃和斯维特兰娜·费奥法诺娃包揽了女子撑杆跳高项目的金牌和银牌。塔吉扬娜·列别杰娃不仅获得了自己主项女子跳远的金牌，还获得了三级跳远项目的铜牌。

波兰36岁的老将罗伯特·科热尼奥夫斯基续写着传奇，连续第三次夺取男子50千米竞走的冠军。而在他之前，奥运会历史上甚至没有一人能连续两届获得这个项目的冠军。多米尼加共和国的菲利克斯·桑切斯在男子400米栏比赛中获胜，为本国夺取了历史上的第一枚奥运会金牌。他的胜利使多米尼加全国为之欢腾。巴哈马选手托尼克·威廉姆斯－达灵在女子400米比赛中击败墨西哥的埃娜·格瓦拉，夺取了本国在奥运会上的第一个个人项目冠军。同样是在田径比赛中，喀麦隆运动员也实现了突破，弗朗索瓦·埃托内－姆邦戈在女子三级跳远比赛中夺冠，不仅成为第一位夺取奥运会金牌的喀麦隆女选手，也为本国首次获得了奥运会个人项目的金牌。

本届奥运会的头号明星无疑是美国游泳选手迈克尔·菲尔普斯，他一人独得6块金牌和2块铜牌。另一位美国游泳选手娜塔莉·考夫林则以5枚奖牌（其中2枚金牌）的成绩成为获奖牌最多的女运动员。

本届奥运会的游泳比赛再次呈现出2000年奥运会时美国和澳大利亚两国对峙的格局，两国共夺走了全部32个单项中六成的金牌，双方分别获得了12枚和7枚金牌。

澳大利亚游泳项目的领军人物伊安·索普本届不仅卫冕了男子400米自由泳的冠军，而且又获得了200米自由泳的冠军。日本的北岛康介上届在男子100米和200米蛙泳中，两度战胜世界纪录保持者美国的布伦丹·汉森，包揽这两个项目的金牌，成为当之无愧的世界"蛙王"。

非洲选手也在本次游泳比赛中异军突起，南非队在男子4×100米自由泳接力比赛中爆出冷门，力克荷兰、美国等诸路劲旅，夺得了非洲历史上第一枚男子游泳项目的奥运会金牌。津巴布韦女选手克尔斯蒂·考文特里在女子100米仰泳比赛中夺冠，这枚金牌不仅是津巴布韦运动员自1980年莫斯科奥运会以来首次获得的奥运会金牌，也是该国历史上首次获得奥运游泳奖牌和第一枚个人项目的金牌。

跳水比赛则仍是中国的一统天下，继上届获得全部8个项目中的5枚金牌后，本次中国跳水选手又扩大了战果，将金牌数增加到6枚。花样游泳的两项冠军都被俄罗斯女将夺走。此外，匈牙利队和意大利队还分别获得了男子和女子水球的冠军。

德国皮艇女运动员比尔吉特·菲舍尔继续提高着自己在历史上个人获奥运会奖牌总数排名榜上的名次，她在本届比赛中获得的1枚金牌和1枚银牌使她在奥运会上获得的奖牌总数达到了12枚，其中金牌8枚。她首次获奥运会金牌还是在1980年，当时她只有18岁，成为历史上摘取奥运会皮艇项目金牌年龄最小的女运动员。而本届在女子女子四人皮艇项目上的胜利使她成为第一位在相隔24年后还能再夺奥运会奖牌的女运动员。

在赛艇、皮划艇和帆船帆板等水上项目中，欧洲国家继续占据着明显优势，全部41枚金牌中，除被澳大利亚、新西兰、美国、巴西和中国夺走6枚外，其余35枚都被欧洲选手夺得。

　　与四年前的悉尼奥运会相同，射击比赛中中国再次成为最大赢家，总共摘取 4 枚金牌，俄罗斯也在三项比赛中夺冠，美国和德国各获两项冠军。中国所获的四项冠军中有三项都是在与另两大体育强国俄罗斯、美国选手的对决中夺得的。

　　美国连续第四次派遣由 NBA 球员为主组成的"梦之队"参加奥运会男子篮球比赛，但仓促组建起来的这支球队缺乏斗志和队员之间的默契，球队的成绩也跌到了"梦之队"参加四届奥运会以来的最低点。他们本届共输掉三场比赛，最终只获得了一枚铜牌。

　　获得男子篮球比赛冠军的是阿根廷队。阿根廷队早在 2002 年世界锦标赛时，便成为世界上第一支击败由 NBA 球员组成的美国男篮"梦之队"的球队。本届奥运会中又一次在半决赛中战胜美国队，获得了当之无愧的冠军。

　　在男篮决赛前，阿根廷还夺得了男子足球的冠军。这也是他们自 1952 年以来首次获得集体项目的奥运会奖牌。在男足比赛中最值得一提的是亚洲代表伊拉克队。这支在战火纷飞的环境中组建和训练的球队尽管赛前缺乏良好的训练、比赛条件，但还是从亚洲区预选赛中脱颖而出，并在雅典的决赛阶段比赛中表现优异，一举闯入了半决赛，以出色的战绩慰藉了国内苦难的同胞。

　　与阿根廷队获得男子足球、篮球两项冠军相对应，美国则获得了这两大项目的女子冠军。其中美国女子足球队自奥运会从 1996 年开始设立女足比赛以来，已经连续三届都打入了决赛。

　　美洲的球队在本届奥运会三大球比赛中占尽优势，除阿根廷、美国包揽足球和篮球的 4 枚金牌外，巴西队还轻松地夺取了男子排球的冠军。三大球中冠军唯一旁落的是被中国队夺走的女子排球项目。中国女排的获胜也结束了另一支美洲劲旅古巴队对这一项目连续三届奥运会的垄断。

　　欧洲人主宰了手球项目，男、女两项的冠军分别被克罗地亚队和丹麦队夺得。在马术比赛中，欧洲选手也包揽了全部六项冠军。此外，在欧洲的传统优势项目击剑中，欧洲选手也发挥稳定，夺走了全部 10 枚金牌中的 9 枚。只有女子佩剑个人项目的冠军被美国选手夺得。

亚洲选手则依然捍卫了自己在乒乓球和羽毛球项目上的世界领先地位。两个项目的 9 块金牌被亚洲悉数夺走，其中中国独获 6 金。另外 3 块金牌分别被韩国（2 枚）和印度尼西亚夺走（1 枚）。

体操比赛本届呈现了与以往完全不同的格局，两大世界体操传统强国中国和俄罗斯出人意料地接连落败，俄罗斯居然一金未得，中国也只在一个单项比赛中获得了 1 枚金牌。俄罗斯队的失利固然有裁判打分不公的因素，但更主要的还是由于队伍老化、青黄不接所致。幸好他们在随后的艺术体操比赛中仍然具有不可动摇的优势，包揽了团体和个人的两项冠军。

举重比赛中，亚洲和欧洲选手各占据了半壁江山，其中亚洲获得 8 块金牌，欧洲获得 7 块金牌。中国以 5 金 3 银的成绩在举重项目中独占鳌头。业余拳击的传统强国古巴此次再展雄风，夺得了拳击 11 个级别中的 6 枚金牌。摔跤项目也呈现欧亚选手争霸的局面，在全部 18 个单项中，欧洲摔跤手夺得了半数金牌。俄罗斯队独获 5 金。起源于亚洲的跆拳道比赛仍是亚洲人的天下，全部 8 个项目的冠军有 7 项被亚洲选手夺得，其中海峡两岸的选手总共夺得了 4 枚金牌。日本则在自己的国术——柔道比赛中所向披靡，在男、女全部 14 项比赛中收获了 8 枚金牌。他们在柔道和摔跤两个重竞技项目中所获得的 10 枚金牌为代表团最后以 16 金的成绩名列奖牌榜第五位奠定了坚实基础。

有多个代表团在本届奥运会上谱写了自身体育运动的新篇章。以色列帆板选手加尔·弗里德曼在男子米氏板比赛中夺冠，使 52 年前便开始参加奥运会的以色列终于首次获得了奥运会金牌。以色列的中东近邻阿拉伯联合酋长国也在本届奥运会上得到了本国的第一块奥运金牌，已经 40 岁的神枪手艾哈迈德·阿尔马克图姆在男子双多向飞碟射击比赛中发挥稳健，轻松夺取了冠军。智利的费尔南多·冈萨雷斯和尼科拉斯·马苏配合，在网球男子双打比赛中夺魁，为智利首次夺得了奥运会金牌。随后，马苏又在男子单打比赛中再接再厉，为祖国献上了第二枚金牌。

但本届奥运会在竞赛方面也出现了一些问题，诸如运动员服用违禁药物、裁判员执法问题等。其中在裁判员方面出现的最大争议是在体操比赛中，由于裁判员的打分错误，导致本应该属于韩国运动员梁泰荣的男子个人全能金牌被错给了美国的保罗·哈姆。尽管当事的三名裁判员已被暂时禁止执法，但比赛结果已无法更改。韩国方面就此事上诉到国际体育仲裁法庭，但仲裁法庭最终还是判定当时的比赛结果有效，保罗·哈姆得以保住了这枚侥幸得来的金牌。

在此事件以前，国际体育仲裁法庭已在本届奥运会上介入到赛事争议中。在马术3日赛中，裁判员本来判定德国队的贝蒂纳·霍伊在出发时犯规，不仅她本人获得的个人赛金牌被收回，而且她帮助德国队获得的团体赛金牌也被剥夺。但这一改判随即又被推翻，霍伊和德国队重获金牌。然而，体育仲裁法庭最后认定，原来宣布霍伊犯规的判决是正确的。这样，霍伊和德国队最终分别在个人赛和团体赛中都只获得了第四名。英国的莱斯利·劳和法国队则经过一波三折后，成为这起事件的受益者，分别夺得了个人赛和团体赛的金牌。

此外，在赛事保安方面也出现了一些意外。在大会最后一项比赛——男子马拉松赛中，原本一路领先的巴西选手万德雷·德利马在距离终点只剩6千米的路程时突遭袭击，一名有搅乱体育比赛"前科"的爱尔兰失业牧师突然从观众中冲进赛道，抓住他并将他推到了路边的人群中。尽管这名闹事者很快被制服，而德利马也迅速回到了比赛中，但他的竞技状态已大受影响。在比赛最后阶段中，他不时提心吊胆地回头张望以防不测，严重影响了个人技术水平的发挥，结果很快被另两名对手超越，最终只获得了铜牌。巴西田径联合会事后曾呼吁为德利马补发一枚金牌，使他享受并列冠军的荣誉，但这一请求被拒绝。这一事件也再次被闹上了体育仲裁法庭。

在竞争激烈的本届奥运会上，美国最终以35枚金牌、39枚银牌和29枚铜牌，奖牌总数103枚的成绩列总成绩第一位。在近几届奥运会上逐渐崛起的中国以32枚金牌、17枚银牌和14枚铜牌，奖牌总数63枚的成绩列第二位。最近几届奥运会上一直与美国分庭抗礼的另一世界体育强国俄罗斯以27枚金牌、27枚银牌和38枚铜牌，奖牌总数92枚的成绩排名第三。

2008年奥运会主办国中国此次派出了包括407名运动员（其中女运动员269名，男运动员138名）的代表团参加了除棒球和马术外的其他所有26个大项的比赛，取得了空前出色的战绩，以金牌32枚、奖牌总数63枚的优异成绩一举登上了奖牌榜的第二位（其中奖牌总数列第三位），金牌数和奖牌总数两项指标都创下了中国自参加奥运会以来的单届最高纪录，均超过了在四年前悉尼奥运会上创造的历史最好成绩。而且夺得金牌也达到了历史新高，获得金牌的项目增加至13个大项。

本届奥运会中国代表团取得了参加历届奥运会以来最好的开局，大会开幕后的第一天，便一举夺下4枚金牌，为整个代表团取得了开门红。杜丽更是在射击女子10米气步枪项目中摘得本届奥运会决出的第一块金牌。这也是中国运动员自1984年洛杉矶奥运会以后，再次获得当届奥运会首枚金牌。随后，从1984年起参加了历届夏季奥运会的老将王义夫又在射击男子10米气手枪比赛中再夺冠军。44岁的他也成为迄今中国夺得奥运会冠军年龄最大的选手和中国第一位相隔12年后还能重夺奥运冠军的运动员。射击队的2枚金牌不仅使中国射击项目在单届奥运会中创纪录地夺取了4枚金牌，而且这两项冠军都是杜丽、王义夫后来居上，从俄罗斯选手手中夺下的，为中国代表团最终在金牌总数上超过俄罗斯起到了至关重要的作用。

跳水项目是中国在历届奥运会上获取金牌总数最多的项目，本届中国获金牌最多的也仍然是这个项目，取得了6金2银1铜的好成绩，再次捍卫了跳水"梦之队"的荣誉。尤其可喜的是，8位金牌得主中有5位皆是首次参加奥运会的新手，预示着中国在跳水项目上继续保持优势地位的巨大潜力。

举重是中国在历届奥运会上获金牌总数仅次于跳水的又一大优势项目，本届也是如此。中国此次获 5 金 3 银共 8 枚奖牌，金牌数追平了历史最高的上届，奖牌总数则超过了上届。人才济济的中国女队本届派出了与上届完全不同的阵容，但实力依然强大，在所报名的四个项目中斩获 3 金 1 银。

中国另外两个传统优势项目乒乓球和羽毛球本届虽然遭受了其他代表团选手的有力冲击，但仍然各获 3 枚金牌，继续保持着领先地位。在乒乓球女子项目中，中国还拥有一定优势，其中张怡宁在女子单打项目中的获胜还使中国奥委会派出的中国体育代表团在历届夏季奥运会上获得的金牌总数达到了 100 枚。但在男子项目中则已无优势可言，特别是男子单打决赛的失利也使中国自 1996 年以来，丢失了近三届奥运会以来的第一枚乒乓球金牌。

在羽毛球男子单打和双打项目中，世界各强队依然竞争激烈，结果刚刚在三个月前夺得男子团体赛世界最高荣誉——汤姆斯杯冠军的中国男选手受挫，在这两个以往优势也并不大的项目中全军覆没。

田径历来是每届夏季奥运会上最重要、最受关注和金牌最多的项目，中国运动员在本届奥运会的田径项目上也取得了空前的好成绩。男子 110 米跨栏选手刘翔在决赛中以完美的一跑，不仅平了已保持了 11 年之久的世界纪录，打破了奥运会纪录，还开创了多项第一。他不但为中国夺取了第一个田径男子项目的奥运会冠军，还成为第一位获奥运会田径男子短跑项目冠军的亚洲人和第一位获得奥运短跑项目冠军的黄种人。

就在刘翔夺冠后仅仅不到一个小时，长跑女选手邢慧娜也在女子 10000 米比赛中后来居上，奋勇夺取了冠军，使中国首次在一届奥运会上收获两枚田径金牌。

游泳是奥运会上仅次于田径的奖牌大户项目，上届奥运会上曾未得一枚奖牌的中国本届也终于有了进步，罗雪娟在决赛前未被各方看好的情况下后来居上，夺取了女子 100 米蛙泳的冠军。这是中国自 1996 年亚特兰大奥运会以后首次获得游泳金牌。

赛艇、皮划艇和帆船帆板等项目也是奥运会上奖牌较多的项目。中国此次在这三个项目中同样取得了可喜的进步，孟关良和杨文军搭档在皮划艇双人划艇500米的比赛中力挫群雄，获得冠军。这不仅是中国在皮划艇项目上第一次获得奥运会奖牌，也是水上项目在奥运会上取得的第一枚金牌。

在网球比赛中，从未获得过世界重大赛事冠军的中国组合李婷/孙甜甜爆出冷门，不仅一路过关斩将，接连改写中国网球运动的历史，最终还击败所有的对手，夺取了冠军。这不仅是中国网球运动员首次在世界级赛事中夺取冠军，也是亚洲运动员首次获得奥运会网球比赛的冠军，实现了中国网球运动的重大突破。

跳水运动员郭晶晶和乒乓球运动员张怡宁在本届奥运会上各获2枚金牌；跳水运动员吴敏霞、劳丽诗和羽毛球运动员高崚在本届奥运会上各获1金1银；跳水运动员田亮获得1金1铜。这六人是中国代表团在本届赛会中获得奖牌最多的运动员。而田亮、高崚还与羽毛球运动员张军、乒乓球运动员王楠和跆拳道运动员陈中一起，成为在最近两届奥运会上都获得过冠军的5名中国运动员。

纵观中国代表团在本届盛会上的表现，虽然在个别项目上表现不尽如人意，但还是取得了巨大的成功：在田径、游泳和水上三个奖牌大项中，历史性地同时获得了单项冠军。其中田径男子短距离跨栏项目更是实现了飞跃性的突破。这些都为未来在这三个大项中取得更大、更全面的突破打响了前哨战；传统优势项目跳水、射击、举重，以及弱势项目田径的夺金数量都达到了历史最高，其中射击在几个以往实力比较弱的单项上也取得了长足进步；网球、摔跤、皮划艇首次夺取了奥运会金牌，皮划艇更是突破性地有6项闯入决赛；女子排球在时隔20年后重新问鼎；击剑项目虽未获金牌，但奖牌数和夺奖面都比往届有了增加；自行车历史性地首次获得了银牌；拳击和蹦床都首次取得了奖牌。射箭、帆船都重新获得了奖牌。女子曲棍球虽未能实现赛前制定的冲击奖牌的目标，但也取得了历史最好的第四名。

与以上项目的进步相比，一些传统强项却在本届比赛中遭到了有力的挑战，其中尤以体操、羽毛球、乒乓球和女子足球等项目最为明显。如何应对世界各队的挑战，继续保持这些优势项目的世界领先地位，是摆在四年后奥运会东道主中国体育界面前的重要课题。

由于中国、澳大利亚和日本等国家的冲击，往届美国、俄罗斯、德国世界三强称霸的格局已在本届上出现了显著变化。以往许多被这三家夺得的奖牌现在已越来越多地流入了包括中国在内的其他许多代表团囊中。而中国冲击世界第一集团的趋势早在四年前的悉尼奥运会上便已凸显出来，本届则更加明显。虽然本届奥运会前，中国代表团一直保持了低调，目标只是争取排在第二集团前列，但通过赛场上的竞争，上届已经进入金牌数和奖牌数三甲行列的中国本届又进一步，不仅超过了以往三强中的俄罗斯和德国，而且大踏步地迫近了世界体坛第一强国——美国。

中国台北选手也在本届奥运会上取得了历史性的突破，在跆拳道比赛开赛的第一天，陈诗欣在女子负49千克级、朱木炎在男子负58千克级中就先后奏凯，二人包揽了当天产生的全部两枚跆拳道金牌，并为中国台湾首次夺取了奥运会金牌。

2004年雅典奥运会的吉祥物费沃斯和雅典娜是一对兄妹，吉祥物的创意来自古希腊的一种玩具形象。这种数千年前的玩具是在希腊的一座历史遗迹中发现的。尽管两个吉祥物诞生于现代，但他们的名字则都来源于古希腊传说中的人物。其中费沃斯是光明和音乐之神，通常也被称为是太阳神；雅典娜则是智慧女神和雅典城的守护神。费沃斯和雅典娜一起，象征着希腊的历史和现代奥运会的结合。

本届奥运会的会徽是由一支橄榄枝弯曲成的类似花环形状的图案，这一图案来源于古希腊奥运会。在古代奥运会上，橄榄花环是颁发给冠军的奖品。橄榄树还是雅典市的市树。而会徽所使用的蓝、白两种颜色在拥有蓝色大海、白色建筑的希腊是最常见的颜色。这两种颜色也是希腊国旗的颜色。

在 8 月 29 日的闭幕式上，国际奥委会主席雅克·罗格向希腊人民宣告："你们胜利了。你们因出色地应对各种挑战，举办了一届成功的奥运会而赢得了胜利。这是一届难忘的、梦幻般的运动会。"

随后，大会进行了会旗交接仪式，奥林匹克五环旗由雅典传给了第二十九届奥运会的主办城市——中国的北京。

第二十九届北京奥运会

2008 年，北京奥运会，即第二十九届夏季奥林匹克运动会，于 2008 年 8 月 8 日 20 时开幕，2008 年 8 月 24 日闭幕。本届奥运会口号为"同一个世界，同一个梦想"（One World，One Dream），主办城市是中国北京。参赛国家及地区 204 个，参赛运动员 11438 人，设 302 项（28 种运动）比赛项目。

北京奥申委成立

1999 年 9 月 6 日，北京 2008 年奥运会申办委员会在京成立。奥申委由 76 人组成，刘淇任主席，伍绍祖任执行主席。国务院总理朱镕基明确表示，中国政府全力支持北京申奥。

2000 年 6 月 20 日，北京奥申委向国际奥委会正式递交申请报告。申奥大使登台助阵。2000 年 12 月，北京奥申委聘请香港著名艺员成龙为申奥形象大使，随后又与杨澜、巩俐、邓亚萍和桑兰四位杰出女性签订协议，她们和后来加盟的刘璇、王治郅等一道竭力宣传北京申奥，并利用各自的国际关系，帮助北京在申办 2008 年奥运会的竞争中获得胜利。

2001 年 7 月 13 日，在莫斯科举行的国际奥委会第 112 次全会上，国际奥委会投票选定北京获得 2008 年奥运会的主办权。

奥运资讯

第二十九届夏季奥林匹克运动会

正式宣布开幕者：中华人民共和国主席胡锦涛

运动员代表宣誓：张怡宁（乒乓球）

裁判员代表宣誓：黄力平（体操）

奥运圣火点燃：李宁（前体操名将）

主体育场：国家体育场（鸟巢）

奥运会奖牌：金镶玉　银镶玉　铜镶玉

奥运会会徽：中国印

奥运会吉祥物：福娃贝贝、晶晶、欢欢、迎迎、妮妮

奥运会火炬：祥云

北京奥运会概要

第二十九届奥林匹克运动会于 2008 年 8 月 8～24 日是在中国首都北京举行。此次奥运设置了三大理念：绿色奥运、科技奥运、人文奥运。举行了 28 个大项，38 个分项的比赛，产生 302 枚金牌（其中中国获得 51 枚）。有 2 万多名运动员、教练员和官员参加北京奥运会。除大部分比赛在北京举行外，帆船比赛在青岛举行，马术比赛在香港举行，部分足球预赛在天津、上海、沈阳和秦皇岛举行。2005 年 7 月 8 日，在新加坡举行的国际奥林匹克委员会第 117 次全会上，决定由香港协办 2008 年奥运马术项目，是奥运历史上第二次由不同地区的奥委会承办。本届奥运会开幕礼仪方面的事项使用的语言是法语、英语、汉语。

北京奥运会吉祥物——福娃

福娃（英语：Fuwa 或 Friendlies）是 2008 年在北京举行的第二十九届奥运会的吉祥物，由画家韩美林设计完成。于 2005 年 11 月 11 日，距离北京奥运会开幕恰好 1000 天时正式发布问世。

它们的造型融入了鱼、大熊猫、奥林匹克圣火、藏羚羊以及燕子的形象。每个娃娃都有一个琅琅上口的名字："贝贝"、"晶晶"、"欢欢"、"迎迎"和"妮妮"，把五个娃娃的名字连在一起，会读出"北京欢迎你"（贝

晶欢迎妮）。

北京奥运会会徽

北京奥运会会徽说明——在这个会徽中记载着中国北京向世界做出的承诺。这就是"舞动的北京"，这就是"北京奥运会会徽"。

北京奥运会火炬——祥云火炬

北京奥运会火炬长72厘米，重985克，燃烧时间15分钟，在不高于65千米/小时的风速下能正常燃烧，在零风速下火焰高度25～30厘米，在强光和日光情况下均可识别和拍摄。火炬传递分境外传递和境内传递两部分。

北京奥运会奖牌——金镶玉

北京奥运会奖牌直径为70毫米，厚6毫米。奖牌正面为国际奥委会统一规定的图案——插上翅膀站立的希腊胜利女神和希腊潘纳辛纳科竞技场。奖牌背面镶嵌着取自中国古代龙纹玉璧造型的玉璧，背面正中的金属图形上镌刻着北京奥运会会徽。奖牌诠释了中华民族自古以来以"玉"比"德"的价值观，是中华文明与奥林匹克精神在北京奥运会形象景观工程中的又一次"中西合璧"。

北京奥运会口号

"同一个世界，同一个梦想"（One World One Dream），集中体现了奥林匹克精神实质和普遍价值观——团结、友谊、进步、和谐、参与和梦想。深刻反映了北京奥运会的核心理念，体现了作为"绿色奥运、科技奥运、人文奥运"三大理念的核心灵魂的人文奥运所蕴含的和谐的价值观。

北京奥运会相关歌曲

北京奥运会主题曲——《You And Me》（《我和你》）

演唱者：刘欢、莎拉·布莱曼

北京奥运会暨残奥会火炬接力主题歌：《点燃激情·传递梦想》

赛事焦点

北京奥运会闭幕式后，不少传媒选出了本届奥运会的赛事焦点，路透社所选出的 10 大赛事焦点是：

（1）牙买加选手博尔特于男子 100 米赛事中，以 9 秒 69 的成绩刷新世界纪录。

（2）美国游泳选手菲尔普斯一圆八金梦，打破马克·施皮茨于 1972 年慕尼黑奥运会上，在一届奥运会中夺得 7 枚金牌的最高纪录。

（3）雅典奥运会男子 110 米栏金牌得主刘翔因伤退出，无缘卫冕。

（4）俄罗斯撑杆跳运动员伊辛巴耶娃第 24 次改写女子撑杆跳的世界纪录。

（5）本届奥运会幕式引人入胜。

（6）德国举重运动员施泰纳在夺金一刻亲吻亡妻的相片。

（7）美国的埃蒙斯在最后一发中以 4.4 环的成绩将射击金牌拱手相让，4 年前的雅典奥运会，他也因最后一发失准失去赢得金牌的机会。

（8）博尔特在 200 米项目上再度打破世界纪录。

（9）阿富汗选手在跆拳道比赛中赢得铜牌，是该国获得的首面奥运奖牌。

（10）爱沙尼亚大热门格尔德·甘达夺得男子铁饼的金牌。

本届奥运会共打破 132 项奥运纪录，以及 43 项世界纪录

（1）8 月 10 日，男子 400 米混合泳决赛，美国巨星菲尔普斯夺冠；打破世界纪录，成绩：4 分 03 秒 84；

（2）8 月 11 日，男子 100 米蛙泳，日本名将北岛康介夺冠，打破世界纪录，成绩：58 秒 91；

（3）8 月 14 日，女子 50 米步枪三种姿势决赛，中国选手杜丽夺取金牌，并创造新的奥运会纪录，成绩：690.3 环；

（4）8 月 16 日，男子 100 米决赛，博尔特夺冠，并打破了由他自己保持的世界纪录，成绩：9 秒 69；

（5）8 月 18 日，女子撑竿跳高决赛，俄罗斯选手伊辛巴耶娃夺冠，并且第 24 次打破了世界纪录，成绩：5 米 05；

（6）8 月 24 日，男子马拉松比赛，肯尼亚选手万基鲁夺冠，并刷新了奥运会纪录，成绩：2 小时 06 分 32 秒。

（其他各项纪录省去）

奥运会、残奥会开、闭幕式主题思想及内容

北京奥运会开幕式。气势磅礴，以一副卷轴为线索铺展开，展现中国的灿烂文明与辉煌时代及体现全球人类同一个世界、同一个梦想的主题。

北京奥运会闭幕式。热闹非凡，狂欢的盛会，众多明星汇集。

北京残奥会开幕式。感人！以"和梦一起飞"为主题，展现人类对生活的向往与期盼。

北京残奥会闭幕式。美轮美奂，展现人类对未来的许愿与憧憬。尤以飘落枫叶得到众人一致的喜爱。

第四章　冬季奥运会

第一届夏蒙尼冬奥会

20世纪初期，冰雪运动就已在欧美一些国家得到广泛开展。1901年，斯堪的纳维亚国家举行了北欧运动会，后来这项比赛形成了传统，直至1926年才停办。顾拜旦很早就设想单独举办冬季奥运会，国际奥委会曾就此进行过讨论，但是顾拜旦的建议遭到了斯堪的纳维亚国家的强烈反对。瑞典、挪威等国的代表认为，既然已经有了一个传统的北欧运动会，再搞一个平行的冬季奥运会是没有必要的；再说，古代奥运会也没有冬季项目。这些国家扬言，如果国际奥委会强行召开冬季奥运会，他们将不参加。不言而喻，如果当时冬季奥运会没有瑞典、挪威等这类冰雪运动开展较普及、水平较高的国家参加，那就失去了代表性，失去了人们对它的兴趣。

单独举办冬季奥运会的问题搁浅以后，1908年伦敦奥运会首次列入了花样滑冰比赛，引起了人们的极大兴趣。1920年安特卫普奥运会，除花样滑冰外，还增加了冰球赛。这届奥运会各项比赛的观众都不多，唯独花样滑冰、冰球比赛是例外，吸引了成千上万的冰上运动爱好者。这说明观众对这类项目是极为喜爱的，促使单独举办冬季奥运会的问题再次提上了议程。1921年国际业余田径联合会布拉格会议期间，挪威、瑞典、瑞士、法国、加拿大等国代表重新讨论了举办冬季奥运会问题，并提出了有关方案。在1922年国际奥委会巴黎会议上，顾拜旦竭尽全力劝说反对者，终于取得了成功，并决定在1924年夏季奥运会前举行这类比赛，但避开了"奥运会"

字眼，称为"第八届奥林匹克体育周"。很明显，当时并未将它作为传统的正式比赛，而是奥运会前夕的冰雪项目表演。

第八届奥运会东道主是法国，因此，国际奥委会也将这个体育周委托法国承办，会址定在夏蒙尼。夏蒙尼是法国一个不大的城镇，海拔1050米，是著名疗养地和冬季运动中心，也是当时欧洲的跳雪运动点。为了这次比赛，东道主专门修建了一个冰场，供滑冰和冰球项目的比赛用。

体育周于1924年1月25~2月4日举行。参赛的共有16个国家，参赛运动员共258人，其中女选手13人，男选手245人。这实际上还是一次欧美的冰雪赛。比赛项目有滑雪、滑冰、冰球和有舵雪橇。

火炬传递与开幕式

开幕式前一星期，夏蒙尼当地风雨不停，冰场变成了水池，几乎使比赛延期。但突然一次冰冻，使大会得以顺利进行。1月25日，夏蒙尼天空晴朗，大会正式开幕。各队入场先后与夏季奥运会略有不同，以法文字母为序，奥地利率先，东道主殿后。运动员宣誓由东道主派一名代表（滑雪运动员卡米耶·曼德里翁）宣读，其他各队派一名代表复诵。

竞赛情况

同1896年夏季奥运会一样，获第一个冬季奥运会冠军的也是美国人，是男子速滑运动员查尔斯·朱特劳。他在有27人参加的500米速滑中取胜，成绩44秒整。本届速滑除500米外，还有1500、5000、10000米和全能项目。芬兰人包下了其余4项的全部金牌，其中克拉斯·顿贝格一人独得了3枚金牌（1500、5000米和全能）和1枚银牌（10000米），是本届成绩最出色的运动员。

奥地利在20世纪初期是花样滑冰强国。19世纪末，维也纳就创办了一所花样滑冰学校，培养了不少在国际上享有盛誉的运动员。这次他们派出了最优秀的选手参赛。男子单人滑中，金牌主要竞争者是两次世界冠军和1920年奥运会金牌获得者瑞典的吉·格拉夫斯特隆和奥地利选手威·伯克尔。在自由滑中，两人不相上下。但在规定滑中，格拉夫斯特隆占有一定优势。不过观众不满意评分结果，当格拉夫斯特隆领取金牌时，部分观众吹起了口哨。奥地利在女子单人和男女双人项目中，夺得了他们预期的胜利。

女子单人滑中，奥地利两次世界冠军黑·普兰克－索博轻松地获得了金牌。但在男女双人滑中，奥地利却碰上强劲对手。奥地利出场的是海·恩格尔曼和阿·柏格。恩格尔曼曾获 1913 年世界冠军，不过当时的舞伴是另一个人。他们的对手中有 1911 年世界冠军、1920 年奥运会金牌获得者芬兰的亚科布逊夫妇，有法国名手安·若利和皮·布律内。不过开赛后恩格尔曼和伯格一路顺风，如愿以偿。挪威女子花样滑冰运动员索尼娅·赫妮参加本届冬奥会时只有 11 岁，是年龄最小的参赛选手。

滑雪项目北欧占有明显优势，挪威 29 岁的托雷夫·豪格是其中的佼佼者。从 1918 年始至 1923 年，他在世界性的霍尔门科伦滑雪大赛中，7 次在40 千米、50 千米和两项全能赛中获取冠军。赛前人们预测，以豪格为首的挪威滑雪选手将是这次比赛中的主要夺标者。结果正如所料，在滑雪 4 个项目（18 千米、50 千米、跳雪和两项全能）赛中，12 枚奖牌几乎全被挪威囊括，仅芬兰的塔·尼库在 18 千米赛中夺去了 1 枚铜牌。豪格一人得到了 4枚金牌中的 3 枚，另得了 1 枚跳台滑雪铜牌。但时隔半个世纪后，国际奥委会于 1974 年发现，当时在跳台滑雪比赛中，豪格的分数（18.000 分）是因计算错误得出的，他的正确分数应是 17.821 分，低于美国运动员安德斯·豪根的 17.915 分。这枚铜牌应属于美国人。于是 1974 年 9 月 12 日，在挪威首都奥斯陆举行的一次特别仪式上，豪格的女儿郑重地将这枚铜牌交还给豪根。

夏蒙尼奥运会之后，豪格又在霍尔门科伦滑雪大赛中夺得了 50 千米冠军。为了纪念这位被誉为"滑雪之王"的选手，挪威后来在他的家乡树立了纪念碑。

雪橇运动 19 世纪就已在一些国家开展。19 世纪末，瑞士圣莫里茨的居民和旅游者就不时看到一些英、美青年坐着雪橇从山上向下驶滑，并举行这类比赛。1908年奥地利首次举行了全国雪橇赛，随后，1910年德国也举办了这类全国赛。进入20年代后，这项运动日益发展，不少国家成立了雪橇俱乐部，并经常进行国际比赛。因此，东道主将这一项目列入了比赛。但参赛国家发展水平不平衡，开展较普及的国家瑞士派出了两个队。本届仅1项男子4人座，进入前六名的队均属欧洲。瑞士一队获得了冠军。

加拿大、美国在冰球项目方面占有明显优势。预赛中，加拿大胜捷克斯洛伐克30:0，胜瑞典22:0，胜瑞士33:0；美国胜英国11:0，胜比利时19:0，胜法国22:0。从比分来看，当时欧美水平的差距是相当大的。决赛时，加拿大以6:1胜了美国，获得金牌。

本届共14个单项，挪威得金牌4枚，银牌7枚、铜牌6枚；居第二名的芬兰队金牌数与挪威相等，但银、铜牌少于挪威，分别为4枚、3枚；奥地利得金牌2枚，银牌1枚，居挪、芬之后。

其他

当时谁也没有想到，这届原称作"第八届奥林匹克体育周"的冬季运动项目比赛会成为历史上的第一届冬季奥运会。据说由于这次比赛的成功，1925年国际奥委会布拉格年会正式承认这次比赛的成绩和纪录，并作为第八届奥运会的一部分。但由于秘书人员的疏忽，在会议记录中竟然误写为"第一届冬季奥运会"。后来国际奥委会也由此而予以认可和追认，并决定以后每4年可以由夏季奥运会主办国优先承办同年的冬季奥运会（从1948年开始，为减轻主办国的负担，同一年内的冬、夏季奥运会被放到了不同国家举办；1994年，国际奥委会又决定将冬奥会与夏奥会分开在不同年份举行），但届次与夏季奥运会的记法不同，按实际举办的次数计算。

第二届圣莫里兹冬奥会

第二届冬季奥运会，于 1928 年 2 月 21 ~ 3 月 18 日在瑞士的圣莫里茨举行。

申请主办第二届冬季奥运会的有瑞士的 3 个城市：达沃斯、恩格尔堡和圣莫里茨，最后选定了圣莫里茨。

圣莫里茨位于瑞士东南部，当时人口不足 5000。圣莫里茨包括两个小村落和矿泉疗养地，被阿尔卑斯山峰所环绕，地势较高，风景优美，冬季时间较长，17 世纪时已成为上流社会的疗养地和夏季游览地。这里交通发达，有飞机、火车可达。

参加比赛的有 25 个国家的 464 名运动员，其中女运动员 26 人。运动员数比上届几乎增加了一倍。首次参赛的国家有德国、荷兰、罗马尼亚、立陶宛、卢森堡、墨西哥、日本、阿根廷和爱沙尼亚。

本届冬奥会的项目稍有变化，上届的有舵雪橇由 4 人座改为 5 人座，另外增加了 1 项 4 轮雪车赛。

圣莫里茨一向气候稳定，但第二届冬季奥运会期间气候反常，出现罕见的高温，冰雪融化，致使滑雪运动受到很大影响。本届冬奥会速滑只举行了 500 米、1500 米、5000 米三个项目的比赛，10000 米决赛时，天气突然转暖，冰雪开始融化，比赛被迫中断，最后组委会做出决定，取消了这个项目。500 米赛时，上届 3 枚金牌获得者芬兰的克·顿贝格和挪威的贝·埃文森以 43 秒 4 的成绩同时到达终点，并列冠军；顿贝格又在 1500 米比赛中获第二块金牌，而在 5000 米比赛中，顿贝格遭到了惨败，只获第 12 名，挪威年轻选手伊瓦尔·巴兰格鲁德取得了冠军。

花样滑冰"王国"奥地利，这次接连失利，遭到了全军覆没的厄运。男子单人滑比赛中，奥地利威·伯克尔再次输给了瑞典格拉夫斯特隆，只得了银牌；夺得女子单人桂冠的是挪威 15 岁的索妮亚·海妮，她在柴可夫斯基的"天鹅之死"芭蕾舞曲伴奏下，以梦幻般的舞姿吸引了观众，获得热烈的掌声，从而夺得金牌，她还在 1927～1936 年世界杯锦标赛中 10 次夺得桂冠，是冰坛史上女单人滑中成就最突出的运动员；男女双人滑的冠军被德国的安德烈·若利和皮埃尔·布律内夫妇获得。

滑雪比赛也碰上了反复无常的天气。50 千米越野赛时，气温在零摄氏度以上，给滑行带来了困难，挪威并没有像上届那样垄断这项比赛，瑞典却出人意料地囊括了前三名，佩尔·埃里克·赫德伦德获冠军，他到达终点的时间要比上届冠军慢 1 小时多。

在 18 千米滑雪赛时，气温突然下降，大地又出现冰冻，挪威运动员在恶劣的条件下夺得这个项目的全部奖牌。豪格的继承人，上届亚军约·格勒图姆斯布罗腾获第一名，第二天，他又在两项全能比赛中再获 1 枚金牌。跳台跳雪冠军也为挪威的阿·安德森夺取，上届冠军挪威的亚·图林·塔姆斯在这项比赛中受重伤。

5 人座雪橇赛，因天气变暖，只赛 2 轮，而不是规定的 3 轮，不过仍颁布了名次，美国二队、一队分获冠亚军。冠军雪橇的驾驶者威廉·菲斯克，当时只有 16 岁零 3 个月，是美国获冬季奥运会金牌最年轻的运动员。4 轮雪车赛，由美国约翰兄弟俩杰尼逊和希顿分获冠亚军。希顿还在 5 人座雪橇赛中得了 1 枚银牌。

冰球赛共 11 个队参加。上届亚军美国队没有参赛。加拿大以 11∶0 胜瑞典、13∶0 胜瑞士、14∶0 胜英国，轻松地蝉联了冠军。

本届共 13 个单项，赛出了 14 枚金牌（500 米速滑有两人并列冠军）。挪威成绩再次领先，获金牌 6 枚、银牌 4 枚、铜牌 5 枚；美国、瑞典金、银牌各 2 枚，但美国获铜牌 2 枚，比瑞典多 1 枚，美国居第二名，瑞典居第三名；另外 4 枚金牌芬兰得 2 枚，加拿大、法国各 1 枚。

第三届普莱西德湖冬奥会

第一、二届冬季奥运会胜利举行后，人们对冰雪比赛产生了浓厚兴趣，要求主办冬季奥运会的城市也逐渐增多。第三届时，申请承办的有7个城市：德国的贝尔堡、加拿大的蒙特利尔，以及美国的普莱西德湖、丹佛、德卢恩、明尼阿波利斯和约塞米特谷。国际奥委会最后将会址选在普莱西德湖。

普莱西德湖是美国东北部一个的山镇，地势偏僻，人烟稀少（当时居民不到2000人）。但境内山峦起伏，景色秀丽，严冬季节（每年12月至来年3月）气候寒冷、干燥，是从事冬季运动十分理想的场所。

运动会于1932年2月4～15日举行。纽约州州长罗斯福——即后来的美国总统偕同夫人出席和主持了开幕式。他通过无线电发表了热情洋溢的讲话，强调了体育运动对促进人类相互了解的作用。美国著名两极飞行员伯格代表运动员宣读了誓词。东道主向56个国家发出了邀请，但当时正值经济危机席卷世界各国，因此，应邀参加的只有17个国家307名运动员，其中女运动员30人。

欧洲一些冰雪运动发达国家，也出于经济上的考虑，没有出席或只派了少数运动员参加，如，瑞典只有12人，芬兰只有7人，等等。美国和加拿大运动员数目最多，共150人，几乎占参赛选手总数的一半。但总的来说，无论从参加国家还是运动员的数目，本届规模都要比上届小。

本届比赛项目没有多大变化，只将有舵雪橇5人座改成了4人座，另增了一项双人座，取消了上届的4轮雪车赛。

速度滑冰项目，美国和欧洲对竞赛办法意见分歧，发生了争执。欧洲人坚持仍采用上两届办法，即分两人一组比赛，最后以成绩决定名次。美国则要求采用田径比赛方式，首先分组预赛，然后成绩优秀者再决赛，以决赛成绩分名次。争吵直到开幕前夕还未能获得解决。欧洲一些优秀选手，包括曾在上两届获 5 枚金牌、芬兰的顿贝格提出，如果美国坚持己见，他们将不参加比赛。但是美国对此置若罔闻，我行我素，最后仍按美国提出的办法行事。本届速滑取消了全能，只保留了 500、1500、5000、10000 米 4 项，比赛也只记录了冠军成绩。美国的约·谢伊（500、1500 米）和欧·贾菲（5000、10000 米）均分了这 4 项金牌。欧洲只有挪威两名选手贝·埃文森和伊·巴兰格鲁德各得了 1 枚银牌。但是，美国遭到了欧洲人的讥讽，认为他们是依靠欧洲选手不习惯的竞赛方法取胜的。

普莱西德湖的花样滑冰在室内冰场进行。美国又出了新点子，首先进行自由滑，然后是规定滑。男子单人滑中，35 岁的瑞典老将格拉夫斯特隆再次露面。第一天自由滑中，成绩出色，他认为第四次夺取奥运会金牌已胜利在握，可是他失算了，在规定滑中输给了奥地利 23 岁的年轻世界冠军卡尔·舍费尔，屈居亚军。女子单人赛时，看台挤得水泄不通。许多观众是为了一睹海妮的风姿和她优美的舞姿。海妮的捧场者希望比赛在明亮的阳光照耀下进行，以便摄下海妮舞姿的照片。为了满足这些人的要求，组委会将比赛延至白天举行。海妮的表演再次赢得了观众的心，掌声、叫好声，此起彼落。7 个裁判都给了她最高分。人们有点疯狂了，到处都是海妮迷，要求签名的纷至沓来，应接不暇。陪同海妮前来的父亲不得不婉言谢绝说海妮需要训练，实在没有时间为大家签名。

女子单人赛中，英国的塞西莉娅·科莱奇得了第八名。她刚 11 岁零两个月，是参加冬季奥运会年龄最小的运动员。有趣的是，双人赛中获第七名的美国人约瑟夫·萨维奇（舞伴是格特鲁德·梅雷迪思），年已 53 岁，是参赛选手中年龄最大的，可以说是科莱奇奶奶这一辈人了。

山镇普莱西德湖的天气也是变幻莫测的。18 千米越野滑雪时，气温突然升高，促使冰雪迅速融化，加之这一年降雪很少，滑道只剩下薄薄一层冰雪，比赛不得不在极其复杂和困难的条件下进行，不少运动员摔得鼻青脸肿。瑞典的斯玫·乌特尔斯特隆和阿克尔·维克尔斯特隆分获了冠亚军。东道国最好成绩只是第23名。

各项比赛都快结束了，但有"马拉松"之称的50千米滑雪仍在等待老天爷发善心。人们起初期待天气变冷，但希望落空了，甚至下起雨来了。原先安排的滑雪路线已无法使用，组委会不得不临时找了一块大的林间地带于2月14日进行了这项比赛。它的实际距离为48.239千米。在18千米赛中得铜牌的芬兰人维里·萨里宁这次夺得了桂冠。

原先认为夺标希望的芬兰另一选手瓦伊诺·里卡宁比他慢了20秒，屈居亚军。滑雪中另两项冠军为挪威夺得。比格尔·鲁德在跳台跳雪赛中取胜。上届冠军格勒图姆斯布罗腾这次又蝉连了两项全能冠军。

气候变化也迫使雪橇比赛改期。第一次大风雪，使原计划在2月8~9日举行的双人雪橇赛不得不顺延一天，而第二次大风雪，影响更大，使4人座雪橇赛延至闭幕（2月13日）后的2月14~15日才举行。美国囊括了这两项金牌。在冬季奥运会上均获金牌的唯一选手美国人爱·伊根（1920年拳击冠军），就是在这次4人座雪橇赛中夺冠的。据说他从未坐过雪橇，看来他所获得的这枚金牌自己是没花多少力气的。

冰球仅4个队参加，比赛为双循环制。美国、加拿大都较轻松地战胜了欧洲的德国队和波兰队。美、加交锋时，第一场美国以1：2败北。关键的第二场比赛，使本届运动会进入了高潮。仅有3000座位的冰场，一下子涌进了7000人。起初，美国以2：1领先，但不久加拿大就将比分扳平，直到终场哨声吹响，双方都再无建树。加时赛仍未使场上2：2的比分改变局面。因美国第一场比赛失利，加拿大第四次拿下了冠军（包括1920年第七届奥运会冰球赛）。

大会于2月13日正式闭幕，因受气候影响，比赛至15日才结束。因此，本届会期是2月4~15日，不以闭幕日为结束期。大会共进行了14项比赛。东道主获金牌6枚、银牌4枚、铜牌2枚。

第四届加米施－帕滕基兴冬奥会

第四届冬季奥林匹克运动会于 1936 年 2 月 6 ~ 16 日在德国加米施－帕滕基兴举行。

本届冬奥会比赛项目增加了男子 4×10 千米越野滑雪接力赛和男女山地回转障碍滑雪和快速降下两项。

加米施－帕滕基兴是由加米施和帕滕基兴两个老村庄合并而成，1935年设镇，成为国际疗养地和冬季运动中心。加米施－帕滕基兴还是南部民族手工艺中心，以传统的铁器、艺术木器、雕刻和酿酒闻名欧洲。旅游业发达，每年有大批游客来此游览和锻炼，以中心滑雪区旅游者最多，这里有许多旅馆、疗养院，还有夏季登山设施、滑雪学校。为举办奥运会，又建了奥林匹克冰场等设施。

本届冬奥会速滑比赛恢复了以前分两人组赛，最后按成绩定名次的方法。挪威囊括了全部金牌，冰坛老将伊瓦尔·巴兰格鲁德一人独得 500 米、5000 米、10000 米三块金牌；他的队友查尔斯·马蒂森获 1500 米金牌，巴兰格鲁德以 1 秒之差在本项中屈居亚军。在第一、二届速滑中大显威风的芬兰队由于顿贝格退役而后继无人，而在上届包揽速滑全部金牌的美国选手这次仅得 1 枚铜牌。

花样滑冰男女单人滑金牌得主仍是上届旧人。奥地利的舍费尔较轻松地蝉联男子冠军，而挪威名将海妮夺得女子金牌，上届获第八名的英国小姑娘科莱奇获得银牌。男女双人滑比赛中，德国的布律内夫妇拒绝参赛，德国15 岁的玛·赫贝尔与男子单人滑银牌得主埃·拜尔合作，夺得金牌。

本届滑雪比赛中，50 千米越野赛的前四名被以埃·维克隆德为首的瑞典选手包下。18 千米赛中瑞典的埃·拉尔松夺冠，挪威的奥·哈根以 1 分05 秒之差屈居亚军。不过哈根在两项全能赛中获金牌，他的队友奥·霍夫斯巴肯和斯布罗达尔包下了银、铜牌。上届跳台跳雪冠军挪威的比·鲁德再次取胜，这位奥运会金牌获得者，第二次世界大战时，被入侵挪威的德国法西斯投入集中营。首次列入的4×10千米越野滑雪接力赛，芬兰选手奋力拼搏，以6秒钟的微弱优势赢得了冠军。阿尔卑斯山式综合滑雪的金、银牌被德国人囊括。男子项目的冠、亚军是弗·普弗尼尔和古·兰奇纳尔；女子冠、亚军获得者分别是克·克兰茨和克·格拉泽格尔，挪威16岁的莱·绍·尼尔森赢得了女子赛的铜牌，她是当时网球名将和世界滑冰能手，曾多次在网球赛中取得好成绩并多次创速滑世界纪录，因当时女子速滑未列为奥运会项目，她参加了本项比赛。

雪车项目中，美国未能再次垄断，仅男子双人座蝉联了冠军。4人座金、银牌为瑞士一、二队夺走。冰球赛中有11名加拿大运动员的英国队获得了这届冠军，四夺这项金牌的加拿大队在奥运会上第一次遭到失败，屈居亚军。

本届共17个单项，挪威队表现出色，夺回了在普莱西德湖失去的优势，获金牌7枚、银牌5枚、铜牌3枚。

第五届圣莫里茨冬奥会

第二次世界大战迫使两届冬季奥运会中断。国际奥委会曾对这两届运动会事先作了安排。1940年运动会会址起初选在日本的札幌，因日本发动侵华战争，日本军国主义政府强令日本奥委会放弃主办权，事后会址改在瑞士的圣莫里茨；申请主办1944年运动会的有加拿大的蒙特利尔和意大利的科蒂纳丹佩佐，后来"科"市中选。但这两届运动会均因战争而告吹。

第二次世界大战结束后，奥运会恢复举行。当时，1948年夏季奥运会已选定在伦敦召开，国际奥委会曾希望英国同时承办冬季奥运会，但遭到英国拒绝。随后瑞士建议由圣莫里茨承办。就这样，圣莫里茨自1928年过去

20 年后，又成为世界冰雪人士注意的中心，它也是第一个主办两届冬季奥运会的城市。另一申办本届冬奥会的城市是美国的普莱西德湖。因为冬季奥运会是按实际举行次数计算，所以本届延续上届为第五届。

瑞士是钟表行业发达的国家。这次引人注目地在比赛场上安装了巨大的自动计时装置，为以后竞赛采用先进的计时仪器起了促进作用。

大会于 1948 年 1 月 30 ~ 2 月 8 日举行。应邀参赛的有 28 个国家和地区，669 名运动员，其中女子 77 人，男子 592 人。德（两个德国）、日因系第二次世界大战策源地，被拒之于奥运会门外。首次参加的有冰岛、丹麦、黎巴嫩、智利和韩国。因是战后举行的第一次世界性运动会，吸引了广大体坛人士的注意，参观的人挤满了圣莫里茨，仅采访记者就等于 20 年前那届运动会的 10 倍。

本届竞赛项目大项仍为 4 个，但单项比以前有所增加，项目数量首次突破 20 个大关，达到 22 个。新列入的项目有男女回转障碍滑雪和快速降下，另外，恢复了 4 轮雪车赛。

在大会开幕式上，瑞士联邦总统恩里科·塞里奥宣布本届冬奥会开幕。代表运动员宣誓的是东道主的冰球运动员里卡多·比比·托里亚尼。

在本届共 17 个单项的比赛中，挪威队表现出色，夺回了在普莱西德湖失去的优势，获金牌 7 枚、银牌 5 枚，铜牌 3 枚；东道主得金、银牌各 3 枚；瑞典居挪威、德之后，金、银、铜牌分别为 2、2、3 枚。余下的 5 枚金牌被芬兰、瑞士、奥地利、英、美均分。

在冬季奥运会上占有优势的冰雪强国挪威因战争和一些名运动员离去，运动成绩大受影响，不过其速滑项目仍居领先地位。芬·赫尔格森（500米）、斯·法斯塔德（1500 米）和雷·利亚克勒夫（5000 米）为挪威夺得了全部 4 项速滑中的 3 枚金牌。500 米赛竞争非常激烈，冠亚军成绩仅有0.1秒之差。有 3 人并列亚军，4 人并列第六名。10000 米金牌被瑞典的阿·赛法尔特获得。

昔日曾在花样滑冰项目上享有盛誉的挪威、奥地利、瑞典诸国，这次均与金牌无缘，获得桂冠的全是他国新人。美国过去对花样滑冰并不重视，但自法国布律内夫妇、挪威海妮等世界知名选手移居美国后，促进了这项运动的发展和技术水平的提高，涌现了不少人才。在这次男子赛中，美国成了欧洲的主要对手，其中最有威胁的是在 16 岁时即获美国冠军的理查德·巴顿。在圣莫里茨，这位哈佛大学生也刚刚 18 岁。他的出色表演使欧洲选手目瞪口呆，他轻取了男子单人项比赛目的金牌。值得一提的，进入这项比赛前六名的选手中，美国占了 3 人。

女子单人金牌得主是来自加拿大渥太华的 20 岁选手芭芭拉·斯科特，她是欧洲观众早已熟识的明星。本届运动会前一年，她在斯德哥尔摩夺得了世界冠军。这次规定滑时，她取得了无可争议的优势。但是令人惊异的是，出现在第二天报刊上的标题却是"斯科特遭到了厄运"、"斯科特未必能赢得奥运会冠军"。这是怎么回事呢？原来她在自由滑之前抽的号码是 13 号，"13"对西方人来说是个不祥的数字。但是，这个不吉利的"13"，并未能影响她登上这次冬季奥运会的冠军领奖台。

斯科特来这里参赛是颇费周折的。一年前，她在斯德哥尔摩世界锦标赛上的成就，使她的家乡渥太华欣喜若狂，决定赠送给她一辆豪华汽车。但当时对"业余"资格很严。国际奥运会主要负责人之一美国的布伦戴奇听到这个消息后，立即向她提出了警告，如果她接受赠礼，就违反了奥运会"业余"的规定条例，就会失去参加奥运会的资格。斯科特考虑再三，婉谢了家乡人民的情意。不过，她在圣莫里茨夺得金牌 3 个月后，仍接受了这项馈赠，并转为职业运动员。

欧洲只有比利时的米·努瓦和皮·博尼这对选手在男女双人滑中获得了冠军，这也是比利时第一次在冬季奥运会上取得这一荣誉。

瑞典在男子滑雪赛中取得了出色的成就，接连获得了 3 枚金牌。以马·伦德斯特罗姆为首的 3 名瑞典选手，包下了 18 千米越野滑雪赛的全部奖牌。

50 千米赛中，瑞典的尼·卡尔松和哈·埃里克松分获银牌。在 4×10 千米接力赛中，瑞典队又战胜了强手芬兰、挪威队，赢得了桂冠。滑雪赛中最大的失败者是挪威队，在前四届中挪威一直囊括两项全能的前三名，这次 1 枚奖牌未拿，挪威仅在跳台跳雪中取胜而聊以自慰。跳台跳雪的上两届冠军、在德军集中营里劫后余生的比·鲁德虽年已 36 岁，仍取得了较好成绩，输给了比他年轻 10 岁的队友彼·胡格斯泰德，屈居亚军。

山地滑雪比赛中，法国男选手亨·奥雷耶最为突出，一人独得 2 枚金牌（山地两项和快速降下）和 1 枚铜牌（回转障碍滑雪）。瑞士、奥地利男女选手也取得了好成绩。瑞士获金牌两枚（男子回转障碍，埃·赖约尔特尔；女子快速降下，黑·施卢内格尔），奥地利得 1 枚（女子山地两项，特·拜泽尔）。这项比赛欧洲运动员占有明显优势。大洋彼岸仅有美国 20 岁的格·弗雷泽在女子回转障碍滑雪和山地两项赛中得了 1 枚金牌和 1 枚铜牌。

参加冰球赛的有 9 支队。美国一下派了两支球队：一个属美国奥林匹克协会（即现在的美国奥委会），另一个属美国业余冰球协会（AHA），后者不受美国奥林匹克协会管辖，但它是国际冰球联合会会员，两者都自称代表美国队。大会开幕前，美国奥委会向东道主提出了警告，如果大会接纳美国业余冰协派出的球队参赛，美国则退出本届冬季奥运会。但国际冰联也向瑞士施加压力，如果不让美国冰联的球队出席，则撤销对这次运动会的财政支持，而这又是这次圣莫里茨的主要经费来源。东道主决定不顾美国奥委会的警告，让美国业余冰协的球队参加比赛。

但是国际奥委会进行了干预。经过一再协商，取得了戏剧性的结果。美国奥委会派出的球队代表美国参加开幕式，但不参加比赛；美国业余冰协的球队参加比赛但不计名次，属表演性质。比赛中，加拿大队碰上欧洲的强劲对手捷克斯洛伐克队。两队都未能突破对方大门，积分也相等，最后只因加拿大队比捷队净胜球多 2 分，才险夺这项冠军。捷队中的雅罗斯拉夫·德罗布尼也是网坛骁将，6 年后，他赢得了温布尔登网球锦标赛单打冠军。

圣莫里茨冬季奥运会于 2 月 8 日正式闭幕。因这届运动会未兴建奥运村，参赛选手都住在临近赛场的旅馆内，因此，有人戏称这次大会为"旅馆奥运会"。

本届共 22 个单项。瑞典、挪威两队奖牌相等，均得金牌 4 枚，银、铜牌各 3 枚；瑞士的金、银牌数也和美国一样，均分别为 3 枚、4 枚，但铜牌数瑞士为 3 枚，美国为 2 枚；余下的 8 枚金牌，法国、加拿大各得 2 枚，奥、芬、比、意各得 1 枚。

第六届奥斯陆冬奥会

国际奥委会从挪威的奥斯陆、美国的普莱西德湖和意大利的科蒂纳丹佩佐 3 个申办城市中，选择了奥斯陆举办 1952 年第六届冬季奥运会。冬季奥运会终于回到了现代滑雪运动的诞生地挪威，而这也是冬奥会首次由在当时冬季项目最为强盛的斯堪的纳维亚地区国家举办。

冬季奥运会从 1924 年开始，无论会址是夏蒙尼、圣莫里茨，还是普莱西德湖或加米施－帕滕基兴，都只是偏僻的山镇，人烟稀少，有的甚至居民不足 2000 人。而奥斯陆则是一国的首都，这也是冬季奥运会第一次由大城市承办。奥斯陆三面环山，一面临海，景色迷人，空气清新，虽是挪威王国首都，但人口不到 50 万。滑雪是挪威也是奥斯陆人民最喜爱的运动，每年 3 月第一个星期天是滑雪节。这一天，奥斯陆男女老少都外出参加滑雪运动。挪威之所以在冬季奥运会上成绩出色，与它雄厚的群众基础有很大关系。奥斯陆市郊霍尔门科伦山是滑雪的理想场所，驰名世界的霍尔门科伦滑雪大赛（世界级水平的），就是因在这里举行而得名的。

挪威几乎举国上下投入了这次运动会的筹备工作，奥斯陆到处洋溢着欢乐的节日气氛。可惜的是天公不作美，瑞士、法国等周围国家都是大雪纷飞、积雪没膝，而奥斯陆却雪量很少。东道主不得不动员士兵将积雪从树林深处、沟壑地方集中到比赛场地的线路上，但仍然不足。国际奥委会甚至曾考虑临时变换比赛地点，正巧开幕前一天天降大雪，使这届奥运会如期开幕。

大会期间，挪威组委会向国际奥委会赠送了一面奥林匹克五环锦旗。它同 1920 年夏季奥运会时比利时奥委会赠送给国际奥委会的旗帜一样，不过后者是夏季奥运会专用的会旗，而挪威的则属于冬季奥运会的专用旗。

应邀参加本届比赛的有 30 个国家和地区的 694 名运动员，其中女子 109 人，男子 585 人。首次参加的有新西兰、葡萄牙，日本又回到了奥运会赛场上。德国在战后分成了民主德国和联邦德国两个国家，联邦德国参加了本届比赛。

比赛项目首次列入了女子 10 千米越野滑雪。高山滑雪中的两项全能被取消了，改为传统的 3 项：大回转障碍滑、回转障碍滑雪和快速降下。

大会于 1952 年 2 月 14～25 日举行，本届首次在主会场燃烧了奥林匹克火焰，但与夏季奥运会不同的是，火种不是来自奥林匹亚，而是取自挪威冰雪运动奠基人松德雷·诺德海姆（1825～1897）生前居住过的莫尔盖达尔村的一所石房中。共有 94 人参与了本届圣火的滑雪传递。火炬接力途经之处都是曾在北欧运动会、霍尔门科伦滑雪大赛和冬季奥运会上取得优异成绩的挪威选手所在的城市和村镇。同夏季奥运会一样，火炬于开幕式前到达主办地，并由知名人士点燃主体育场塔上的火焰。本届点燃圣火的是挪威著名探险家弗里迪奥夫·南森的孙子埃吉尔·南森。

在开幕式上宣布大会开幕的是挪威公主拉根希尔德，东道主的跳台滑雪选手托尔比约恩·法尔坎格代表运动员进行了宣誓。

本届大会的头号新闻人物是挪威 28 岁的速度滑冰老将亚马尔·安德森，冬季奥运会前他就已驰名于冰坛。1950、1951 年他连续两次登上世界全能冠军宝座。这次他一人包下了 1500、5000、10000 米 3 个项目的金牌，成为本届最显赫的运动员。其中他在 5000 米和 10000 米两项中，也创造了这两个项目奥运会历史上冠军优势最为悬殊的纪录。奥运会结束后不久,他在世界锦标赛中再次蝉联了冠军。但是,挪威未能像1936年巴兰格鲁德时代那样,包下全部冠军。500米赛时,美国肯·亨利和唐·麦克德莫特分别夺得了金银牌。

上届男子花样滑冰冠军美国的理·巴顿,这次再度夺得桂冠。女子金牌得主是鲜为人知的英国的珍·阿特韦格。男女双人滑中出现了一些麻烦。美国一位名叫肯尼迪的牙科医生,认为金牌应属他的一双儿女卡·肯尼迪和马·肯尼迪,他指控获得冠军的联邦德国人里·法尔克和保·法尔克违反了"业余"规定。不过组委会对他的指控未予重视,事情不了了之。肯尼迪的儿女仍只得了银牌。

挪威在滑雪赛中再次取得出色成绩,夺取了18千米(哈·布伦登)、两项全能(西·斯洛特维克)和跳台跳雪(阿·贝格曼)3项金牌,但在50千米赛中失利,芬兰的韦·哈库利宁和埃·科莱赫迈宁分取了该项冠亚军。4×10千米接力赛场面非常壮观,沿途观看的达5万人之多。这项比赛芬兰占有明显优势,金牌已属囊中物。挪威和瑞典谁将获银牌在前40千米时还伯仲难分,但最后10千米中,本届18千米冠军挪威的布伦登战胜了上届18千米冠军瑞典的伦德斯特隆,取得了亚军。第一次列入比赛项目的女子10千米越野滑雪赛中,以吕·维德曼为首的芬兰3名选手气势逼人,囊括了全部奖牌。

上届越野滑雪赛中曾三夺金牌的瑞典本届接连失利,只得了两枚铜牌。高山滑雪项目中的男子大回转障碍赛中,挪威斯·埃里克森对周围地形了如指掌,轻车熟路,较容易地取得了金牌。不过他后来在回转障碍赛中却输给了奥地利的奥·施奈德,只得了银牌。意大利33岁的老将泽·科洛,是山地滑雪能手,1950年曾获世界冠军。这次他在快速降下赛中,比其他选手技高一筹,较轻松地获取了金牌。女子高山滑雪金牌,由奥地利、美国瓜分。奥地利25岁的格·约胡姆·拜泽尔在上届夺得两项全能冠军后,接着又在 1950 年世界锦标赛中赢得了快速降下的桂冠，本届再获快速降下金牌。联邦德国安·布赫纳比她稍慢了一步，居亚军，但布赫纳对此也很满意。因为比赛这天（2 月 16 日），恰好她满 28 周岁，以奥运会银牌作为自己生日的礼物也是惬意的。两个障碍滑雪项目金牌均为 20 岁的美国姑娘安·劳伦斯夺得。

冰球赛共 9 个队参加。加拿大蝉联了冠军，历史上第五次摘取该项目奥运会金牌，美国居亚军。截至 1952 年奥运会，加拿大队在历届冰球赛所参加的 41 场比赛中总的战绩为 37 胜 1 负 3 平，进球 403 个，失球 34 个。上届比赛中几乎将加拿大挤下冠军宝座的捷克斯洛伐克队这次全由青年选手组成，他们与瑞典队积分、净胜分均相等，但在争第三名的重赛中以 3∶5 失利，瑞典队获得了铜牌。

本届 22 个单项比赛全部结束后，挪威再次居领先地位，共获金牌 7 枚、银牌 3 枚、铜牌 6 枚；美国也夺得了仅次于 1932 年的最好成绩，获金牌 4 枚、银牌 6 枚、铜牌 1 枚；芬兰队金、银、铜牌分别为 3、4、2 枚。

第七届科蒂纳丹佩佐冬奥会

申请主办第七届冬季奥运会的有挪威的奥斯陆、美国的科罗拉多斯普林斯和意大利的科蒂纳丹佩佐 3 个城市。1949 年国际奥委会罗马会议上，终于将曾于 1944 和 1952 年两次申办未果的科蒂纳丹佩佐选为了本届冬奥会的会址。

科市是意大利的一个山间小镇，当时仅 6000 人左右，但是它早就是闻名遐迩的冬季运动中心。远在 1897 年，这里就举行过滑雪比赛。从 1902 年始，滑冰赛成了家常便饭。而至 1908 年，除滑雪、滑冰赛外，又增设了雪橇类项目的比赛。第一次世界大战后，科市更以新的面貌出现在旅游者和冰雪爱好者面前。新的冰雪运动设施不断出现，一幢幢旅舍饭店拔地而起。每年来此观光和参加冰雪运动的络绎不绝。科市成了冰雪运动爱好者的旅游胜地。

这个小镇还曾多次承办过大型国际冰雪赛，如 1927 年的世界滑雪锦标赛、1928 年的国际大学生冬季运动会，以及 1932 年的世界高山滑雪锦标赛等。

1949 年国际奥委会将这里选为运动会会址后，科市又改建和新建了许多冬运会设施，其中一些具有世界一流水平，并为花样滑冰和冰球比赛专门修建了一个有 4 层看台、能容纳 1 万～1.2 万人的大型冰场。

本届应邀参赛的有 33 个国家和地区（代表队 32 个），820 名运动员，其中女子 132 人，男子 688 人。首次参加的有伊朗、玻利维亚、苏联，德意志民主共和国和德意志联邦共和国经过协商，组成了德国联队参赛。

本届竞赛项目又增加了两个单项：男子 18 千米滑雪被取消，改为 15 千米、30 千米滑雪；女子列入了 35 千米滑雪接力赛。项目总数为 4 大项 24 小项。

大会于 1956 年 1 月 26 日至 2 月 5 日举行。26 日上午 11 时许，大会正式开幕。意大利总统乔瓦尼·格隆基出席了开幕典礼，并宣布大会开幕。本届点燃奥林匹克火焰的是意著名男子花样滑冰运动员吉多·卡罗利。代表运动员宣誓的为意大利上届奥运会女子高山滑雪速降比赛铜牌获得者，朱里亚娜·切纳尔·米努佐，她也是奥运会史上第一个执行这种光荣使命的女性。

从 1924～1952 年的历届奥运会速度滑冰比赛成绩都不很理想，无一人破世界纪录。本届 1 月 28 日举行的 500 米比赛中，打破了这种长期沉寂的局面。苏联选手叶夫根尼·格里申以 40 秒 2 首次在冬季奥运会上创造了世界纪录，格里申还与队友尤里·米哈伊洛夫同时取得 1500 米比赛 2 分 08 秒 6 的成绩，再次刷新世界纪录，两人同登冠军领奖台。此外，苏联的鲍里斯·希尔科夫还在 5000 米比赛中夺得了桂冠。速滑全部 4 个项目中，苏联只有 10000 米比赛未能取胜，冠军为瑞典的西格瓦德·埃里克松。

第一次参加冬季奥运会的苏联是冰雪运动广泛开展的国家。由于这位冰上新客的出现，打破了过去速滑由挪威、芬兰、美国等垄断的局面。上届速滑中的骄子、挪威的亚·安德森这次时运不佳，屡遭失败，只在 10000 米比赛中得了个第六名。

美国在这次男女花样滑冰中都取得了优异的成绩。以艾·詹金斯为首的 3 名选手包下了男子单人滑的全部奖牌；坦·奥尔布赖特和卡·海斯分获了女子单人滑的金、银牌。奥尔布赖特赢得奥运会桂冠，使人无限钦佩。这与其说是人们对她技艺的倾倒，倒不如说是对她从坎坷生活中奋起的崇敬。她登上花样滑冰艺术的高峰，比一般人付出了更多的劳动，流了更多的汗水，甚至眼泪和鲜血。她童年时期就患了严重的疾病——骨髓白灰质炎，并濒临完全瘫痪的危险。她的父亲，一位波士顿的医生为了让 8 岁的女儿重新站起来，不惜资金，到处求医问药，并请了昔日冰上明星维利·弗里克和迈里贝尔·文森指导女儿进行花样滑冰训练。病弱的奥尔布赖特忍受了各种痛苦，以顽强的意力战胜了病魔，并成了出色的花样滑冰运动员。4 年前，她在奥斯陆获得奥运会银牌，迈出了她走上冠军奖台的第一步。本届比赛前，她不幸膝盖受伤，但凭着毅力、意志和勇敢，终于登上了冠军宝座。奥尔布赖特后来继承了父业，当了牙科医生，并被选为美国奥委会名誉秘书。她曾被提名为国际奥委会委员候选人，后因故未果，否则她将会是国际奥委会第一个女委员。

欧洲在这次花样滑冰比赛中，只有奥地利的伊·施瓦茨和库·奥佩尔特在男女双人滑中赢得了冠军。

滑雪比赛是人们注意的中心，因为冬季奥运会滑雪赛既是奥运会赛，又是世界锦标赛，可同时获取奥运会冠军和世界冠军。男子越野滑雪主要竞争者是挪威、芬兰、瑞典和前苏联，实力各有千秋，谁也不占有明显优势。比赛结果，各获取 1 枚金牌。上届 18 千米冠军挪威的哈·布伦登和 50 千米冠军芬兰的韦·哈库利宁这次分别获得了 15 千米和 30 千米的金牌。瑞典的西·耶恩伯格是滑雪名将，他在 15 千米、30 千米比赛中都功败垂成，只得了银牌，但在 50 千米比赛中，终如愿问鼎。苏联在 4×10 千米中实力较强，赢得了金牌。女子 10 千米越野滑雪，夺标呼声最高的是 1954 年世界冠军、苏联的柳博夫·科济列娃。她未负众望，夺取了胜利。首次列入比赛的女子 35 千米接力，苏联原以为夺冠有望，但结果却出人意料。开赛后滑第一棒的是科济列娃，曾领先芬兰人 24 秒。但是第二棒结束时，芬兰将差距缩小为 6 秒，而比赛进行到 13 千米时，芬兰人开始领先并直到终点。苏联比芬兰迟到 27 秒，居亚军。

有"白色闪电"之称的奥地利 19 岁选手安东·扎勒，是本届头号新闻人物，他在速降、回转障碍和大回转障碍赛中三夺金牌。因奥运会滑雪成绩同时算世界锦标赛成绩，3 项的总成绩列为锦标赛全能成绩，这样，扎勒一下获得 3 枚奥运会金牌和 4 个世界冠军，成为滑雪史上取得这样出色成绩的第一位选手。日本的猪谷千春在回转障碍滑中获银牌，是亚洲在冬季奥运会上的第一个获奖者。

在女子的这 3 项比赛中，瑞士的马·贝尔托德和伦·科利亚尔分获速降和回转障碍滑雪两个项目的冠军，德国的奥·赖歇特夺得大回转障碍赛的第一名，这也是德国联队在本届赛中取得的唯一金牌。在开幕式上代表运动员宣誓的意大利滑雪选手朱·米努佐只得了两个第四名。

冰球赛共有 10 个队参加。当时实力最强的是加拿大、美国、苏联 3 个队。本届大会前两年，苏联首次在世界锦标赛中赢得冠军，但是翌年加拿大又夺回了这项荣誉。本届决赛时美国以 0:4 负于苏联，但以 4:1 胜了加拿大。因此，苏联对加拿大是关键的一仗，如果苏联负于加拿大，则三队积分相等，将以净胜球数定名次。苏、加开赛后，加队攻势凌厉，苏队门前经常出现险情。但加队太不走运，未能破门，反以 0:2 败北。苏联第一次获得奥运会冰球冠军，并同时获该年世界和欧洲冠军。

本届运动会共 24 个单项，因速度滑冰有两人并列冠军，总计为 25 枚金牌。冰坛新贵苏联独占鳌头，获金牌 7 枚，银牌 3 枚，铜牌 6 枚；奥地利列第二，金牌为 4 枚，银牌 3 枚，铜牌 4 枚；芬兰居苏、奥之后，金、银牌各3 枚，铜牌 1 枚；多次在冬季奥运会上成绩领先的挪威队，这次仅列第七位，获金牌 2 枚，银、铜牌各 1 枚。

本届大会办得十分成功。一是比赛组织得较好，吸引了不少观众，门票出售合计为 157000 张，只是滑雪和速度滑冰比赛的观众略少一些；二是苏联的崛起打破了过去挪威、芬兰、美国和加拿大等国垄断冬奥会的局面，促进了冬奥会的发展。

本届冬奥会第一次进行了电视转播，同时，本届冬奥会的花样滑冰比赛也是最后一次在室外进行。

第八届斯阔谷冬奥会

第八届冬季奥运会再次从欧洲大陆转至大洋彼岸举行。申请主办的有德意志联邦共和国的加米施－帕滕基兴、奥地利的因斯布鲁克、瑞士的圣莫里茨和美国的斯阔谷。国际奥委会在 1955 年第 51 次巴黎全会上最后选定了斯阔谷。

斯阔谷是加利福尼亚州内华达山脉间的一块盆地。100 多年前，这里原是印第安人聚居的地方。印第安人的习惯是，男人终年外出狩猎，妇女在家操持家务。当第一批白人移民到达这里时，看到的只是一些妇女。女子按印第安人的叫法称"斯阔"，这就是斯阔谷得名的由来。

斯阔谷海拔 1889 米，以往几届冬季奥运会会址的海拔高度都比这里低。如圣莫里茨海拔为 1856 米，科蒂纳丹佩佐为 1184 米，而加米施－帕滕基兴仅 732 米。斯阔谷冬季奥运会是第一次在海拔较高点举行的冬季盛会。这个谷地是美国著名冬季运动中心之一，体育设施完善，并有一个可容 1 万 1 千名观众的冰场。组委会还专门修建了一个奥林匹克村供运动员住宿。这是冬季奥运会史上第一次专门的运动员村。大会还安装了一台"拉马克"电子计算机，供花样滑冰等比赛使用。每一项目结束后，计算机只需几秒钟就用英法两种文字公布全部比赛成绩，并附有运动员的简单履历。这大大减少了裁判统计工作，缩短了成绩公布时间。

运动会于 1960 年 2 月 18 ~ 28 日举行，参赛的有 31 个国家和地区（30 个队），共 665 名运动员，其中女子 143 人，男子 522 人。因为旅费等问题，欧洲削减了参加人数。大会也没有首次参赛的国家，规模比上届略小些。本届首次列入了男子冬季两项（滑雪和射击）和女子速度滑冰。因为设备问题，取消了雪橇项目。大会共设有 4 个大项 27 个单项比赛。

2 月 18 日举行了隆重的开幕式，1 万 5 千名观众出席了盛会。宣布本届冬奥会开幕的是时任美国副总统的里查德·尼克松。在圣火点燃仪式中，两次冬季奥运会冠军安·劳伦斯·米德高举来自远方挪威的火种，从白雪皑皑的陡峭山坡上飞驰而下，奥运会速滑冠军肯·亨利接过火种绕场一周，随后燃起熊熊的奥林匹克圣火，将大会气氛推向了高潮。

速滑场上，苏联在男子比赛时再现了上届的成就，夺取了 4 枚金牌中的 3 枚。29 岁的叶夫根尼·格里申在 500 米赛中，以与上届同样的成绩 40 秒 2 蝉联冠军。1500 米赛时，又出现了上届两人同时到达终点的现象，格里申和挪威罗·奥斯的成绩均为 2 分 10 秒 4。格里申还在这届运动会上取得了另一出色成绩。闭幕式那天，大会组委会组织了一次优秀速滑运动员破纪录赛，格里申以 39 秒 6 创世界纪录，成为世界上第一个用不到 40 秒时间滑完 500 米的选手。

2 月 25 日，对苏联速滑运动员维克托·科西奇金来说，可谓双喜临门。这一天，他正好满 22 周岁，同时又获得了 5000 米赛的金牌，使自己的生日倍增光彩。挪威这次成绩也不差，除奥斯获 1500 米赛金牌外，克·约翰内森在最后 10000 米赛中赢得了胜利。

女子速滑是各国选手第一次在冬季奥运会上较量。同男子项目一样，苏联同样占有明显优势，获得了 3 项冠军，其中著名女速滑手利迪娅·斯科布利科娃一人独得了 1500、3000 米两项金牌。

欧洲国家在这次花样滑冰赛中遭到了惨败。自 1924 年冬季奥运会创办以来，欧洲第一次没有拿到金牌。而美洲则出尽了风头。上届男子单人滑铜牌获得者达维德·詹金斯这次荣获了该项桂冠。女子单人金牌得主，则是法国著名花样滑选手、两届奥运会男女双人滑冠军布律内夫妇的得意门生、美国的卡罗尔·海斯。海斯在上届奥运会上就已初显锋芒，取得了这项比赛的银牌。加拿大的巴·瓦格纳和罗·保罗夺得了男女双人滑冠军。

但是欧洲在滑雪赛中仍占了上风。男子越野滑雪依旧是芬兰、挪威、瑞典等国争雄。金牌得主多属新人，仅 30 千米冠军瑞典的西·耶恩伯格是上届 50 千米金牌获得者。苏联在女子 10 千米项目中实力雄厚。以 29 岁的老将玛利亚·古萨科娃为首的 4 名女将将他国选手远远抛在后面。高山滑雪则是瑞士、德国等欧洲国家争夺男女比赛中的金牌。仅回转障碍 1 项为美洲国家加拿大的安·赫格斯维特夺去冠军。整个滑雪项目德国成绩最佳，它在男子跳台跳雪（海·雷克纳格尔）、北欧两项全能（乔·托马）和女子快速降下（海·拜布尔）等比赛中共夺取了 3 枚金牌。瑞士在大回转障碍赛中表演出色，罗·斯托布和伊·吕格分获男女冠军。奥地利在男子回转障碍（埃·欣特泽尔）、法国在男子速降（让·维亚尔内）中也各得 1 枚金牌。

第一次出现在冬季奥运会比赛中的冬季两项由滑雪和射击两个完全不同的项目组成，既要求运动员有良好的滑雪技术，又要求枪打得准。这项运动在冰雪地区开展较为广泛，因为它可用于狩猎，又具有军事意义。它的隶属关系与其他项目不同，它与现代五项组成同盟，称"现代五项和冬季两项同盟"，这是一个在冬夏季奥运会均设有比赛项目的唯一的国际体育组织。本届只有男子 20 千米个人赛，瑞典的克·勒斯坦德尔赢得了这项胜利。

冰球比赛共 9 个队参加。上届冠军苏联队这次与美国、加拿大交锋都遭到了失败，东道主以 2:1 战胜最后对手加拿大队，首次赢得了桂冠。

本届共举行了 27 个单项比赛，由于同上届一样的原因，在男子速滑中有两人并列冠军，共决出了 28 枚金牌。苏联再次居领先地位，获金牌 7 枚，银牌 5 枚、铜牌 9 枚；德国联队这次成绩出色，上升到第二位，得金牌 4 枚、银牌 3 枚、铜牌 1 枚；美国作为东道主，成绩不很理想，金、银、铜牌分别为 3、4、3 枚，居第三；挪威成绩略有回升，金牌数与美国相等，只是银、铜牌少一些，名次居苏、德、美之后。

中国台湾派代表考察、观摩了本届冬奥会的各项活动，这是中国与冬奥会的首次接触。

第九届因斯布鲁克冬奥会

奥地利是一个爱好冰雪运动的国家，在以往几届冬季奥运会上都曾取得过好成绩，特别是高山滑雪和花样滑冰，还多次夺得金牌。但是直到上一届即第八届，奥地利才由因斯布鲁克提出主办冬季奥运会申请。在上届会址竞选中，因斯布鲁克败于美国斯阔谷。1964 年第九届，因斯布鲁克终于战胜对手加拿大的卡尔加里和芬兰的拉蒂，而赢得了主办权。

因斯布鲁克是奥地利西南部城市，为蒂罗尔州首府。市区分布在因河两岸，临近阿尔卑斯山，海拔 570 米，交通方便，是旅游和举行冬季运动竞赛的理想场所。该市有一个能容 1 万人的体育馆，是欧洲有数的冬季运动体育馆之一。馆旁是一个滑冰场，滑雪场所有良好的体育设施。组委会确信，一切准备工作可谓完美无缺，即使天公不作美，运动会也能照常进行。但是，这一年的天气还真的跟组委会开了一个不小的玩笑。从 1 月开始，由于反常的温暖，无论是城区，还是山地，积雪迅速融解。市政当局只好紧急动员军队、学生和附近居民上山，从阴冷积雪处筐背篮提，将雪搬往需要的地方。由于各方人士的积极努力，终使这届白色运动会免于流产。

由于缺雪，也酿成了事故，奥地利滑雪选手米尔尼和英国雪橇选手斯基佩齐在雪量不足的滑道上做赛前练习时，不幸丧生。这是 1924 年冬奥会以来最不幸的事件。

大会于 1964 年 1 月 29 ~ 2 月 9 日举行。应邀参赛的有 37 个国家和地区（36 个队），共 1091 名运动员，其中女子 200 人，男子 891 人。这是冬季奥运会运动员人数首次突破 1000 人。第一次参赛的有朝鲜民主主义人民共和国、印度和蒙古。

本届竞赛项目又有一些变化。跳台滑雪分成了 90 米、70 米两个级别，也可以说新设了一个 90 米跳台比赛，因为此前这项比赛均为 70 米。女子越野滑雪增加了一个 5 千米项目。恢复了上届被取消了的有舵雪橇，并增设了无舵雪橇。无舵雪橇，也称运动雪橇，它与有舵雪橇的主要区别，一是后者橇身较长——故有长雪橇之称，橇上设有舵；二是后者比前者运动激烈，目前后者只限男子参加，而前者则男女不限。大会共设 6 大项 34 个单项比赛。

开幕式上按惯例点燃了奥林匹克火焰，承担这个光荣使命的是奥地利高山滑雪男运动员约瑟夫·里德。与前几届不同的是，这次火种不是取自挪威，而是与夏季奥运会一样，是从奥运会发源地奥林匹亚点燃的。宣布本届盛会开幕的是奥地利总统阿道夫·沙尔弗，而代表运动员宣誓的是东道主的雪车选手保罗·阿斯特。

本届速度滑冰开创了冬季奥运会史上的奇迹。上届两枚金牌获得者、前苏联 24 岁的女选手利迪娅·斯科布利科娃，囊括了全部 4 个项目的金牌，超过了芬兰的克拉斯·顿贝格和挪威伊瓦尔·巴兰格鲁德、亚马尔·安德森这些以往几届最佳速滑选手，她们在一届中最多只获得 3 枚金牌。1963、1964 年是斯科布利科娃的运动黄金时代。她在这两个年度的世界锦标赛上，均夺得了全能冠军，并多次创造世界纪录。因此，她在奥运会上能势如破竹，接连夺取胜利并非偶然。本来 500 米是她的弱项，可在本届女子速滑开始的第一项就是这项比赛，她以 45 秒整破奥运会纪录的成绩取胜，这为她以后接连夺取金牌增强了信心。女子 3000 米赛中，朝鲜韩弼花与苏联瓦·斯捷宁娜并列第二，获银牌，这也是亚洲女子在冬季奥运会上获得的第一枚奖牌。男子速滑金牌由美、苏、挪、瑞典均分。上届冠军这次仅有挪威的克·约翰内森在 5000 米赛中再获金牌。近两届名噪冰坛的 32 岁老将，苏联的叶·格里申只在 500 米项目得了银牌。

欧洲在花样滑冰赛中可说是打了一个翻身仗，上届 1 枚金牌未拿，这次却从美洲人手中夺得了全部金牌。德国的曼·施内尔德夫获得男子单人滑冠军。大会开幕前刚满 22 岁的荷兰斯·代伊克斯特拉在女子单人滑中表演出色，赢得了观众的热烈掌声，裁判给了高分，她为荷兰在冬季奥运会夺得了第一枚金牌。男女双人滑中，苏联的柳·别洛乌索娃、奥·普罗托波波夫和德国的玛·基利乌斯、汉·博伊姆勒分获冠亚军。但后来发现，获第二名的那对德国选手在赛前曾参加过职业性冰上轻歌舞剧演出，已违反了国际奥委会"业余"的有关条款，于 1966 年被追回银牌。

瑞典 35 岁的老将西·耶恩伯格参加了男子全部距离的越野滑雪赛，都取得了名次，并在 50 千米距离中获金牌。这是从 1956 年开始，他接连第三届在冬季奥运会 30 千米或 50 千米赛中取胜。本届他还在 4×10 千米越野接力赛中获得了金牌。托穆德·克努特森夺取了两项全能冠军，这是挪威自 1924 年以来第七次获该项桂冠。不过滑雪赛中成绩突出的是苏联 24 岁的女教师克·博亚尔斯基赫。她包揽了 5 千米、10 千米两个第一，还在 35 千米接力赛中取胜，是本届滑雪获金牌最多的运动员。

山地滑雪赛中，充满激情的奥地利观众不停地为本国同胞鼓掌、呼叫、加油。奥地利选手在观众热情的支持下，超水平发挥，接连取得了 3 项冠军。经验丰富的埃冈·齐默尔曼和少年选手克里斯特尔·哈斯分获男女快速降下金牌，奥候补队员约瑟夫·斯蒂格勒也在男子回转障碍赛中意外取得了第一名。在众多优秀选手中，最引人注目的是法国的古瓦切尔姐妹。姐姐克里斯丁比妹妹玛丽大 1 岁多，但成绩远不如妹妹。本届运动会前，克里斯丁从未在重大国际比赛中取胜，而妹妹却已是成名人物。两年前，当玛丽还只

16 岁时，就摘得了世界锦标赛桂冠。这次克里斯丁在小回转赛中获金牌，玛丽获银牌；而在大回转中，则是玛丽获得金牌，克里斯丁得银牌。本届运动会后克里斯丁再无所建树，玛丽则仍是冰雪场上的活跃人物。1964、1966 年三夺世界锦标赛冠军，后来又在 1968 年冬季奥运会小回转障碍赛中再次获取了 1 枚金牌。

30 岁的苏联冬季两项选手弗拉季米尔·梅兰宁当时颇有名气，曾 3 次获世界冠军。可是他在因斯布鲁克运动会前的苏联选拔赛中，成绩却不理想，仅得了第十五名，几乎未能入选代表队。但他在这次比赛中，却发挥了水平，名列该项榜首。

冰球比赛共 8 个队参加。苏联队战胜了所有的对手，赢得金牌。获第二、三四名的瑞典、捷克斯洛伐克、加拿大队都各输了两场，积分相等，最后以净胜球决定名次。获第五、六、七名的美国、芬兰、德国也是积分相等，上届冠军美国队失球比芬、德两队少，得了第五名。

本届共举行了 34 个单项比赛。苏联继续居领先地位，获金牌 11 枚、银牌 8 枚、铜牌 6 枚；奥地利列第二，金牌 4 枚、银牌 5 枚、铜牌 3 枚；挪威居第三，金牌 3 枚、银、铜牌各 6 枚。

第十届格勒诺布尔冬奥会

1968 年第十届冬季奥运会前，有加拿大的卡尔加里、芬兰的拉蒂、美国的普莱西德湖、日本的札幌、挪威的奥斯陆和法国的格勒诺布尔 6 个城市竞选主办。在投票表决中，格勒诺布尔赢得了胜利。

格勒诺布尔是法国东南部一座古老的城市，远在古希腊、古罗马时期就已闻名于世。该城在阿尔卑斯山区，位于罗讷河支流伊泽河畔，交通方便，是旅游和冬季运动场所。城镇人口约 10 余万。

大会组委会为了将这届运动会办成"最有成效、组织得最好的运动会"，从获得主办权之日起，就积极着手准备工作。他们仅花了 16 个月时间，就建了一个有 1 万 2 千人座位的冰场，场旁还修建了法国第一个人造滑冰场，滑雪场地也设备齐全，并建了一个奥林匹克村。

应邀参赛的有 37 个国家和地区，1158 名运动员，其中女子 211 人，男子 947 人。参赛人数等于法国 1924 年第一次主办时的两倍多。首次参加的国家有摩洛哥。德意志民主共和国和德意志联邦共和国两个国家自 1956 年组成德国联队参加了 1956～1964 年三届冬季奥运会，从本届开始均独立组队参赛。

本届比赛项目只增了 1 个单项——冬季两项的 47.5 千米接力。项目总数增加为 6 大项 35 个单项。

大会于 1968 年 2 月 6 日至 18 日举行。开幕式非常隆重热烈，约有 7 万名来自世界各地的观众出席。主办当局别出心裁，将 3 万朵色泽艳丽的鲜红玫瑰从直升机上撒落在笼罩着节日气氛的运动场。天空满是徐徐飘落的鲜花，四周散发着沁人心脾的阵阵清香。鲜花的花瓣散落在洁白的雪地上，显得鲜艳夺目。观众既像置身于繁华喧闹的城市，又似在幽静的田园休憩，别有一番情趣。玫瑰在格勒诺布尔有着特别的含义，该城的城徽即是以 3 朵红玫瑰作为标志的，它们象征着这里的工业、文化教育、旅游和冬季运动三大特色。格勒诺布尔也正是以此著称，它既是工业城、大学城，又是旅游和冬季运动城。

曾在男女速滑中一度称雄的苏联队这次遭到严重打击。男子 4 项，联邦德国（500 米，艾·克斯）、荷兰（1500 米，科·维克尔克）、挪威（5000 米，弗·安·迈耶尔）和瑞典（10000 米，约·霍格林）均分了金牌。苏联老将叶·格里申再次出现在冰场上，但只在 500 米比赛中获得第四名，而这还是前苏联取得的最好名次。它表明，苏联男子速滑处于青黄不接的时期。女子情况稍好些，柳·季托娃夺得了 500 米桂冠。但上届囊括女子速滑金牌的利·斯科布利科娃这次却接连失利，仅在 3000 米比赛中得了第六名。荷兰女队表演出色，卡·盖伊森和约·舒特分享了 1000 米和 3000 米金牌。

　　自 1936 年冬季奥运会以后，奥地利在花样滑冰男子单人滑中从未获胜。32 年过去，总算又获取了这项桂冠。开赛前，人们把注意力集中在奥地利 23 岁的世界和欧洲冠军梅里尔·丹策尔身上，但出人意料获胜的却是比丹策尔年轻 3 岁的奥地利另一选手沃尔夫冈·施瓦茨。他们两人虽由同一教练训练，但丹策尔远较施瓦茨成绩出色，在世界性一些大比赛中，后者名次一直在丹策尔之后。丹策尔在这次规定滑中成绩领先，剩下的是他的拿手好戏自由滑。他满以为胜券在握，但大意失荆州，一开始就出现了几次失误。后来虽经努力，未能挽回败局，连奖牌也未拿上，只得了第四名。丹策尔在其整个运动生涯中，曾 3 次获世界冠军（1966～1968）、4 次获欧洲冠军（1965～1968），却未能在奥运会上取胜，甚为遗憾。

　　女子单人滑金牌为多次世界冠军、美国 19 岁的明星佩吉·弗莱明获取。苏联的夫妻搭档柳·别洛乌索娃和奥·普罗托波波夫蝉联了男女双人滑冠军。

　　挪威、瑞典在这次男女越野滑雪中取得了突出的成就。挪威无愧有滑雪"王国"之称，哈·格隆宁根和奥·埃勒夫萨特分别在男子 15 千米和 50 千米项目中夺得了桂冠，他们还在男女两个接力项目中取胜，总共获得了 4 枚金牌。挪威在越野滑雪赛中接连取胜，似属情理中事，但瑞典在女子方面的成绩却有点出人意料。

　　瑞典过去成绩并不出色，特别是个人项目从未夺得桂冠。而这次参赛的主力托伊尼·古斯塔夫松在大会开幕前不久就已年满 30 岁，人们也未对她寄予厚望。但是在比赛中，古斯塔夫松却表现了超群的滑雪技巧和惊人的体力，她超过了一个又一个比她要年轻得多的选手，勇夺 5 千米、10 千米冠军，并在 35 千米接力赛中得了 1 枚银牌。

　　苏联的弗·洛乌索夫和捷克斯洛伐克的因·拉斯卡分获了 90 米、70 米跳台跳雪的金牌，为各自的国家首次在男子个人滑雪中取胜。

男子山地滑雪赛中，法国 24 岁的克洛德·基利是本次比赛的骄子。1966 年他就已闻名于雪坛，在这一年的世界滑雪锦标赛中，他夺取了山地三项全能和快速降下两项桂冠。1867、1968 年两度获世界杯赛冠军。1968 年他还在山地三项全能中蝉联了世界锦标赛冠军。他理所当然地是这次高山滑雪赛的热门人物。基利未负众望，在大回转、回转障碍滑雪和快速降下中，接连夺冠，重现了 1956 年冬季奥运会奥地利扎勒的成就。此后，未再出现任何选手能取得如此出色的成绩。但基利在完成这一创举过程中还出现了冬奥会历史上最大的一次争议。在回转比赛中，基利的夺冠竞争对手卡尔·施兰茨赛后宣称，在他当时滑行过程中，曾有一名黑人男子横穿赛道，影响了他的成绩。在大会安排他重滑时，他本来创出了比基利更好的成绩，但事后仲裁机构却宣布取消了施兰茨的成绩。

本届运动会后，基利转为职业运动员，失去了在奥运会上再显身手的资格。

苏联的亚历山大·吉洪诺夫和挪威的马格纳尔·索尔伯格是冬季两项个人赛金牌主要争夺者。吉洪诺夫在 20 千米越野滑雪中领先后者 1 分多钟，但在射击中两次脱靶，而索尔伯格却弹无虚发。吉洪诺夫因脱靶被罚了 2 分钟时间，结果成绩反比对手差，屈居亚军，索尔伯格获得冠军。但在 47.5 千米接力赛中，苏联战胜了挪威，取得团体第一名。

运动雪橇项目按规定需进行 4 轮比赛，因天公不作美，只赛完了 3 轮。奥地利曼·施密德、意大利埃·莱希内分获男女单座冠军，民主德国获得男子双座第一名。有舵雪橇男子双座和 4 人座，意大利 1 队战胜了所有对手，两次夺魁。而尤吉尼奥·蒙蒂因此收获了两枚金牌。

冰球比赛共 14 个队参加。决赛期间，在苏联以 4:5 输给捷克斯洛伐克后，形势变得非常微妙。苏、捷和加拿大 3 队都各负 1 场，积分均为 10 分。谁打好最后一场，谁就将赢得冠军。捷与夺冠无望的瑞典对阵，以 2:2 战和，而苏联却意外以 5:0 轻取了加拿大，赢得了这项桂冠。

本届共举行了 35 个单项比赛。挪威卷土重来，获金牌 6 枚、银牌 6 枚、铜牌 2 枚，居领先地位；自 1956 年参赛以来成绩一直居首位的苏联队本届因在滑雪、滑冰赛中成绩不理想，退居第二名，得金、银牌各 5 枚，铜牌 3 枚；法国名列挪、苏之后，金、银、铜牌分别为 4、3、2 枚；列第四的意大利队也取得了它在冬季奥运会上有史以来的最好成绩，获金牌 4 枚，但无银、铜牌。

奥运会中吉祥物的设计始于本届冬奥会，这个称为"雪士"（Schuss）的半人半物的卡通型滑雪小人形象以起夸张的硕大脑袋和细巧而坚硬的身体，象征一个有着坚强意志的小精灵。英文 Schuss 的意思是"高速滑雪"。

本届冬奥会之前，许多滑雪选手的运动服上出现了广告标志，这引起了国际奥委会的注意，并出现争议。后来决定予以约束管理，因此这些滑雪选手被取消了参赛资格。此举对比赛结果多少有些影响。

全世界约有 5 亿人次通过卫星电视转播收看了本届冬奥会的各项比赛。另外，本届比赛还首次对女运动员进行了性别检测。

第十一届札幌冬奥会

日本与欧美相比较，并非冰雪运动强国，在以往的几届冬季奥运会上，也仅于 1956 年在科蒂纳丹佩佐获得过 1 枚银牌。但是，日本札幌在竞选 1972 年冬季奥运会主办权时，却击败了加拿大的班夫、芬兰的拉蒂和美国的盐湖城等对手，赢得了主办权。这是符合奥林匹克运动精神的，奥运会在不同国度召开，使它更具有国际性。奥运会固然是运动员的相互竞技、争夺金牌，但更主要的是宣传奥林匹克理想，促进体育运动的广泛开展。会址选在札幌，是冬季奥运会自 1924 年创始以来第一次在欧美以外的洲，也是世界人口最多的大洲——亚洲举行。无疑，这对亚洲，特别是对东道国日本冰雪运动的开展将起到积极作用。

札幌市是日本最北面的一个城市，也是日本冰雪运动的中心之一。东道主为了开好这届运动会，专门修建了一个大型冰场，增设了一些体育设施，并采用了不少现代化的先进仪器，大大提高了组织工作的效能。

运动会于 1972 年 2 月 3～13 日举行。应邀参赛的有 35 个国家和地区，共 1006 名运动员，其中女子 206 人，男子 800 人。首次参加的有菲律宾，中国台湾也参加了这次比赛。本届比赛项目与上届完全相同，项目总数仍为 6 大项 35 个单项。札幌运动会也引起了新闻界极大的兴趣，采访大会的各类记者达 3895 人。

同 1964 年东京第十八届夏季奥运会一样，东道主组织了声势浩大的火炬接力。火炬从奥林匹亚传到日本本土后，大会组织了 1 万 5 千名年龄在 11～20 岁之间的青少年进行了火炬接力跑。在 2 月 3 日的开幕式上，由一位名叫高田秀喜的学生点燃了大会圣火。

20 世纪 70 年代初期，荷兰男子速滑处于全盛时期，而本届运动会又可说是荷兰人的金色季节。当时男子各项距离赛除 500 米外，荷兰都居领先地位；即使是 500 米，荷兰也不乏与强手争雄的人才，男子中的佼佼者首推阿尔德·申克。赛前，这位荷兰冰上飞人就成了大会新闻人物。速滑爱好者纷纷预测，他将夺取全部金牌，而申克本人也对此非常乐观。男子第一项比赛是 5000 米速滑，申克旗开得胜。但是 500 米赛时，他途中摔倒，失去了夺冠机会。联邦德国艾·克勒蝉联了这项冠军。荷兰速滑中的二号人物科·维克尔克认为，如果不发生意外，他的队友是可能拿到这项桂冠的。随后在 1500 米、10000 米比赛中申克都获得了金牌。这位飞人虽在 500 米赛中失利，但他的成绩仍是优异的，他成了继巴兰格鲁德、安德森之后第三位在一届奥运会上取得 3 枚金牌的男子速滑选手。

荷兰女队的代表人物是 33 岁的阿·克伦·迪尔斯特拉，她也是女子各项距离速滑赛中的有力竞争者。可惜，她的这次成绩很不理想，虽然各项成绩都进入了前六名，并获取了 3 枚奖牌（1 银 2 铜），但其中无 1 枚金牌。

荷兰仅斯·凯泽在 3000 米赛中得了冠军。出人意料的是，美国却在两项比赛中取胜，安·亨宁和黛·霍勒姆分获了 500 米、1500 米的金牌。在上届运动会上，霍勒姆在 500 米、1500 米中只各得 1 枚铜牌。霍勒姆再次闻名于冰坛是在 1980 年，不过那时她是以一名教练员的身份出现的。她亲手培养的学生埃·海登在那一年冬季奥运会上囊括了男子速滑全部 5 个项目的金牌，此为后话。

从 1969 年开始，连续在世界和欧洲锦标赛中夺冠的苏联著名花样滑冰运动员伊琳娜·罗德尼娜和亚历山大·乌兰诺夫首次在冬季奥运会上露面。他们以自己特有的风格、高超的技巧，获得了男女双人滑冠军。男女单人滑桂冠则由捷克斯洛伐克的翁·内佩拉和奥地利的贝·舒巴分享。

苏联在这次男女越野滑雪赛中成绩突出。维切斯夫·韦杰宁在男子 30 千米赛中，成为本届第一个冠军，他也是苏联在男子越野滑雪个人赛中第一个得金牌的选手。韦杰宁还为苏联在 4×10 千米赛中夺取胜利立下了汗马功劳。苏联 29 岁的滑雪能手加琳娜·库拉科娃是本届成绩最杰出的女选手。她在 5 千米、10 千米中接连取胜，另在 35 千米接力项目也拿了 1 枚金牌。

东道主以笠谷幸生为首的 3 名选手在 70 米跳台跳雪中包下了全部奖牌，笠谷幸生是日本、也是亚洲第一位冬季奥运会金牌获得者。跳台跳雪的另一项 90 米台的冠军为波兰的沃·福尔图纳获取，这也是波兰第一次取得这样的成绩。高山滑雪赛中，意大利 20 岁的古斯达沃·托尼在大小回转障碍赛中分获金、银牌。托尼在 20 世纪 70 年代是一位很有名气的运动员，1972、1974 年曾 3 次获世界锦标赛冠军，1971、1972、1973、1975 年四夺世界杯赛冠军。但本届高山滑雪成绩最突出的是瑞士队，在男女项目中共获取了 3 枚金牌。贝·鲁西在男子快速降下中获胜；17 岁的玛丽·泰雷兹·纳迪希在女子快速降下和大回转滑雪比赛中夺得 2 枚金牌。

冬季两项则由挪威的索尔伯格蝉联了个人冠军，由前苏联再次取得了接力赛的金牌。索尔伯格在开幕后翌日满 35 周岁，金牌正好成为他最好的生日礼物。札幌运动会期间有17名选手度过了自己的生日，但索尔伯格是获得金牌的唯一幸运儿。

民主德国在这次运动雪橇赛中，大显身手，以沃·沙伊德尔和以安·米勒为首的6名男女选手包揽了男女单人的全部奖牌；在男子双人项目中，也与意大利队并列了第一名。有舵雪橇的男子双人和四人两项由联邦德国与瑞士分获了金牌。

冰球赛共11支队伍参加。多次夺冠的苏联队由于不少老将退役，新手不够成熟，起初对能否再次取胜信心不足，但是他们打出了高水平，连败美、捷等队，只与瑞典战平，再次登上冠军宝座。美、捷两队虽然最后积分同为6分，而且捷队净胜球还比美国多10个，但因捷队在决赛时以1:5输给了美国，所以捷队只得了第三名。

札幌冬奥会上，苏联虽然在男女速滑中再次失利，但在滑雪赛中取得了惊人的成就，总成绩从上届第二位再次跃居各国之首，获金牌8枚，银牌5枚，铜牌3枚。以往成绩一般的民主德国队，这次脱颖而出，令人刮目相看，它共得金牌4枚、银牌3枚、铜牌7枚。瑞士列第三，获金牌4枚，银、铜牌各3枚。荷兰队成绩也很突出，金、银牌与瑞士相等，仅少1枚铜牌。

第十二届因斯布鲁克冬奥会

在今日体育运动相当发展的情况下，申请主办奥运会的城市越来越多，获取主办权也越来越困难，而赢得最后胜利的城市被认为是无上的光荣。但美国丹佛市却是一个例外。

申请主办1976年第十二届冬季奥运会的地区有加拿大的温哥华、西班牙的格拉纳达、芬兰的坦佩雷、瑞士的锡昂。美国丹佛市也是申请者之一，并在竞选中战胜了所有对手。但是，1974年该市人民掀起了反对在他们城市举行运动会的行动。因此，当局不得不放弃这次主办权。接着，奥地利因斯布鲁克、芬兰坦佩雷、法国夏蒙尼和美国普莱西德湖立即向国际奥委会提出，希望接办这届运动会。因斯布鲁克曾是第九届冬季奥运会东道主，国际奥委会对该市各方面的工作留有深刻的印象，因此，将主办任务交给了这个城市。这样，该市便成了继圣莫里茨后第二个两次召开冬季奥运会的城市。

大会于 1976 年 2 月 4 日至 15 日进行。2 月 4 日举行了隆重的开幕式，按惯例在主体场燃起了奥林匹克火焰。但与其他会址不同的是，主会场设有两个火焰塔，一个是 12 年前的，一个是新建的。开幕式上，首先由奥地利的雪橇运动员约瑟夫·费斯特曼特尔点燃了新建塔上的火焰，然后再由他的同胞、高山滑雪运动员克里斯特尔·哈斯点燃了旧火炬塔。两个焰塔同时日日夜夜燃烧，标志着这个蒂罗尔州首府是冬季奥运会两次主办地。

另外，在开幕式上，奥地利总统鲁道夫·克尔什拉格宣布了大会开幕。代表运动员宣誓的是东道主的雪车选手维尔纳·戴尔·卡尔特，而代表比赛官员宣誓的是奥地利的北欧两项裁判员威利·科斯廷格。

在札幌冬奥会上，男女速滑可谓全军覆没的苏联队这次东山再起，共获取了 4 枚金牌（男 1 女 3）。男子速滑，苏联 25 岁的叶夫根尼·库利科夫在 500 米比赛中取胜。挪威队的扬·埃·斯托霍尔特和斯·斯滕森分获了 1500、5000 米冠军。挪威还获得了两项亚军。与上届比较，荷兰这次成绩不佳，仅皮·克莱因一人在 10000、500 米两项长距离赛中获金、银牌各 1 枚。首次列入的 1000 米项目，美国的彼·米勒夺得了冠军。女子比赛中，苏联 25 岁的塔吉亚娜·阿维里娜成绩最佳，她参加了全部 4 项比赛，都获取了奖牌，且其中 1000、3000 米两项是金牌。苏联另一选手、27 岁的加·斯杰潘斯卡娅夺得了 1500 米冠军。500 米项目夺标者是美国 25 岁的希拉·扬。扬是当时世界著名速滑和自行车运动员。1973、1975、1976 年三度获短距离速滑世界锦标赛全能冠军，并创造过世界纪录；另在 1973、1976 年两次在世界自行车比赛中夺标。

美国 19 岁的多·哈米尔在女子花样滑冰单人滑中以优异成绩赢得金牌。她与世界和奥运会冠军佩·弗莱明出自同一师门，是优秀教练卡·法西亲手培养出来的。有趣的是，哈米尔还是从电视上看到弗莱明的精彩表演后，才投身法西门下走上冰场的。英国约·柯里获得了男子单人滑桂冠。苏联的伊·罗德尼娜再次以她优美的舞姿和熟练的技巧，在男女双人滑中战胜了所有对手。不过这次她的舞伴是苏联另一选手亚·扎伊采夫。首次列入比赛的冰上舞蹈，苏联占有明显优势。曾在世界和欧洲锦标赛中多次夺冠的柳·帕霍莫娃、阿·戈尔什科夫和伊·伊谢耶娃、安·米宁科夫两对苏联选手分获了金、银牌。

男女越野滑雪主要是苏、芬两国争雄。男子项目中，苏联的尼·巴朱科夫和谢·萨维利耶夫分获了 15 千米、30 千米冠军。芬兰队除伊·福尔莫在 50 千米赛中取胜外，还在 4×10 千米接力赛中夺标。两国各得两枚金牌，可谓势均力敌。女子比赛中，芬兰黑·塔卡洛和苏联拉·斯麦塔尼娜分别赢得 5 千米、10 千米的金牌，又是秋色平分。但在 45 千米接力赛中，苏联战胜了芬兰，多得了 1 枚金牌。

高山滑雪成绩突出的是联邦德国 25 岁的罗·米特迈尔，她在快速降下和回转障碍滑中两夺桂冠，仅在大回转障碍中以百分之十二秒之差输给了加拿大的卡·克雷纳，屈居亚军。米特迈尔还在这年的世界滑雪赛中赢得了第一名。而在男子速降赛中则出现了精彩一幕，东道主选手弗兰茨·克拉默由于滑降速度太快，几乎无法控制住身体平衡，跌跌撞撞地飞快冲过终点线而夺冠。

雪橇项目虽然列入冬季奥运会时间较早，但无论有舵雪橇还是运动雪橇，在世界各地开展并不广泛，每届比赛，特别是近几届，主要是欧洲国家参加，而且经常是一国派两个队。本届雪橇赛中，民主德国、联邦德国、奥地利和瑞士包下全部男女 5 个项目的前六名，而成绩更胜一筹的民主德国又囊括了全部金牌，这在冬季奥会史上是没有先例的。

在前两届冬季奥运会上，苏联在冬季两项个人赛中每次只要越野滑雪成绩领先，射击就总有脱靶现象，以致功亏一篑。这次终如愿以偿，尼·克鲁格洛夫夺下了这项金牌。接力赛则由苏联蝉联了冠军。

冰球赛中，加拿大队和瑞典队因有职业选手参加，被取消了参赛资格，余下共 12 个队参加。夺标呼声较高的捷克斯洛伐克队在决赛阶段出师不利，与水平不高的波兰队交锋时，出人意外地以 0∶1 败北。捷克斯洛伐克队因队内伤员较多，特别是主力守门员严重受伤，无法出场，不得不呈请国际奥委会临时增补一名队员替代。苏捷之战是冠军之争，但由于此前捷队已负波兰一场，而苏队则是全胜，因此，形势对捷队非常不利。不过开赛后，捷队勇猛顽强，奋力拼搏，打得很有声色，曾以 2∶0、3∶2 领先，后因体力不支等原因，终以 3∶4 输给了对手。苏联第五次获得这项桂冠。

本届运动会共举行了 37 个单项比赛。苏联取得了空前的胜利，获金牌 13 枚、银牌 6 枚、铜牌 8 枚；民主德国再次成绩卓著，较稳固地取代了往昔在冬季奥运会上居优势的挪威、美国的地位，对苏联也逐渐形成了威胁，它这次共得金牌 7 枚、银牌 5 枚、铜牌 7 枚；居第三位的美国队金、银牌各 3 枚，铜牌 4 枚；挪威队与美国金、银牌数相等，但铜牌只有 1 枚。

中国台湾地区派出 18 名男运动员参加了本届比赛。

第十三届普莱西德湖冬奥会

美国普莱西德湖在与加拿大温哥华竞选 1980 年冬季奥运会主办权时，由于温哥华在投票前临阵退出争办而最终成为唯一申办者，成为继圣莫里茨、因斯布鲁克之后第三个两次承办冬季奥运会的城市。

自 1932 年冬季奥运会在这里召开以后，普莱西德湖这个人口不多（1932 年不足 2000 人，1980 年为 2700 人左右）的山间小镇，成为美国冬季运动活跃的场所之一。但是 40 多年过去了，原有的设施已很难适应将近半个世纪后再度承办奥运会的需要。因此，当冬奥会决定再度在这里举行后，美国冬季奥运会组委会从 1977 年就开始大兴土木。他们新建了一座奥林匹克村，改建了奥林匹克中心滑冰运动场，修造了两个跳雪台以及雪橇滑道等。

大会组委会虽然作了不少努力，但仍碰上了很多难题。这个小镇固然有承办运动会的经验，但 1932 年冬奥会无论从参加人数（17 国 307 人）还是竞赛规模（17 个单项）都是无法与本届相提并论的。本届大会期间，从世界各地涌来包括运动员在内的客人就达 5 万人之多。如何解决交通运输和避免堵塞现象，曾使大会组织者煞费苦心。主办者虽然做了许多努力，但仍就出了一些纰漏。如本届第一个项目 30 千米滑雪比赛结束后，负责授奖的国际奥委会副主席姆扎利所乘的车辆竟被堵在路上，结果不得不临时请基拉宁主席替代。

雪的问题也使组委会大伤脑筋。这年冬季，普莱西德湖雪量颇少，大会只好搞人造雪。但老天好像故意为难似的，人工雪刚造好，在开幕前一天来了一场暴风雪。因为人造雪和天然雪很难融为一体，组委会又不得不组织大量人力清扫。

在组委会的积极努力下，一个个难题得到了妥善解决，大会于 2 月 13～24 日顺利举行。

本届竞赛项目除增加 1 项现代冬季两项 10 千米个人赛外，其余均与上届相同，大会共设 6 个大项 38 个小项的比赛。比赛战幕于开幕前一天就已拉开。赛区比较分散，滑冰、冰球在奥林匹克中心冰场，滑雪在怀特菲斯山，跳雪在英特维尔雪场，现代冬季两项和雪橇在霍文伯格山。

国际奥委会共有 37 个成员国/地区参加了本届冬奥会比赛，运动员总人数为 1072 人，女运动员 233 人，男运动员 839 人。其中，中国、哥斯达黎加和塞浦路斯是第一次参加。大会共招募到 6703 名志愿服务者。

普莱西德湖奥林匹克之火，是当年 1 月 30 日在奥林匹亚林中点燃的，于开幕前一天传到主办地。这次点燃运动场火炬与以往不同，点火人不是本国知名运动员或社会名流，而是一位年已45岁并有5个孩子的普莱西德湖的普通市民查尔斯·摩根·克尔博士。代表运动员宣誓的是美国21岁的速滑选手埃里克·海登，而代表比赛官员宣誓的是速度滑冰裁判员泰里·麦克德莫特。

2月13日当地时间2时半，运动会正式开幕。虽然天气寒冷，但看台上仍挤满了2万多名衣着绚丽的观众。在本届组委会主席伯纳德·费尔、国际奥委会主席基拉宁讲话后，东道主美国总统的代表，副总统蒙代尔宣布大会开幕。随后是隆重的入场仪式。

本届奥运会强手如林，成绩卓著，仅男女速度滑冰的9个项目就有63人108次打破奥运会纪录，并重写1项世界纪录。普莱西德湖冬奥会的头号新闻人物是美国男子速滑运动员海登。1976年，这个当时年仅17岁的少年就已出现在因斯布鲁克奥运会冰场上，但一无所获。不过此后不久，他锋芒毕露，多次创世界纪录和获世界冠军，成为冰坛无与匹敌的人物。2月14日，他在500米赛中，以38秒03刷新奥运会纪录，击败世界纪录（37秒）保持者前苏联的叶·库利科夫，夺得他的第一枚金牌。两天后在5000米比赛中，他又战胜了另一世界纪录（6分56秒9）保持者，挪威的凯·斯滕斯耶梅特，夺下第二枚金牌，成绩是7分02秒29，也是奥运会新纪录。随后他在1000、1500、10000米项目中接连夺冠，并以14分28秒13的成绩创造了10000米世界新纪录。海登囊括了全部5个速滑项目的金牌，这在奥运会史上是独一无二的。他因此被授予第十三届冬季奥运会杰出运动员的光荣称号。

海登的妹妹贝恩·海登也是冰坛风云人物，赛前也大有"舍我其谁"之心。但她没有哥哥那样幸运，未能一夺金奖。女子全部4项冠军为荷兰、民主德国、挪威、苏联均分。著名选手苏联的娜·特鲁谢娃和挪威的布·埃·延森分获了1000、3000米冠军。但另两名夺标者却颇出人意料，由花样滑冰改练速滑不久的民主德国18岁的卡林·恩克获得了500米金牌，冰坛默默无闻的荷兰 28 岁的女护士安妮·博尔金克，则成了 1500 米的问鼎者。

苏联花样滑冰运动员伊琳娜·罗德尼娜在男女双人滑中再次夺冠，这是她从 1972 年开始，第三次获冬季奥运会金牌。她的舞伴仍是上届的合作者，她的丈夫亚历山大·扎伊采夫。罗德尼娜是 20 世纪 70 年代后期世界最著名的花样滑冰运动员。除奥运会外，她还 10 次获世界冠军称号，后 6 次也是与自己的丈夫合作。男女单人滑金牌分别为英国选手罗·卡曾斯和民主德国选手安·珀奇获得。在冰上舞蹈赛中，上届第四名的苏联选手纳·利尼丘克和根·卡尔波诺索夫跃居冠军。

苏联的尼古拉·齐米亚托夫在男子越野滑雪赛中取得了优异成绩。他在 30 千米、50 千米和接力赛中三夺金牌，成为冬季奥运会上第一个取得如此成就的滑雪选手。女子项目则是民主德国的芭芭拉·佩措尔德成绩突出，她在 10 千米和接力项目中获两枚金牌。滑雪赛中另一引人注目的人物是民主德国 27 岁的乌尔里希·韦林，他在北欧两项全能比赛中取胜，是第一个在这项比赛中连续三次夺冠的选手。奥地利两名滑雪手也大爆冷门，20 岁的替补队员莱昂哈德·斯托克，在速降比赛中意外取胜；他的同龄队友安东·伊瑙尔带伤上阵，在 70 米跳台跳雪中也独占鳌头。

男女高山滑雪成绩出众的是瑞典和奥地利。瑞典名手英格马尔·斯滕马克和列支敦士登女将汉尼·文策尔分别在男女大小回转障碍滑中夺标，各获两枚金牌。23 岁的汉尼在上届曾得 1 枚铜牌，这次她与弟弟安德列亚斯一道参赛，除上述两枚金牌外，姐弟俩还分别在速降和大回转赛中各得银牌 1 枚。列支敦士登是一个只有 2 万多人口的小国，这次获两枚金牌、两枚银牌，名列本届第六，如果按人口平均算，当居各国之首。

民主德国在雪橇赛中仍占有较大优势，获全部 5 项中的 4 项冠军。苏联在现代冬季两项中重现了上届成就，获 20 千米个人（安·阿利亚比耶夫）和接力团体冠军。新设的 10 千米个人赛，金牌为民主德国弗·乌尔里希获得。

冰球是本届比赛时间最长、最紧张激烈的项目。战幕于大会开幕前一天拉开，到闭幕日才告结束。其中苏、美之争使赛场气氛达到高潮。苏联自1956年参加奥运会冰球赛以来，曾5次夺魁，美国队于1960年也曾获一次冠军。这次一个想蝉联冠军，一个则力图东山再起。这支美国历史上最年轻的冰球队在比分三度落后的不利形势下顽强奋战，结果以4:3反败为胜。消息传开，轰动了整个美国，美国总统亲自打电话向运动员表示祝贺，并邀请他们去白宫做客。2月24日美国对芬兰再以4:2取胜，实现了他们东山再起的宿愿，打破了苏联自1964年来垄断冰球冠军的局面。

本届苏联成绩仍继续领先，获金牌10枚，银、铜牌各6枚；居第二位的民主德国队金牌比苏联少1枚，而银、铜牌却比后者各多1枚；东道主美国列第三，金、银、铜牌分别为6、4、2枚。

第十四届萨拉热窝冬奥会

第十四届冬季奥运会于1984年2月8～19日举行。南斯拉夫历史名城萨拉热窝在与瑞典法伦/哥德堡、日本札幌竞争主办权时，获得了国际奥委会大多数赞成票，而成为这次盛会的会址。

萨拉热窝建于1263年，是南斯拉夫波斯尼亚－黑塞哥维那共和国首府。城周山峦起伏，积雪长达半年，有时虽是5月时令，山上仍有雪花飞飘。这座名城，既是第一次世界大战爆发地，又是南斯拉夫人民在第二次世界大战时反击法西斯的光荣城市。近些年来，它又以多次举办世界性体育比赛（如第三十二届世界乒乓球锦标赛、1983年世界杯滑雪赛等）闻名于世界体坛。

1978年，在这里被选为第14届冬奥会会址后，南斯拉夫着手开展各方面的准备工作，新建了奥林匹克村，整修和扩建了科舍沃体育场及其相邻的泽特拉体育馆，以及其他比赛场地。筹委会工作出色，受到各国好评。闭幕式上，国际奥委会主席萨马兰奇对南斯拉夫所作的贡献给予高度评价，认为是"冬季奥运会60年历史上开得最好、最精彩的一届"，并代表国际奥委会授予本届组委会主席希兰科·米库利奇1枚奥林匹克金质勋章。

本届组委会还与当年夏季奥委会洛杉矶组委会联合发行了友谊纪念章。这在奥运会史上也是第一次。

参与报道本届赛会的新闻记者共有7393名，其中文字记者2363名，广播记者5030名。大会共招募到10450名志愿服务者。

应邀参加本届运动会的有49个国家和地区，共1272名运动员，其中女子274人，男运动员998人。以往各届，参赛代表团从未超过40个，本届猛增到49个，表明近年来冰雪运动已在更多国家和地区得到广泛开展。丹麦、葡萄牙曾报名参加，但在大会开幕前夕退出。首次参赛的有波多黎各、维尔京群岛、塞内加尔、摩纳哥、墨西哥。维尔京群岛派出的唯一选手是一名黑人，这也是冬季奥运会自创办以来首次有黑人运动员出席。

本届比赛项目增加了1项女子20千米越野滑雪，使原先的38个单项增至39个。赛区较为分散，越野滑雪、现代冬季两项、跳台跳雪等在伊格曼山；高山滑雪男子项目在贝利亚什尼察，女子则在贾哈里那；雪橇比赛在离市区最近的特雷贝维奇山；滑冰、冰球等在泽特拉体育中心。各项设施都较完美，如伊格曼山的雪场可属世界一流水平。

2月9日，各项比赛陆续开始。但气候恶劣，风雪交加，有些项目被迫推迟，泽特拉露天滑冰场，扫雪机忙个不停，仍无济于事。原定10日上午举行的速滑比赛不得不延至下午，下午也是边扫雪，边比赛。本届男子速滑成绩平平，无一人突破奥运会纪录，与风雪不无关系。

运动会于2月8日下午2时半正式开幕。虽然大雪纷飞，但能容55 000名观众的科舍沃体育场仍座无虚席。萨马兰奇参加了开幕式。南斯拉夫联邦主席团主席米·什皮利亚克出席和宣布了大会开幕。

本届奥林匹克火炬于1月29日从希腊运到南斯拉夫滨海城市杜布罗伏尼克后，采取了与以往不同的传递方式，分南北两路进行火炬接力，最后于波斯尼亚－黑塞哥维那会合。点燃主体场火焰的是南斯拉夫女子花样滑冰冠军、21岁的桑德拉·杜布拉夫西奇。而在开幕式上代表运动员和比赛官员宣誓的分别是来自东道主的高山滑雪运动员博扬·克里萨伊和高山滑雪裁判员德拉根·佩罗维奇。

男子500米比赛，世界纪录（36秒57）保持者、苏联的别哥夫训练时受伤，改由名气不大、21岁的谢尔盖·福基切夫出场。日本名手黑岩彰满以为苏联人选变化会使他夺冠有望，但后来仍输给了福基切夫。前苏联19岁的伊戈尔·马尔科夫在5000米比赛中，因经验不足，败给了24岁的瑞典名将斯·托马斯·古斯塔夫松。但是他6天之后在10000米比赛中，终报一箭之仇，战胜了古斯塔夫松，取得了金牌。男子1000、1500米项目，主要竞争对手是加拿大的盖坦·鲍彻和苏联的谢尔盖·赫列布尼科夫。25岁的鲍彻是从1976年开始第三次参加奥运会的。但在前两届，仅在1000米比赛中得了1枚银牌。这次他超水平发挥，战胜了世界纪录保持者赫列布尼科夫，连获两块金牌。

民主德国在这次女子速滑中，取得了空前成绩，包下了全部4项冠军。其中成绩突出的是上届500米金牌获得者、23岁的卡琳·恩克。她在1000米、1500米赛中两次夺冠，并在1500米赛中以2分03秒42创造了本届速滑中唯一的1项世界纪录。恩克还在另两项比赛中获得两枚银牌。她的队友克里斯塔·罗滕布格尔和安德烈亚·舍内分别夺得了500、3000米金牌。

在泽特拉体育中心进行的花样滑冰和冰上舞蹈比赛，是一次精彩表演，是冰上运动爱好者的一次高度艺术享受。男子单人滑桂冠获得者、25岁的美国斯科特·汉密尔顿，使观众的心伴随着他那优美的动作节奏一起跳动，一起旋转。汉密尔身高仅1.59米，体型并不理想，但勤劳的汗水使他获得了技术的丰收。1980年他在冬季奥运会和世界锦标赛上均得第五，步入了世界优秀选手行列。1981、1982、1983 年接连在世界锦标赛中夺冠，这次在萨拉热窝又登上了冠军宝座。

民主德国 18 岁的卡塔丽娜·维特获得了女子单人滑冠军。这是一颗上升的新星。1984 年她除获奥运会金牌外，还夺得世界、欧洲冠军。1985 年她在欧洲、世界锦标赛上继续独占鳌头，一时成为冰坛上的佼佼者。

冰上舞蹈夺标者也是驰名世界的选手——英国的杰恩·托尔维尔和克里斯托弗·迪安。14 日晚上，他们在拉威尔的《波莱罗舞曲》中以优美动人的表演征服了所有裁判员，艺术印象分得到了满分。比赛厅内掌声震耳欲聋，国际奥委会主席萨马兰奇把两枚金牌挂在他俩胸前时，也对二人的表现连声赞美。这对情侣在上届（1980 年）时只名列第五，可是从翌年起就在1981、1982、1983 年世界锦标赛上三度夺标。萨拉热窝运动会以后，他们又在同年 3 月于渥太华举行的第 74 届世界花样滑冰锦标赛上获得了这项桂冠。此后他们即转为职业运动员，使英国业余冰上舞蹈的水平大受影响。

瑞典在越野雪赛中共获取了 3 枚金牌。上届 15 千米冠军、28 岁的老将托马斯·瓦斯伯格此次又夺得了 50 千米桂冠。22 岁的年轻滑雪手贡德·斯万在 15 千米中取胜，首次获奥运会冠军。他们两人还和另两名队友合作，在接力赛中战胜了上届冠军苏联队，再为瑞典取得了 1 枚金牌。上届 3 枚金牌获得者、苏联的尼古拉·齐米亚托夫这次只在 30 千米项目中夺冠。

不过伊格曼山的英雄是芬兰女滑雪选手玛尔娅——利萨·海曼莱宁。她虽然年龄已到 28 岁，但身体素质好，意志顽强。这是她第三次参加奥运会。但前两届成绩不佳，仅分别得第二十二、第十八名。因此，她来到萨拉热窝后并未引起人们注意。可是开赛后，却成了大会新闻人物。首先在其主项10 千米赛中获金牌，接着在 5 千米中夺标，随后又在首次列入的 20 千米比中，成为该项第一个奥运会女冠军。她还在接力赛中得了第三名，最终共获3 枚金牌和 1 枚铜牌，是奥运会滑雪史上第一个取得这样成就的女选手。

美国接连在男女高山滑雪赛中夺取了男子速降（威·约翰逊）、小回转

（菲·马尔）和女子大回转（戴·阿姆斯特朗）中夺魁，共获得了 3 枚金牌，这是美国在滑雪中成绩最辉煌的一次。

本届大赛的特点是新手不断涌现。除冰球外，获得金牌的全部选手平均年龄仅 23 岁。加拿大冰球队以 4∶2 战胜上届冬奥会冠军美国队，获得本届冰球冠军。

本届运动会民主德国获金牌 9 枚、银牌 9 枚、铜牌 6 枚，首次居各国之首，超过了近几届的霸主苏联。后者这次金牌为 6 枚、银牌 10 枚、铜牌 9 枚；这是苏联自 1956 年参加比赛以来，继 1968 年第二次金牌数居他国之后。美国名列第三，金、银牌各 4 枚；芬兰、瑞典也各获得 4 枚金牌，两国银、铜牌数，芬兰分别为 3、6 枚，瑞典分别为 2、2 枚。

运动会期间，国际奥委会于萨拉热窝举行了第 87 次会议，决定从下届起，会期从 12 天延长为 16 天。会议还决定将冰壶、技巧滑雪和短跑道速滑列为下届的表演项目。

2 月 19 日晚上 8 时，本届盛会落下帷幕。在隆重的闭幕式上，东道主安排了一个别开生面的节目：4 个扮成"韦茨科"（狼，本届吉祥物）和 2 个扮成"小熊"（下届吉祥物）的运动员紧紧地搂抱在一起，他们象征着友谊和团结，标志着萨拉热窝大会已经胜利结束。

第十五届卡尔加里冬奥会

第 15 届冬季奥林匹克运动会，于 1988 年 2 月 13～28 日在加拿大的卡尔加里举行。申请主办本届冬奥会的除卡尔加里外，还有瑞典的法伦、意大利的科蒂纳丹佩佐。卡尔加里曾于 1964 和 1968 年两次申办，这次才如愿以偿。

卡尔加里在为期 6 年的筹备工作中，兴建了许多运动场馆与设施，最令人称道的是为本届冬奥会特地建成的奥林匹克椭圆馆，它是世界上第一个有

400 米速滑跑道的全封闭场馆。速滑比赛第一次由室外转入馆内,这是冬季奥运会发展的标志之一。多年来,冬季奥运会常为冰雪苦恼,有时甚至不得不中止比赛。本届冬奥会首次将滑冰安排在室内冰场进行,并第一次使用计算机控制的人工造雪机,解决了历年来的难题。

本届冬奥会的比赛设施堪称一流。每个比赛项目都是在最好的情况下举行的,组织工作极为出色。为此,萨马兰奇向本届冬奥会组委会授予了奥林匹克金质奖章。

参加本届冬奥会的有 57 个国家和地区的 1423 名运动员,其中女选手有301 名,男选手有 1122 名。参赛运动员人数最多的国家是:美国 118 人、加拿大 113 人、前苏联 103 人。首次参加的国家和地区有斐济、牙买加、关岛、危地马拉和荷属安的列斯。

本届冬奥会有高山滑雪、越野滑雪、现代冬季两项、跳台滑雪、冰球、花样滑冰、速滑、雪车和雪橇等 10 个正式比赛项目。其中新增一些小项,有男女超大回转、男女阿尔卑斯式混合、男子 90 米跳台团体、男子北欧式团体、女子 5000 米速度滑冰等,共设 46 枚金牌。表演项目有冰壶、自由式滑雪和短道速滑。

2 月 13 日下午,本届冬奥会于狂欢中在卡尔加里大学的麦克马洪体育场开幕。国际奥委会主席萨马兰奇在欢呼声中致词后,加拿大总督 J. 索维夫人宣布冬奥会开幕,顿时彩旗飞舞。看台上观众组成的彩色五环和“88”字样以及枫叶等图案,更增添了喜庆的气氛。

奥运圣火由卡尔加里 12 岁的业余滑冰运动员罗宾·佩里点燃,加拿大越野滑雪运动员皮埃尔·哈维(Pierre Harvey)和花样滑冰裁判员苏珊娜·莫罗·弗朗西斯分别代表运动员和比赛官员进行了宣誓。开幕式上还进行了富有阿尔伯塔省西部风格的表演。

民主德国运动员再次获取无舵雪橇男子金牌。在各项比赛中,获两枚金牌以上的选手达 8 人之多。民主德国运动员 F. P. 勒奇在冬季两项中首次夺得 10 千米、20 千米冠军。

意大利运动员 A. 通巴和瑞士运动员 V. 施奈德在男女回转、大回转中双双取胜。瑞典运动员 G. 斯万和苏联运动员 T. 吉洪诺娃在男女越野滑雪赛中各获两枚金牌。芬兰运动员 M. 尼凯宁和荷兰运动员 Y. 范根尼普分别在跳台滑雪和女子速滑中各 3 次夺冠，金牌数并列本届榜首。

由于速度滑冰的比赛进入室内，避免了许多外界的干扰，因而出现了许多新纪录。10 项奥运会纪录均被刷新，其中有 6 项世界纪录。在冬季奥运史上是第一次。荷兰女选手亨尼普在速滑中击败民主德国劲旅，获得了 1500 米、3000 米和 5000 米 3 枚金牌，并打破 1500 米的奥运会纪录和 3000 米的世界纪录，成为本届冬奥会的风云人物。美国的布莱尔以 39 秒 1 的成绩打破女子 500 米速滑世界纪录。在男子比赛中，民主德国运动员梅伊在 500 米中以 36 秒 45 的成绩创造了世界新纪录。瑞典运动员 T. 古斯塔夫松在男子 5000 米、10000 米比赛中双破世界纪录。他以 13 分 48 秒 20 的成绩打破了男子 1 万米速滑世界纪录，他还与荷兰的菲瑟、肯克斯分别以 6 分 44 秒 63、6 分 44 秒 98 和 6 分 45 秒 92 的成绩打破了男子 5000 米速滑 6 分 47 秒 01 的世界纪录。

最后一个项目女子单人花样滑冰金牌之争，是在民主德国的维特和美国黑人选手托马斯之间进行的，她们都选用了歌剧《卡门》中的乐曲，托马斯动作失误，痛失金牌。中国队和中国台北队成绩平平，各项最好成绩是第 14 和 15 名。

本届冬奥会民主德国在它的强项速滑中，由于主力临场受伤，加之不适应室内赛场而大失水准，但仍夺得 9 枚金牌，比位居首位的苏联仅少 2 枚；银牌 10 枚，比苏联还多 1 枚；铜牌 6 枚，比苏联少 3 枚。苏联成绩最好，冰球队还蝉联了冠军。获奖牌第三位的是瑞士，金银铜牌各 5 枚。

由于中国未取得冰球参赛资格，高山滑雪、跳台滑雪和现代冬季两项的水平较低，而雪车、雪橇两项又未开展，因此，中国仅派出一行 20 人的代表团，参加速滑、花样滑冰、越野滑雪 3 项有 18 枚金牌的竞争。中国运动员李琰在本届冬奥会女子短跑速滑表演赛中获 1000 米金牌和 500 米、1500 米铜牌。台湾选手 13 人参加了滑雪、花样滑冰、雪车和雪橇等项目的比赛。

本届冬奥会的标志（纪念徽）是一片枫叶上镶嵌着一朵雪花。吉祥物是一对名叫豪迪（Howdy）和海迪（Hidy）的小北极熊。海迪身着镶有黄色荷叶边的短裙，象征着参加冬奥会的女运动员。在一届奥运会上同时出现两个吉祥物在奥运会历史上是首创，而且使用一雌性吉祥物也是奥运会历史上的第一次。

第十六届阿尔贝维尔冬奥会

1992 年 2 月 8～23 日在法国阿尔贝维尔举行。申办本届冬季奥运会的城市有保加利亚的索菲亚、瑞典的法伦、挪威的利勒哈默尔、美国的安克雷奇、意大利的科蒂纳丹佩佐、德国的贝希特斯加登和法国的阿尔贝维尔。1986 年 10 月 17 日国际奥委会于洛桑举行第 91 届全会，经过投票表决，阿尔贝维尔赢得了主办权。

阿尔贝维尔位于法国东南部，在与瑞士和意大利交界的阿尔卑斯山上，是一座山城。本届冬奥会筹委会副主任委员是法国滑雪金牌选手 J. C. 基利，他向国际奥委会保证以他多次参加冬奥会的经验，承办一届最完美的冬奥会。在筹委会的组织下，本届冬奥会的赞助商与国际奥委会、筹委会签订了许多赞助计划，约有 58 项；同时招募了 8647 名志愿者为大会服务，因此，各项筹备工作进行得比较顺利，为大会的圆满成功奠定了基础。

本届冬奥会经基利的策划和建议，比赛项目由上届的 6 大项 46 小项，增加到 7 大项 57 小项。比赛项目增设了 11 个小项：男子 10 千米、女子 30 千米越野滑雪，短跑道速滑男子 1000 米和 5000 米接力以及女子 500 米和 3000 米接力等 4 项，自由式滑雪男子和女子雪上技巧，女子冬季两项 7.5 千米、15 千米、37.5 千米 3 项。而 70 米跳台滑雪则改为 120 米跳台滑雪。此外，还增加了 8 项表演赛，如高空芭蕾、花样滑雪、速度滑雪等。在项目设置上出现了划时代的变化。

共有 64 个国家和地区的 1801 名运动员参加比赛，其中女运动员 488 名，男运动员 1313 名。首次参加的有阿尔及利亚、百慕大、巴西、克罗地亚、洪都拉斯、爱尔兰、斯洛文尼亚和独联体等 9 个国家和地区。由于东、西德合并，德国以单一队参赛。从南斯拉夫分离出来的克罗地亚和斯洛文尼亚；原苏联爱沙尼亚、拉脱维亚和立陶宛三国均独立组队出席。前苏联解体后原各加盟共和国由俄罗斯、乌克兰、白俄罗斯、哈萨克斯坦、乌兹别克斯坦五国组队，以独联体名义参加，共派出 141 名运动员。但在开幕式入场时，该队要以奥林匹克五环旗为前导。这种权宜之计，在奥运会历史上是一种新的尝试。

本届冬奥会的圣火仍按惯例从奥林匹亚点燃，然后空运至法国的巴黎。从巴黎开始，由 5000 名 15～20 岁的青少年继续传递，经过法国 22 个地区的 60 个城市，全程 5000 千米。最后点燃圣火坛的是足球明星普拉蒂尼及当地一个男孩格朗热。

本届大会开幕式于 8 日下午 3 时开始，由冬奥会组委基利和 M. 巴尔尼埃两位主席主持。国际奥委会主席萨马兰奇致祝贺词，法国总统密特朗宣布大会开幕。

独联体女子越野滑雪运动员 L. 叶戈罗娃在 15 千米赛中获本届首枚金牌，后又两次取胜，与在男子越野滑雪赛中各 3 次夺魁的挪威选手 V. 乌尔万格和 B. 代赫利三人并列本届金牌榜首。日裔美籍选手克里斯汀·山口摘取了本届女子单人滑桂冠。前苏联冰球队曾 7 夺冬奥会冠军，这次独联体又获该项冠军。

德国队共夺 10 枚金牌，居各队之首。这是德国人在原民主德国于 1976、1984 年两届获金牌总数第一后，第三次再获这一殊荣。

由苏联中的 5 个国家组成的独联体队，共获 23 枚金牌，排名奖牌榜第二位。

挪威此次取得了优异成绩，除乌尔万格和代赫利在越野滑雪中包揽 5 金外，还在男子高山滑雪、男子速度滑冰赛中各两次取胜，最后共得到 9 枚金牌，20 枚奖牌。金牌数与独联体并列，也是挪威自 1924 年参赛以来获奖牌最多（共 20 枚）的一次。

美国女子速度滑冰运动员布莱尔勇夺 500 米和 1000 米两项短距离比赛冠军。而德国的尼曼则在女子 3000 米和 5000 米两项长距离项目中称雄。芬兰 16 岁的小将托尼·尼米宁在跳台滑雪比赛中两夺金牌，成为获得冬奥会男子项目冠军年龄最小的运动员。在男子冬季两项比赛中，德国的基希纳获得 1 金 1 银，成为第一位在冬季两项全部三个单项比赛中都获得过奖牌的运动员。奥地利的高山滑雪选手克隆伯格夺取了女子全能和小回转的两项冠军。

亚洲选手取得了历史性胜利。中国、韩国、日本、朝鲜共获 15 枚奖牌，其中 3 枚金牌、6 枚银牌、6 枚铜牌。韩国运动员获得了男子短跑道速滑两项冠军，并破世界纪录。

本届比赛共有 20 个国家和地区获得奖牌，中国、韩国、卢森堡、新西兰均是首次获奖。阿尔贝维尔是个仅有 1.8 万人口的小镇，且比赛场地分散，但大会组委会安排得当，确保了比赛顺利进行，受到国际奥委会主席萨马兰奇的赞扬。

在整整 16 天的比赛中，统一后的德国表现出强大的实力，夺取了 26 枚奖牌，分别为金牌 10 枚、银牌 10 枚、铜牌 6 枚；独联体队夺得 23 枚奖牌，金银铜牌分别为 9、6、8 枚；挪威获 20 枚奖牌名列第三，所得金银铜牌分别为 9、6、5 枚。

中国自 1980 年首次参加冬奥会以来，经过 12 年的努力，终于在本届实现了奖牌"零的突破"。本届参加比赛的队员有 34 人，参加了滑雪、滑冰、冬季两项等 34 个小项比赛。共获银牌 3 枚，第四名 2 项，是一个可喜的进步。其中女选手叶乔波，在比赛中带伤上阵，顽强拼搏，夺得 500 米和 1000 米两项速滑的银牌，虽与金牌擦肩而过，但所表现出来的不屈不挠的精神，为广大运动员和观众赞叹不已。

第十七届利勒哈默尔冬奥会

为了使国际奥委会、各国际单项体育联合会，特别是各个国家和地区奥委会在选拔、训练、参赛工作中避免繁忙不堪，国际奥委会于 1988 年第 93 次卡格利全会上，决定自本届起冬奥会与夏奥会将不在同一年举行，相互间隔两年。这是一项具有划时代意义的改革。因此，利勒哈默尔冬奥会开创了奥运史上的新时代。从 1994 年起，每两年就将迎来一个奥运年。由于奥运会电视转播费用是国际奥委会的主要收入来源，所以采纳这种方案的目的之一也是为了增加电视转播和吸引更多的电视观众。同时，奥运会次数的增加也使各家电视台可以更灵活合理地制订转播计划，分配转播资金以及吸引更多的观众。而本次冬奥会距离上届只有两年的时间，也是历史上唯一的一次。

申办本届冬奥会的城市除利勒哈默尔外，还有瑞典的厄斯特松德、美国的安克雷奇、保加利亚的索菲亚。

挪威在冬奥会的历史上有过辉煌的成绩，利勒哈默尔继 1952 年奥斯陆之后再次承办冬奥会，深得各国的信任。利勒哈默尔是挪威的一个小城镇，居民仅 2 万多人，但有市政府的支持和直接管理，各项筹备工作进展非常顺利。

对于在 1992 年奥运申办中以微弱差距失利的利勒哈默尔，能够赢得 1994 年冬奥会的举办权可谓是众望所归，而且从时间和地点上来说都是正好合适。本次冬奥会的电视转播权由 CBS 电视台斥资 2.95 亿美元购得，超过 100 万的游客来到利勒哈默尔，创造了自 1988 年卡尔加里奥运会以来的最高数字。

利勒哈默尔新建了各种场馆与设施，并将冬奥会之后的用途设计在内。如哈孔体育馆，可容纳 10500 人，馆内附设保龄球馆、射击场、体能训练中心以及会议厅、餐厅等。市区建有 1 座 6500 平方米的花样滑冰馆。在市区附近的山林中建造了一座冰宫，主体是奥林匹克滑冰馆，可容纳 8000 人，是世界一流的速滑冰场，还附有可容 5000 人的大厅，以及贵宾室、游泳池、大餐厅和停车场等。坐落于格约威克的冰球馆一半在地上一半在地下，并且一直延伸到山脚下。

本届冬奥会的参加者有 67 个国家和地区的 1739 名运动员，其中女选手 522 名，男选手 1217 名。首次出席冬奥会的国家和地区有亚美尼亚、白俄罗斯、波斯尼亚和黑塞哥维那、格鲁吉亚、以色列、哈萨克斯坦、特立尼达和多巴哥、乌克兰、乌兹别克斯坦、斯洛伐克、摩尔多瓦以及俄罗斯。

本届大会的竞赛项目为 6 大项 61 小项。新增加的小项是自由式滑雪中的空中技巧（原来只有雪上技巧项目），短道速滑中增加了男子 500 米和 1000 米两项。

本届冬奥会火炬从希腊运至挪威以后，有 6000 人参加接力传递活动，途经 19 个县 70 个城镇，历时 75 天。传递途中，与各地的娱乐活动相结合，并有 3000 名艺术工作者参与，4000 名职业或半职业演艺人员作各种表演，还有艺术、绘画、舞蹈和音乐等与之配合，形成了较具规模的奥林匹克艺术节。整个活动至大会闭幕才结束。

2 月 12 日，哈拉尔德五世国王在雄伟的高山滑雪场地的山脚下宣布大会开始，开幕式由挪威著名的人类学家、探险家托尔·海亚达尔和著名的女演员利夫·乌尔曼主持。在跳台跳雪运动员斯登·哥鲁本手持奥运圣火飞跃了 100 多米降落在主体育场内后，由滑雪运动员凯瑟林·诺丁尼斯交给哈肯·马格努斯王子点燃火炬。随后，来自东道国的越野滑雪运动员维加德·

乌尔万格和花样滑冰裁判卡里·卡林分别代表运动员和比赛官员进行了宣誓。

大会比赛的明星人物是挪威速度滑冰名将约翰·奥拉夫·科斯，他一人独得了 1500 米、5000 米、10000 米 3 枚金牌，并在这三项比赛中均创造了世界纪录，还成功地代表挪威奥委会向奥运援助组织捐赠了 22.5 万克朗，并鼓励观看比赛的挪威同胞为挪威的每一次胜利捐献 10 克朗。由于挪威在本届冬奥会上表现出色，共夺得了 10 枚金牌，在金牌榜上紧跟俄罗斯之后排名第二，所以科斯成功地募集了大量基金。

新增加的男子短道速滑的金牌，为韩国选手获取。冰球比赛的冠军为瑞典队。

包括许多前苏联的加盟共和国在内的 67 个国家和地区派代表团参加了本届冬奥会，捷克、斯洛伐克分别派代表团参赛，连气候温暖的以色列也派了一名滑冰选手参赛。

俄罗斯北欧两项滑雪运动员利乌波夫·耶格娜娃技惊四座，共获得了 4 枚奖牌，其中包括 3 枚金牌。

瑞士名将弗雷尼·施奈德在高山滑雪项目中夺得金、银、铜牌各 1 枚。意大利的曼努埃拉·迪森塔则在全部五项越野滑雪比赛中都获得了奖牌。古斯塔沃·维德尔和多纳特·阿克林本届夺冠后，成为第一对卫冕冬奥会双人雪车项目冠军的选手。而俄罗斯的花样滑冰搭档叶卡捷琳娜·格尔吉耶娃和谢尔盖·格林科夫则继 1988 年后，再次夺得了双人滑金牌。

本届冬奥会获得金牌前三名的是：俄罗斯第一，获金牌 11 枚、银牌 8 枚、铜牌 4 枚；挪威第二，获得的金银铜牌分别为 10、11、6 枚；德国第三，金银铜牌分别为 9、7、8 枚。中国名列第十八。

中国这次选派 27 名运动员（女选手 19 名）参赛，共参加了速滑、短道速滑、花样滑冰、冬季两项和自由滑雪等竞赛。比赛中基本上发挥了水平，3 名女选手获得奖牌：张艳梅获 500 米短道速滑银牌，叶乔波获 1000 米速滑铜牌，陈露获花样滑冰女子单人铜牌。我国台湾仅派 3 名选手参加了双座雪车比赛，结果在 43 队中名列第 35 名。

第十八届长野冬奥会

对长野市的人民来说，冬季奥运会是他们期待了几十年的梦想。长野原在 1940 年获得主办权，但因为第二次世界大战关系，冬季奥运停办，因此无缘举办这项盛会（冬季奥运会 1940 年及 1944 年因战争停办两届，1948 年才恢复举办）。此次，他们击败了西班牙的哈卡、美国的盐湖城、瑞典的俄斯特松德和意大利的瓦尔达奥斯塔后，终于重新获得了冬奥会的主办权。

长野是日本本州岛中部的一座古老城市，地处东京西北 200 千米，有 36 万人口。长野地处本州岛中部的多火山地区，3000 米以上的火山就有 13 座。在白雪皑皑的大山群中举办冬奥会，别有一番情趣。

本届冬奥会有 72 个国家和地区的 2302 名运动员参加比赛，其中女运动员 814 名，男运动员 1488 名。无论是参赛代表团数目还是参加运动员人数，都是历来最多的一届。首次参赛的有乌拉圭、阿塞拜疆、马其顿，是冬奥会历史上最大的一次盛会。

参与报道本届赛会的新闻记者共有 8329 名，其中文字记者 2586 名，广播记者 5743 名。大会共招募到 3.2 万名志愿服务者。

大会组委会对本届冬奥会做了精心准备，从火炬接力到开幕式，从比赛场馆到奥林匹克村，都安排得井井有条，特别是奥林匹克村，不仅可以容纳 2000 多名运动员和 1000 多名教练员和官员，而且有很完善的娱乐设施，如电影院、迪斯科舞厅、商店、餐馆、图书馆、教堂和健身房等。

这届冬奥会的主题是"人类与自然共存"。开幕式上，在日本世界级指挥大师小泽征尔的指挥下，全球 5 个城市的歌唱家们通过卫星演唱了《欢乐颂》，给 20 世纪最后一届冬奥会染上了一层迷人的色彩。

宣布本届冬奥会开幕的是日本的明仁天皇，而前冬奥会女子花样滑冰冠军日裔美籍选手伊藤绿点燃了大会圣火。东道主的北欧两项运动员获原健司和花样滑冰裁判员平松纯子，则分别代表运动员和比赛官员进行了宣誓。

这届冬奥会的比赛共设 7 大项 68 个小项，新增加的项目有女子冰球、雪上滑板和冰壶。

长野冬奥会上进步最快的是荷兰，一举夺得 5 金 4 银 2 铜的战绩，从以往金牌榜上的十几名一下子上升到本届第六名，令人惊叹。这其中的奥秘与"冰刀革命"有关。荷兰人用了 10 年时间，发明了名叫"斯莱普"的新型冰刀。以往的冰刀是鞋与刀相互固定，但斯莱普却将鞋跟与刀柄松开，从而加大了步幅，减少了阻力，故有"神奇冰刀"之称。荷兰选手穿这种冰鞋，取得了优异的成绩：男子速滑选手以 6 分 22 秒 20 的成绩获得 5000 米的金牌，比原成绩提高了 7 秒，还以 13 分 15 秒 33 的成绩夺得 10000 米的金牌，比原成绩缩短了 15 秒。因此，荷兰人在本届冬奥会上得到一个美称——"飞翔的荷兰人"。

本届冬奥会的另一大焦点是 NHL 巨星们首次在奥运赛场的亮相。随着奥运会冰球比赛向职业球员敞开大门，在北美洲最大职业冰球组织——国家冰球联盟（National Hockey League）效力的世界上最优秀的职业冰球运动员终于在长野首次登上了奥运会赛场。维恩·格雷茨基、斯蒂夫·艾泽曼、亚罗米尔·亚戈尔和谢尔盖·费多罗夫等超级巨星的到来令日本球迷如痴如醉。而由 NHL 球员为主组成的六大"梦之队"（加拿大队、美国队、俄罗斯队、捷克共和国队、瑞典队和芬兰队）以其出神入化的精彩表演更是令全世界观众大饱眼福。结果由亚戈尔和哈塞克领军的捷克队力挫群雄，夺得了这枚分量十足的金牌。

在男子北欧滑雪比赛中，挪威的比约恩·达赫里一人夺取 3 块金牌，成为冬奥会历史上第一位在历届比赛中共获 8 块金牌，12 块奖牌的运动员。美国 15 岁的塔拉·利平斯基则在花样滑冰女子单人滑中击败同国竞争对手关颖珊，力夺冠军，成为冬奥会历史上夺得个人项目冠军年龄最小的选手。而高山滑雪运动员赫尔曼·迈耶则诠释了奥林匹克精神，本届参加四个单项比赛的他在速降赛中发生意外，身体在空中飞行了三、四秒钟，飞行距离达 100 多米，落到了两道护栏外才站住。幸好他并没有受伤。三天后，他又顽强地出现在了赛场上，并最终在超级大回转和大回转两个项目中都夺得了冠军。

本届冬奥会总共创造 7 项世界纪录，20 项奥运会纪录。获金牌前三名的是：德国第一，获金牌 12 枚、银牌 9 枚、铜牌 8 枚；挪威第二，获金牌 10 枚、银牌 10 枚、铜牌 5 枚；俄罗斯第三，获金牌 9 枚、银牌 6 枚、铜牌 3 枚。美国队在本届冬奥会上获得 6 金 3 银 4 铜，名次与上届同为第五位，但仔细看来却不大相同：上届美国在速滑项目上夺得 4 金，这次 1 金未得。这次获得金牌的项目是自由式滑雪 3 金，花样滑冰 1 金。特别是花样滑冰项目，明显高出其他选手一截。东道主日本队借主办国之利，夺得 5 金 1 银 4 铜，超过了昔日亚洲冰雪霸主韩国的 3 金 1 银 2 铜，成了亚洲冰雪项目的领跑者。中国名列第十六位，比上届略有进步。

国际奥委员会主席萨马兰奇高度赞扬本届赛会取得成功，他在闭幕式上公开称赞主办当局所作出的努力。他说："恭喜长野，恭喜日本。你们向世界呈献了一次历来办得最好的奥运会。"日本报章也大力称赞组织委员会，声称他们的优秀表现有助于振奋国家的精神，特别是在经济增长放缓和频频发生财务丑闻的时刻。

中国代表团参加了滑冰、冰球、滑雪、冬季两项 4 大项，短道速滑、速滑、女子冰球、花样滑冰、自由式滑雪、冬季两项、越野滑雪等共 40 个单项的比赛。中国冰雪健儿团结奋战，出现了许多感人的场面。尤其在短道速滑项目上，在男女 6 个项目中，项项都有奖牌进账：女选手杨阳在与队友联手夺得接力项目的银牌之后，又夺得女子 500 米和 1000 米两枚银牌，成为历届冬奥会夺得奖牌最多的中国选手；杨扬在女子 1000 米比赛中，打破世界纪录。男选手李佳军在长期尿血身体欠佳的状况下，顽强拼搏，为中国队夺得 1000 米银牌，成为中国冬奥史上获得男子奖牌的第一人；17 岁的小将安玉龙在男子 500 米比赛中也勇夺银牌。此外，他还和队友在 5000 米接力赛中，勇敢挑战加拿大和意大利等老牌劲旅，获得铜牌。中国花样滑冰女运动员陈露，也获得 1 枚来之不易的铜牌。中国选手共获银牌 6 枚、铜牌 2 枚，是历来取得最多奖牌的一次，但遗憾的是仍未取得金牌"零的突破"。

本届盛会的标志是由富有动感的运动员形象与雪花图案混合组成，象征着冰雪项目的角逐。从整体上看它还像一朵雪莲，表示这一届冬奥会特别重视环保问题。整个图案富有动感，表达了参加长野冬奥会的各国选手通过体育竞争，达到相互了解、增进团结友谊的目的。因此，这个图案取名为"五彩的雪花"。长野冬奥会的吉祥物是由 4 只形态怪异的猫头鹰组成。组委会分别给这 4 只吉祥物起名为寸喜、能城、家喜和部木。这 4 个名字的日文正好可以拼读出"Snowlets"，成了英文的"雪上小精灵"。之所以取这样的名字，是因为，它有以下几个含义 Snow 即"雪"，这届冬奥会正是在冰天雪地里举行的，而 Lets 则呼唤大家都来参与冬奥会，同时，Owlets 一词又有"小猫头鹰"之意。4 只吉祥物又表示冬奥会每 4 年举办一次，可谓构思奇巧。

第十九届盐湖城奥运会

共有欧美的八个城市对举办本届冬奥会表示了兴趣，最后进入申办投票的是美国的盐湖城、瑞典的俄斯特松德、加拿大的魁北克和瑞士的锡永。结果盐湖城击败了另外三个对手，取得了主办权。但此后不久，便爆出了盐湖城奥申委贿赂国际奥委会官员的丑闻，一时引起轩然大波。这一事件导致多名国际奥委会官员宣布辞职或被解职，最后才得以平息。

　　共有来自 77 个国家和地区的共 2399 名运动员参加了本届盛会（其中女运动员 886 名，男运动员 1513 名），夺取金牌的选手来自多达 18 个代表团，创造了历史最好纪录。本届冬奥会的设项增加到 7 个大项 15 个分项 78 个小项，新增加的两个项目是骨架雪橇和女子雪车两个大项目。其中骨架雪橇项目曾于 1928 年瑞士圣莫里茨奥运会上进行过比赛，分为男、女各一项比赛。而女子雪车则是首次进入奥运会，此次列入的是双人项目。

　　参与报道本届赛会的新闻记者共有 8730 名，其中文字记者 2661 名，广播记者 6069 名。共招募到 22000 名志愿服务者。

　　本次奥运会的火炬传递从 2001 年 12 月 4 日开始，历时两个月。在 2 月 8 日的开幕式上，美国总统布什宣布了本届冬奥会开幕。随后，奥运圣火由曾于 1980 年夺得冬奥会冰球金牌的美国国家队全体成员点燃。骨架雪橇运动员吉姆·谢亚和高山滑雪裁判员阿兰·彻齐则分别代表运动员和裁判员进行了宣誓。

　　速度滑冰运动员克劳迪亚·佩希斯泰因不仅连续第三次夺得女子 5000 米金牌，还在 3000 米比赛中也夺得金牌。无舵雪橇运动员格奥尔格·哈克尔在男子单人项目中获取银牌后，成为奥运会历史上第一位在同一项目上连续五届获得奖牌的选手。短道速滑运动员杨扬则成为第一位夺得冬季奥运会金牌的中国人。在女子雪车比赛中，沃内塔·弗劳尔斯成为第一位夺得冬奥会金牌的黑人女运动员。随后，冰球运动员亚罗姆·伊金拉成为第一位夺得冬奥会金牌的黑人男运动员。

　　除了中国外，澳大利亚也在本届比赛中取得了第一枚冬奥会金牌。而爱沙尼亚和克罗地亚则在本届比赛中首次取得了冬奥会奖牌。

　　娅妮卡·科斯泰里奇在高山滑雪比赛中摘取了 3 金 1 银。这位克罗地亚运动员奥运会前刚刚因为膝伤而休息了很长时间，重返赛场后，她在本届冬奥会上创造了历史。在夺取了全能比赛冠军后，她又在小回转和大回转比赛中接连夺冠，并在超级大回转比赛中获得银牌。她因此成为在一届冬奥会中获得 4 枚滑雪奖牌的第一人。

跳台滑雪选手西蒙·阿曼出人意料地在两个个人项目比赛中都获得冠军。这位 20 岁的瑞士人因长相酷似"哈利·波特"而得到了与这一当今炙手可热的文学人物名字相同的绰号。在夺得 90 米级的金牌后三天，他又在 120 米级的比赛中夺取了金牌。

加拿大男子冰球队在决赛中以 5∶2 击败美国队后，获得了 50 年来的第一个奥运会男子冰球冠军。由 NHL 巨星们唱主角的加拿大队主教练是一代冰球伟人维恩·格雷茨基，球员中也有名声赫赫的绰号为"超级马里奥"的老将马里奥·勒米厄。加拿大队上一次获男子冰球冠军是 1952 年在斯阔谷冬季奥运会上。

在开幕式上代表运动员进行宣誓的骨架雪橇运动员吉姆·谢亚以百分之五秒的优势击败奥地利对手雷特尔后，夺取了冠军。谢亚一家堪称奥运世家，在 70 年前同样于美国进行的普莱西德湖冬奥会上，吉姆的祖父杰克·谢亚也曾作为东道主的代表，宣读了运动员誓言，并在随后的速度滑冰比赛中两夺金牌。在 1964 年的因斯布鲁克冬奥会上，吉姆的父亲詹姆斯·谢亚则参加过三项越野滑雪的比赛。但不幸的是，在本届盐湖城冬奥会前 17 天，已经 91 岁高龄的杰克·谢亚却不幸在一次司机酒后驾车的交通事故中罹难，他未能等到自己的孙子也戴上奥运金牌的光荣时刻。吉姆的父亲詹姆斯当时在看台上目睹了他夺冠的情景，而吉姆在比赛中还将祖父的照片也戴到了头盔上。祖父的在天之灵果然将吉姆送上了领奖台最高层。

挪威的高山滑雪运动员克雷蒂尔·安德雷·阿莫特本届连夺两块金牌后，成为奥运会历史上获得高山滑雪奖牌最多的运动员，他在夺得全能金牌三天后，又在超级大回转项目中称雄，使其在参加过的历届冬奥会中获得的奖牌总数达到了创纪录的 7 枚。

澳大利亚短道速滑运动员斯蒂文·布拉德伯里堪称是本届奥运会最幸运的人之一，已是连续第三次参加冬奥会的他以往在奥运会个人项目比赛中的最好名次只是第八名，已经度过了运动生涯巅峰期的他本届参赛原本也只是"重在参与"，但在男子1000米的比赛中，他首先在四分之一决赛和半决赛中接连抓住对手跌倒或者被取消资格的机会意外获胜，闯入了决赛。决赛时，他的好运气仍然在继续。比赛刚一开始，他就处在落后位置上。到比赛进入最后一圈时，他已比其他对手落后了将近半圈。就在这时，处在前边的4名运动员发生了集体碰撞，均退出了竞争。而落在后面的布拉德伯里却因祸得福，成为唯一能完成比赛的选手，终于出人意料地后来居上，获得了金牌。尽管布拉德伯里本人也为这块金牌感到极为庆幸，但他称这是自己从事这一项目艰苦训练十年应得的回报。

挪威的奥勒·埃纳尔·比约恩达伦在冬季两项的所有四个单项中均取得了金牌。在20千米比赛中，他摆脱了射击两次脱靶后的不利局面，首先夺得一金。接着，他在10千米计时赛和12.5千米追逐赛中又连夺两金。最后，他又随挪威队夺得47.5千米接力项目的冠军。

芬兰的桑帕·拉尤南也是本届冬奥会的明星人物，他夺取了北欧两项的全部三项冠军，成为第一位在一届奥运会中夺得三块北欧两项金牌的运动员。在男子个人赛中，他尽管在15千米越野赛前只名列第三，但很快就收复失地，夺取了首枚金牌。此后，他又随芬兰队夺取了这个项目的团体冠军。而在计时赛中，他又得到了第三枚金牌。

首次参加冬奥会的荷兰小将约申·维特哈格初出茅庐便有出色表现，在5000米比赛中，他首先以破世界纪录的成绩夺得一枚金牌。在1500米比赛中，他再次打破了世界纪录，但这一纪录很快又被其他队员打破，他不幸只获得了银牌。最后在1万米比赛中，他又一次打破世界纪录，获得了第二枚金牌。

本届冬奥会花样滑冰双人项目的前两名都获得了金牌，而不是一金一银。比赛结束时，本来排名第二的加拿大搭档加米·萨莱和大卫·佩雷蒂埃抗议裁判员裁决不公。国际滑冰联盟主席奥塔维奥·辛坎塔在与国际奥委会主席雅克·罗格会晤后，于 2 月 14 日男子单人自由滑比赛结束时，召集国际滑联理事会开会，决定取消执法不公的法国裁判员的玛丽·雷内·勒古涅的执法资格，并呼吁国际奥委会执委会补发给加拿大选手一枚金牌。国际奥委会执委会随即同意了上述决定，并赞扬国际滑联的高效率工作为有关运动员和尚未参赛的运动员都带来了好处。

中国此次共派出了 72 名运动员参赛。在短道速滑女子 500 米决赛中，中国队的杨扬击败了保加利亚的叶夫根尼亚·拉达诺娃和队友王春露，夺取了冠军，为中国获得了第一枚冬奥会金牌。此后，她又与队友一起获得了女子 3000 米接力的银牌，并在女子 1000 米比赛中再夺金牌。而申雪/赵宏博也在欧美选手传统垄断的领域花样滑冰双人滑项目中奋力拼下了一枚铜牌。

本届冬奥会中首次在花样滑冰的裁判工作中引进了录像重放技术。本届比赛的场地之一，犹他奥林匹克椭圆形滑冰场地处山区，海拔高度达 1425 米，是世界上海拔高度最高的室内滑冰场。

1997 年 8 月 29 日，设计独特的盐湖城冬奥会会徽诞生。图形的黄色、橙色和蓝色是勇敢和活力的象征，这几种色彩使人们联想到犹他州的景色。图形下方是"Salt Lake 2002"（盐湖城 2002）。

本届冬奥会的吉祥物是三种毛茸茸的小动物雪靴兔、北美草原小狼和美洲黑熊，它们的名字分别叫"雪（Powder）"、"铜（Copper）"、"煤（Coal）"。这三种小动物在美国西部印第安神话中深受喜爱，它们像犹他州的白雪、铜业和煤矿那样给当地带来滚滚财源。

第五章　奥运会拾趣

照葫芦画瓢的冠军

来自美国普林斯顿大学的加勒特，臂力过人。在参加奥运会比赛前，他连铁饼是什么形状都不知道。当他决定参赛后，千方百计打听了铁饼的投掷方法，并专门做了一个大小像古代奥运会时期的铁饼，自己琢磨着练习。来雅典后，他发现比赛用的铁饼只有 1.932 千克重，比他自制的铁饼小得多，也轻得多，他没费劲就掷出了 29.15 米，十分轻松地赢得了冠军。

奇特的起跑姿势

100 米决赛时，美国运动员托·伯克身穿背心和裤衩，这与其他穿长裤的选手相比十分特别，观看比赛的女性甚至掩面不敢正视。运动员们的起跑姿势千姿百态，有的直挺挺地站立着，有的弯着腰，唯独伯克采取了近似"蹲踞式"的起跑姿势，这又引来了观众的好奇和哄笑。然而，伯克对此置若罔闻，并一举夺魁。

游客冠军

英国牛津大学的学生博兰正好在雅典旅游，他喜欢打网球，外出旅行总是随身携带球拍，他被赛场火热的气氛所感染，遂现场报名，挥拍上阵。结果却打遍全场无敌手，成为奥运史上第一个网球单打冠军。德国的特劳恩原是田径选手，也是网球爱好者，他参加田径比赛，在预赛中就被淘汰下来，在雅典偶然结识了博兰。博兰邀他结对参加双打，结果俩人又获双打冠军。这个意外的收获，令人羡慕不已。

漂浮的南瓜泳道

首届奥运会还没有游泳池，比赛是在冰冷的海水里进行的。游泳池的泳道堪称一绝，用水面上漂浮的南瓜作为泳道标记。泳距也未经测量，凭感觉进行估计。比赛的方法更令人惊叹，先用小轮船把运动员载离海岸，发令员估计距离合适了，便发令让选手游回岸边，不求泳姿，自由发挥，以到达岸边的先后决定名次。

鼓错了掌

获 400 米决赛资格的 6 名运动员中，美国占了 5 名。决赛定在星期天举行。其中 3 名美国运动员是虔诚的基督教信徒，他们宁可不参加决赛，也不肯放弃自己的宗教活动。最后只有两名美国选手和一名德国选手参加了决赛。当美国选手马克西·朗以 49 秒 4 的成绩首先到达终点时，一阵海潮般的掌声席卷而来，使他丈二和尚摸不着头脑。观众何以对他报以热烈的掌声？原来，他身着哥伦比亚大学蓝白相间的条纹背心，这正与巴黎赛马俱乐部的标志颜色一模一样，加上法国队在田径比赛中还没拿到一项冠军，焦躁的观众误把他当成了法国选手。次后，为了让观众能区分各国运动员，从 1908 年的第四届奥运会开始，各国运动员才统一穿着本国的运动员服装，出现在奥林匹克运动场上。

巧取金牌

在奥运会首次举行400米栏比赛时，仅有5人参赛，尽管当时法国的5次冠军获得者托金，跨栏技术娴熟，但美国的图克斯伯里却以57秒6的成绩捷足先登，他还巧取了200米跑的金牌。当时200米跑比赛无弯道，是在直线跑道上进行的。处罚犯规的方法很奇特，被罚者要退后一码起跑。图克斯伯里见这规矩有机可乘，就在起跑时做了一个假动作，引诱其他运动员犯规，使他们都被罚退离起跑线一码以外，自己略占便宜而巧取了第二枚金牌。

不解之谜

第三届奥运会的马拉松比赛的起点和终点均设在当做田径场的跑马场跑道上，路线是在巴黎市区转上一圈后再折回。这一天，巴黎市民纷纷涌上街头，观看这一体坛盛事。由于参加这次马拉松比赛的19名选手中只有法国选手对巴黎的大街小巷了如指掌，拐弯时可以"抄近路"，从而占了不少便宜。结果，法国人泰阿托以2小时59分45秒最先到达终点，获得冠军。外国选手可倒了霉，走着走着就糊涂了，绕了不少的弯路，尤其是瑞典19岁的小伙子法斯特，本可以取得更好的成绩，却被一名警察指错了路，最终只获得第三名。事后，那位警察由于极度内疚，自杀身亡。美国选手牛顿赛后曾说："我跑过半程时就领先了，直至终点并没有任何人超过我，我以为是获得了冠军，怎么会有人在我前面呢？真是不解之谜。"

马拉松赛中的新闻人物

他是来自古巴的费利克斯·卡哈尔。这位哈瓦那邮差，未受过任何正规训练，8 月 30 日马拉松赛时，他身着长袖衫、长裤子和笨重的皮靴出现在起跑线上，好心的人们临时给他剪短了衫袖和裤管，并借来一双轻便的鞋子。比赛开始他一直跑在较前面，途中因饥渴难耐，他便跑进一家果园，吃了几个青苹果，因此与他人落下了距离，最后仍跑了个第四名，虽不是冠军人物，但他那些不平常的事情，却在圣路易斯传为佳话。

阴差阳错

一次，奥运会马拉松比赛在 8 月 30 日举行，全程共 40 多千米。当美国选手弗雷德·洛茨跑完 12 千米后，身体忽感不适，两脚抽筋，随后便搭上一辆过路汽车。汽车拉他走了 17 千米后，他下车继续向前跑。当他第一个到达终点时，全场观众对他报以热烈的掌声，乐队奏起了美国国歌。美国总统罗斯福的女儿爱丽丝·罗斯福授给他一枚金灿灿的奖牌。但是时隔不久，跑在洛茨后面的美国另一名选手托·希克斯进入了运动场。洛茨的骗局被揭穿了，他辩解说："我是来拿衣服的，一进入运动场，就出现了那样热烈的场面，我来不及解释"。洛茨被取消资格，并受到美国田联的惩处。结果，圣路易斯奥运会马拉松冠军最后被希克斯获得。但他也是在筋疲力竭跑不动的时候，注射了两针并喝了杯法国白兰地而跑到终点的。获知真情时，虚假成绩已无法更改，希克斯捡了一个便宜。

只有一人参加的决赛

在 4 人参加的 400 米跑决赛中，美国队占 3 人，英国选手霍尔斯韦是第二道。由于当时的 400 米跑是不分道次的，因此快到终点的时候便发生了冲突。三道的罗宾从霍尔斯韦面前横切到里圈，一道的卡彭特又斜刺里向终点冲去，霍尔斯韦为了超越他们，就绕道向前猛冲，这时，卡彭特故意用臂肘撞击霍的胸部，当霍跑在前面时，他又用手抓住人家的短裤，结果裁判发出了犯规的信号，并宣布比赛无效。两天后，决赛重新举行，只剩下霍尔斯韦、罗宾和泰勒获准参赛。然而，2 名美国运动员却宣布退出比赛以示抗议。但根据比赛规程，决赛照样继续举行，霍一个人跑完了全程，用了 50 秒的时间取得了这块金牌。

人满为患的体操场

奥运会在很长一段时间内没有固定的比赛项目和规则，体操比赛时，对参赛人数也不加限制，谁愿意参加都可以，甚至可以当场举手报名，当场比赛。结果，有一届体操比赛人数最少的队有 16 人，最多的竟达 60 多人，成为奥运会史上参加体操比赛单个队人数最多的一次盛会。

父子同是神枪手

1908 年第四届奥运会射击"跑鹿"单发赛中，61 岁的奥斯卡·斯旺以25 环的成绩获金牌。在团体赛中，又与儿子并肩作战，为瑞典队获冠立下了汗马功劳，父子俩一同登上了领奖台。

规则无情

在马拉松赛场上，身着19号运动衫的意大利糖果商多兰多·皮特里一马当先，他身材矮小，但步伐轻快。当他第一个进入运动场后已精疲力竭、神志不清，先是跑错了方向，后因疲劳过度，几次摔倒在地，但每次他都挣扎着爬起，然后又向前跑去。离终点最后15米处，他又一次倒下了，并没能再爬起来。两位好心的医生，搀扶着他走到了终点。因借助了他人的力量，他被剥夺了获金牌的资格，皮特里虽然是赛场上的失败者，但他的顽强精神却载入了奥林匹克运动的史册。

迟来的金牌

奥运史上最出名的人物是美国的天才运动员吉姆·索普。他获得了一届比赛难度最大的五项全能和十项全能两项冠军。然而，他在田径运动中显示的超人才能，遭到了不少人的嫉妒。半年后，国际奥委会听信美国田联的谗言，以他曾在职业棒球队打过球，违反了奥运会业余运动员参赛的规定为由，取消了索普的奥运会冠军资格。索普不仅被剥夺了金牌，而且被剥夺了参加业余比赛的资格。此后，索普当过职业棒球员，卖过苦力，开过小酒店，他想到申辩，但投诉无门。1953年，索普在忧愤和贫病中去世了，他留给人世的最后一句话是："还我金牌！"20年后，由于美国体育界主持正义人士的不断努力，1982年10月，国际奥委会决定为索普恢复名誉。

1983年1月，国际奥委会主席萨马兰奇亲赴洛杉矶，将70年前的金牌追回，重新授予了索普的子女。

摔跤场上的马拉松

摔跤比赛在某届奥运会上没有时间限制，只规定将对手摔倒双肩着地便算获胜，因此出现了 9 个小时的摔跤比赛。在 82.5 千克的比赛中，瑞典选手安·阿赫伦和芬兰选手伊·伯林两人互泡时间，结果仍未分胜负，被裁判判为无冠军，双方并列第二。俄国的克列依与芬兰的阿西卡宁更是实力相当，俩人你来我往，相持不下，比赛进行了无数个回合，从上午 10 时 15 分开始，一直赛到晚上 11 时，俄国的克列依才取得了胜利。观众们对这场无休止的比赛厌烦至极。从此以后，对摔跤比赛的时间有了规定。

为他人做嫁衣

第五届奥运会时，芬兰当时还属于沙皇俄国的一部分，芬兰选手科勒赫迈宁在 5000 米和 10000 米跑获胜后，运动场上升起了沙皇俄国的旗帜，这使他难过得几乎流泪。他说，看到那面倒霉的旗帜，我今后就再也不想在比赛中获胜了……他的对手——获得 5000 米第二名的法国人让·布安十分理解科勒赫迈宁此刻的心情，他拿来一面小的芬兰国旗献给科勒赫迈宁，以表示对他和他的祖国的敬意。这一举动使科勒赫迈宁激动万分，两人从此结下了浓厚的友谊，这段故事也成为运动史上的一段佳话。可惜的是，善良的布安在第一次世界大战期间，牺牲于西部前线，这两位好友未能再次在奥运会上相逢。

经过奥运洗礼的将军

在一届奥运会的现代五项比赛中，美国选手巴顿获得第 5 名。作为美国西点军校的学生，巴顿酷爱体育运动。他对很多项目均感兴趣，对那些具有冒险性的项目更是情有独钟。巴顿这次虽然与金牌无缘，也正是因为经过了这一奥运洗礼，才造就了第二次世界大战中叱咤风云，威名赫赫，成功地指挥了一系列重大战役，令德国法西斯闻风丧胆的巴顿将军。

夏奥会上赛冰球

第七届奥运会举行了一场冰球比赛，这场比赛在4月份就拉开了帷幕。在夏季举行冬季奥运项目比赛，这在当时是件很困难的事。因为要么建一个人造冰场，要么把整个运动会时间延长到冬季。因此，国际奥委会决定从1924年起另行组织冬季奥运会。这样，在比利时安特卫普举行的这场比赛，就成了夏季奥运会历史上唯一的一次冰球比赛。

"有伤风化"

美国女游泳运动员布莱雷，在奥运会上获得了自由泳比赛的100米、300米和4×100米接力的3枚金牌，被誉为"女飞人"。有一次她在纽约曼哈顿海滩穿着游泳衣游泳，引来了一群围客，她着这身装束，在当时是个伤风败俗的举动。曼哈顿警察当局以在公开场所裸体游泳有伤风化为由逮捕了她。后因公众的强烈抗议，她才得以释放。后来，她在纽约发起了"学游泳"运动，吸引了许多妇女冲破世俗参加游泳健身运动。

超人冠军

继科勒赫迈宁之后，芬兰又一长跑明星帕沃·鲁米在第七届运动会上初露锋芒，一举夺得了 10000 米个人和 8000 米团体、个人的 3 枚金牌。在第八届奥运会上他的运动状态达到了巅峰，他以完美的技巧和惊人的体力一举夺得了 1500 米、5000 米、10000 米个人和 3000 米、10000 米团体共 5 枚金牌。四年以后，已 30 岁的鲁米第三次出现在奥运会的比赛场上，虽然体力明显下降，但雄风仍不减当年，再夺 5000 米、10000 米跑的 2 枚金牌和 3000 米障碍跑的银牌。他在所参加的 3 届奥运会中，共获 9 枚金牌、3 枚银牌。他在自己的运动生涯中共打破世界纪录 39 次。他的出色表现使人们视他为 20 年代世界田径的偶像，成为奥运史上一颗熠熠闪光的明星。芬兰人民在赫尔辛基的奥林匹克运动场上，为他建立了一尊全身塑像，以使人们永远牢记这个"超人冠军"的赫赫功绩。

拳击怪招

在奥运会的拳击比赛时，一位法国选手和英国选手打得难分难解，突然，法国选手竟用嘴巴向对手猛咬一口，英国选手大惊之下，疾呼救命。后来经核查，法国选手并非蓄意伤人，而是比赛太激烈，精神高度紧张，一时的失常举动。最后经法国人道歉并说明原因方才了结。

女子参赛风波

第九届奥运会上，在女子 800 米赛跑中，6 名选手无一不因为体力在达到终点前摔倒在地。本来就反对将女子田径列入奥运会比赛项目的人士认为 800 米赛跑超出了女子体能的极限。国际田联作出决定取消了这个项目，直到 32 年后，1960 年的罗马奥运会才重新恢复。

国际足联别树一帜

奥运会足球赛是国际足联举办的三项世界性比赛之一，世界各大洲均有代表队参加，其规模之大，水平之高，仅次于世界杯赛，而其历史却早于世界杯30年。由于当时奥运会规定，只允许业余运动员参加比赛，因此，尽管欧美国家的职业足球运动日益普及、水平不断提高，但他们派不出最强的球队参加奥运会。为此，国际足联代表大会决定举办一项新的、世界各强队均可参加的世界性足球大赛，这就是举世闻名的世界杯足球赛。从此，世界性的足球赛分为业余的和职业的两种。

亚洲之最

第九届奥运会上，日本运动员织田干雄在三级跳远比赛中，以15.21米的成绩夺得第一名，这是日本人、也是亚洲人第一次在奥运会上获得金牌。三年以后，织田干雄又以15.58米创造了这个项目的世界纪录。后来他被选拔为日本田径协会的委员长，为发展日本的田径运动发挥过重要作用。

半金半银的奖牌

美国女子田径队在一届奥运会上以绝对的优势夺得6个项目中的5枚金牌。队中一位名叫迪德里克森的选手尽管仅有18岁，却早已在运动场上闻名遐迩了，她曾多次荣获美国冠军和世界冠军，还是一名杰出的高尔夫球选手。迪德里克森能跑、能投、能跳。在奥运会的田径赛中，她以特有的跑技和投技，夺取了80米栏和标枪两项冠军，创造了这两个项目的奥运会纪录。

在她与队友希利角逐跳高的比赛中，两人互不相让，同以 1.657 米的成绩创女子跳高纪录，但裁判却判迪德里克森技术犯规，成绩被宣布无效。后来迪德里克森提出抗议，才改判她获银牌。这对好友为了她们之间的友谊，把奖牌各切割成两半，焊成了半金半银各一块。她们的这一举动，使我们看到了比金牌还要宝贵的东西。

不称职的裁判

芬兰选手伊索霍洛在 3000 米障碍决赛时，以 10 分 33 秒 4 的成绩名列第一。这个成绩比他预赛时的 9 分 14 秒 6 慢了 1 分多钟。原来，当他快到终点正准备冲刺时，发现没有拉终点线，而记圈员摇铃告诉他，还有一圈。伊索霍洛被搞得丈二和尚摸不着头脑，只好又跑了一圈。虽然他获得了金牌，但决赛成绩，却使他抱憾终生。

反法西斯的英雄运动员

1932 第十届奥运会上，来自波兰的库索辛斯基，以 30 分 11 秒 4 的成绩刷新了芬兰著名运动员鲁米保持的 10000 米奥运纪录，为波兰队第一次夺得男子田径的金牌，一时成为波兰人民心目中的英雄。1936 年柏林奥运会，库索辛斯基因腿伤未能参赛。1939 年，德国法西斯侵略波兰，库索辛斯基脱下跑鞋，拿起了枪。他先当机枪班长，尔后升任排长。在保卫华沙的战斗中，冒着生命危险，把身负两处枪伤的连长背到后方医院。华沙沦陷后，他和一些运动员共同经营一家"雄鸡旅店"，成为抵抗德寇的秘密据点。不幸被盖世太保发现，库索辛斯基被捕，最终为国捐躯。战后，波兰人民以他的名字命名了华沙的一座文化公园和一座体育场，并每年举行一次传统的"库索辛斯基国际田径赛"，以此来纪念他。

吊环今昔

在以往的奥运会吊环比赛中是不允许教练员把运动员托上吊环的，身材矮小的运动员在吊环下蹦来蹦去，十分费力，也很不雅观。因为奥运会的体操比赛规定吊环的高度是 2.50 米，日本队提出，由于日本运动员身材矮小，希望降低吊环高度。但多数国家认为降低吊环高度会影响吊环的特点及比赛的动作。最后，美国代表提出了折中的方案："不降低吊环高度，但允许教练员帮助运动员跳上器械。"从此以后就免去了运动员蹦跳之苦。

同时撞线

1936 年第十一届奥运会 100 米决赛时，美国选手托兰和麦特尔夫几乎同时撞线。为托兰计时的 3 块表，有两块是 10 秒 3，一块是 10 秒 4，而为麦特尔夫计时的 5 块表都显示 10 秒 3。裁判们一筹莫展，有人提出，判托兰比麦特尔夫领先，但这样的裁决难以令人折服。诸如此类的纠纷比比皆是。直到 32 年后的第 18 届东京奥运会，才开始使用发令枪和电子计时设备连结的计时法，并在终点设高速摄影或录像设备。这样才从根本上消除了"同时撞线"所产生的纠纷。

黑色闪电

1936 年第十一届柏林奥运会最引人注目的运动员，是美国黑人选手杰西·欧文斯。他以非凡的体育才能夺得 100 米、200 米、4×100 米接力和跳远 4 枚金牌。人们称这届奥运会为"欧文斯奥运会"，称欧文斯为"黑色的闪电"。欧文斯的成就不仅震惊了整个体育界，而且在后来半个世纪的历程中，始终被人们奉为难以逾越的田径里程碑，成为世界田坛上被崇拜的偶像。因为他是一位黑人英雄，充满种族歧视的希特勒，对他恨之入骨。希特勒责令其最得意的运动员鲁茨·朗克，一定要在跳远比赛中击败欧文斯，但没有成功。为了笼络人心，希特勒在本届奥运会上同获得冠军的运动员一一握手，可是当他看到夺走 4 枚金牌的黑人运动员欧文斯时，却气急败坏地离开了看台。1980 年，欧文斯因患肺癌不幸逝世，终年 66 岁。芝加哥大学为他举行了葬礼，在他的灵柩上覆盖着一面奥林匹克五环旗。美国奥运会主席凯恩称赞欧文斯是"奥林匹克最伟大的运动员"。1984 年 3 月，国际奥委会和联邦德国奥委会在西柏林举行命名大会，将当年的奥林匹克运动场路改为"杰西·欧文斯路"，以此来纪念这位曾被法西斯头子希特勒所排挤，又叱咤风云的体坛名将。

无可辩驳的冠军

第十一届柏林奥运会男子跳高比赛共有 40 名选手参加，每跳完一个高度，要拖上很长时间。美国黑人选手科尼利厄斯·约翰逊，实力雄厚，每次都是一次过杆。因不耐烦长时间的等候，他就裹着毯子睡上一觉。横杆升到 1.97 米时，只剩下 4 人，包括他和一名德国选手。希特勒紧张地坐在看台上，大声喊加油，但德国选手三次试跳均未过杆而被淘汰，赛场上只有科尼一人跳过了这个高度。这时，希特勒来到裁判身边，大声说："比赛场地有积水，不合要求，他的冠军不算！"科尼虽然不懂德语，但从希特勒的手势和表情上已明白了大概。他轻蔑地向这位德国总理一笑，转身让裁判把杆再升 6 厘米。显示器上亮出了 2.03 米的高度。这时，只见他脱掉长袖运动衣，有力地助跑以后，一个漂亮的俯卧式，像燕子一样的飞过了横杆！看台上一片喝彩声。希特勒气急败坏地对科尼说："我不承认你的冠军。"

错误的选择

在柏林举办的第十一届奥运会，使纳粹德国捞到一大笔政治资本。希特勒及其党羽趁机制造了德国繁荣昌盛、热爱和平的假象。强烈的军国主义和种族主义气氛，使许多参加本届奥运会的人们感到不安。果然，三年之后，纳粹德国发动了侵略战争，并挑起了第二次世界大战。许多国家的体育界人士一致认为，决定在柏林举办奥运会是国际奥委会犯下的一个历史性错误。20年之后的1956年，国际奥委会在庆祝现代奥林匹克运动60周年的时候，当年亲赴柏林考察的奥委会主席布伦戴奇先生，却也不得不检讨了1934年所犯的这个错误，承认军国主义和纳粹主义的喧嚣气氛笼罩了本届奥运会，产生了可悲的后果。

快速减体重法

举重运动员是严格按体重来划分比赛级别的。第十四届伦敦奥运会期间，阿根廷选手巴里斯在参加52千克级的比赛前，经测量体重，已超过规定，阿根廷队的教练和其他运动员赶忙拿来理发推子，给巴里斯剃了个光头，又用毛巾使劲擦其全身，去掉污垢，连磅秤上的灰尘都擦干净了，以减轻他的体重。尽管如此，巴里斯的体重仍不符合标准。后来经核查，是磅秤有误差，最后巴里斯才被允许参加比赛。

一人观看的体操比赛

早期奥运会，体操比赛没有统一的规则，每届比赛的执行规则又都很粗糙，因而在比赛过程中裁判们经常发生争执。在某届奥运会体操比赛时，几乎每次运动员做完动作后，裁判员都要因评分相差悬殊而争吵不休。下午开始的比赛一直拖到深夜，弄得运动员疲惫不堪，观众更是不满，纷纷退席。但终场前，观众席上还剩一名忠实的观众，只见他一个人坐在观众席上托腮凝神，十分认真。直到比赛结束，仍一动不动。正当人们准备上前看个究竟，只见他从座位上摔了下来。原来他睡着了，正在做梦，梦见裁判员由唇枪舌剑变成了真刀真枪，一惊之下险些跌伤。

"军官"露馅

在某届奥运会马术比赛中，瑞典队本以1366分的好成绩获得团体赛冠军，但后来被取消了资格。原来是因为瑞典队的佩松不符合当时运动员必须是军官这一规则。本来佩松只是一名下士，为了参加奥运会，临时被提升为军官。可是他们竟忘记了给佩松更换军帽，结果佩松戴着下士的军帽参加比赛，被裁判发现，露了马脚，本该到手的金牌丢掉了。

父亲跳进了泳池

在一届奥运会男子400米自由泳比赛时，发生了一桩有趣的风波。比赛的发令枪一响，法国的布瓦特以一个漂亮的入水动作抢在了前面，法国人手舞足蹈、十分兴奋。因为布瓦特的成功，将为法国赢得本届奥运会的第一枚金牌。布瓦特不负众望，经过奋力拼搏，率先到达终点，并以4分30秒7的成绩创造了一个新的世界纪录。此时正在观众席上观看比赛，并为布瓦特捏一把汗的父亲，再也按捺不住激动的心情，竟然一个箭步跳进了泳池和儿子拥抱在一起。当时比赛尚未结束，某些选手还未游到终点，于是有人提出抗议，指责布瓦特的父亲影响了比赛，应取消他的冠军资格。布瓦特父子顿时紧张起来。后来由法国领队出面交涉，经仲裁委员会裁决，认为布瓦特本人并未影响比赛，而他的父亲的心情是可以理解的，决定不取消布瓦特的冠军资格，父子俩这才松了口气。

30 秒规则的来历

第十五届奥运会，苏联对美国的篮球比赛，大概是篮球史上一场最没有意思的比赛。不仅因为双方的比分低得可怜，而且两队所采用的战术更令人扫兴。最后，苏联队以 25 比 36 败北而获银牌。原因是当时的篮球比赛还没有30 秒和球回后场违例的规定。苏联队利用这一点，稳扎稳打、步步为营。而美国队则采用在领先的情况下打控制球，来回传球耗时间的方法。其他各队亦纷纷效仿，从而使得快速激烈的篮球比赛变成了"老爷式"的运动。

1956 年国际篮联作出决定，增添了 30 秒规则，限制了这种"老爷球"的打法。

永久性的比赛

按照惯例，奥委会主办国的元首要参加奥运会的开幕式并宣布奥运会开幕，而国际奥委会主席则应在闭幕式上讲话和宣布闭幕。在第十五届奥运会的闭幕式上，国际奥委会主席西格弗里德·埃德斯特隆发表了精彩的演说，但在演说结束时，却忘记说这最重要的一句话："我宣布第十五届奥林匹克运动会闭幕!"因此，这届奥运会被认为仍未结束，被人们称为"永久性"的比赛。

乐极生悲

在第 16 届奥运会双桨无舵手赛艇决赛中，苏联选手伊万诺夫夺得金牌。当他走下领奖台后，随即把金牌抛向空中，以表达自己激动的心情。他每抛一次，观众席上就是一阵欢呼。谁知乐极生悲，当他再一次将金牌抛向空中时，由于用力过猛，角度有些倾斜，金牌掉进了湖水里。后来，他的教练和其他运动员下湖潜入水底打捞，终未能找回那枚金牌。从这以后，伊万诺夫的情绪一落千丈，整天愁眉苦脸。国际奥委会不忍心，最后决定仿制了一枚金牌发给他。

一张入场券换来的金牌

在某届奥运会的跳高比赛中，强手如林，而美国 19 岁的黑人选手杜马在奥运会前的美国选拔赛上也只是勉强及格，美国队教练根本没有把他放在眼里。在比赛之前，他竟然找不到领队和教练，运动场入口的看门人也不相信他会是参赛的运动员，急中生智，他只好买了一张门票才进去。入场后，发现跳高比赛就要开始了，他顾不得做准备活动，就投入了比赛。最后竟以 2.12 米的成绩夺得冠军，并打破了世界纪录。

大米饭之谜

20 世纪 50 年代日本男子体操成绩特别优秀，这引起了人们广泛关注。有人认为日本人习惯进屋就盘腿席地而坐，把柔韧练习生活化。一些欧洲专家认为，日本人喜欢吃大米饭，可能是大米饭里含有对练体操特别有用的营养成分。在第16届奥运会期间，持这种观点的人更是津津乐道，甚至引证了两年前日本队参加世界比赛时的一桩"秘闻"。人们以为日本队是为了赛前控制体重，后来得知他们在宿舍里专门吃了一顿大米饭。结果日本队第一次逼近苏联队，获得团体亚军。岂不知，原来那次日本队是在宿舍里由团长五藤和总监远山亲自主厨，举行了日本民族传统得"壮行朝食会"，以鼓舞士气。

哈里的控告

短跑冠军哈里，有着惊人的反应速度，在起跑中，比对手快 0.07 ~ 0.1 秒，因而往往被误认为抢跑。他曾以 10 秒的成绩打破 100 米世界纪录，在场的人包括裁判都对他产生了怀疑，认为他是抢跑在先。为此，哈里十分气愤，并向法庭提出了控告，要求给予公正的裁决。奥运组委会还组织了专门的仲裁委员会，更换了所有的计时员，让哈里再跑一次。结果，他又以 10 秒整的成绩证明了自己的实力。终于，这个纪录得到了承认。这是一个在当时不可逾越的纪录。

杀人的兴奋剂

古都罗马正值夏季，酷暑难当。奥运会的自行车比赛，正紧张激烈地进行着。突然，丹麦选手马克·詹森摔下飞驰的自行车，晕倒在地。医务人员立刻抢救，但无济于事，他已经停止了呼吸。当时人们都以为他是中暑所致，纷纷诅咒老天爷。后经尸体解剖，才找到了真正的杀人凶手。原来，这名运动员为了取得胜利，赛前服用了过量的苯丙胺兴奋剂，加上炎热和激烈的竞争，才导致了这场悲剧的发生。

"赤脚大仙"的救命金牌

马拉松比赛金牌得主贝基拉，1956年24岁才开始练长跑。罗马奥运会上，他赤着双脚，以2小时15分16秒2的成绩获得第一。东京奥运会时，贝基拉已经32岁，赛前20天又刚动过手术，但他却以2小时12分11秒2的成绩再次夺得马拉松冠军。成为奥运史上第一个蝉联这个项目的选手，为埃塞俄比亚建立了功勋，成为民族英雄。后来，贝基拉参加了埃塞俄比亚皇家卫队发动的一次政变，未遂。海尔·塞拉西一世皇帝看在贝基拉曾是奥运冠军的份上，决定对他不予追究。因此，奥运金牌救了贝基拉一命。

金牌的抗议

1960年的罗马奥运会上，在81千克级拳击比赛中，美国黑人拳击运动员卡修斯·克莱经过顽强拼搏，获得冠军，年仅18岁。他就是日后举世闻名的世界拳王——穆罕默德·阿里。他12岁开始练拳击，1959年获"金手套大赛"冠军，次年蝉联。罗马比赛后，1961年他转为职业拳手。尽管本届比赛克莱获得了金牌，但在种族歧视严重的美国，他并没有受到应有的尊重。因憎恶美国对黑人的歧视，不愿沿用奴隶主的姓氏，而更改了姓名，并在愤怒之中，把他多年用汗水换来的奥运会金牌，扔到了汹涌的俄亥俄河中。

纸条的对话

记者的频频来访，影响了美国著名撑竿跳高运动员弗雷德·汉森的正常训练和休息。为了回避他们，他在奥运村自己的门上贴了一张纸条，上面写着："汉森对以下问题的回答是：谁将成为奥运会撑竿跳高冠军——汉森。估计要跳多高才能取得冠军——5.25 米。撑竿跳高的极限是多少——5.60 米。请不要再打扰！"撑竿跳高比赛时，汉森以 5.10 米的成绩夺得金牌。事后，不知哪位记者也在汉森的门上贴了一张小纸条，上面写道："为了不使人们产生误解，你为什么不事先把自己的成绩说得更准确些？"

喀尔巴阡山的"女飞鹰"

奥运会女子跳高史上，有一位很有才华的跳高选手，她就是罗马尼亚的约兰达·巴拉斯。巴拉斯身高 1.91 米，体重较轻，两腿纤长，坐着时，双膝比头竟高出一大截。她是半剪式过杆跳法的最后一人。许多专家认为，如果没有她这双长腿，这种跳法的技术顶点也只有 1.80 米左右。

巴拉斯 12 岁那年，邻居的一个田径运动员把她带到运动场练习跳高。她当时只跳过了 1 米。以后，她加入了体育俱乐部，并认识了罗马尼亚的全国男子跳高冠军约·索特尔。在索特尔的精心培育下，14 岁的巴拉斯跳过了 1.51 米。1956 年夏天，19 岁的巴拉斯终于跳过 1.75 米，第一次打破了世界纪录。一年以后，我国优秀女运动员郑凤荣以 1.77 米的成绩创造了新的世界纪录。巴拉斯闻讯后，针对自己身体条件优越但体力较差的具体情况，加强了力量训练，大大增强了体质。1958 年，她又以 1.78 米的成绩创造了新的世界纪录，并从此开始了巴拉斯时代。她在 1956～1961 年 5 年中，共 14 次刷新世界纪录。1960 年罗马奥运会上，以 1.85 米的成绩获得她一生中第一枚奥运金牌，比第二名的成绩高出 14 厘米。1961 年她再创世界纪录，越过了被誉为"世界屋脊"的 1.91 米的高度。此纪录一直保持了 10 年之久。1964 年第十八届奥运会她以 1.90 米的高度，再次蝉联冠军。她从 1959 年到 1967 年，在 140 次比赛中获胜，是世界上跳高比赛获胜最多的女运动员，被人们誉为喀尔巴阡山的"女飞鹰"。

"旱鸭子"游泳教练

美国队在游泳比赛中一直处于领先地位，在一次奥运会上，他们夺得了男子10项冠军，女子11项冠军。队员们兴高采烈，纷纷把自己的奖牌挂在教练查伏尔的胸前，并把他抛向了空中，扔进了游泳池里。只见这位多年从事游泳教练的人一下子扎进水里，慢慢地向下沉去，"咕嘟嘟"的水泡不断往上冒。队员们惊呆了，赶快跳下水去抢救，经过一阵人工呼吸才使他们的教练转危为安。从此，查伏尔教练只要看到队员获胜，在比赛结束前，就悄悄地溜走了。

转败为胜

在篮球冠军争夺战中，美苏两强队狭路相逢，比分扶摇直上。在离整场比赛结束还差3秒时，美苏的比分为50∶49，美国队以1分的优势稍稍领先。此时，时间还剩1秒，苏联队教练在柯林斯开始罚第二个球时请求暂停。根据当时的规则，苏联队的请求未被批准。正当美国队要为再次夺冠在望而欢呼时，国际篮联秘书长琼斯插入宣布，苏联队教练请求的暂停有效，最后3秒重打。美国队无奈，只得服从。苏联队眼看无望，中锋别洛夫来了个远距离投篮，球刚出手，锣声再次敲响，篮球在空中划了一条弧线，应声入篮。戏剧性的场面出现了，苏联队在最后1秒转败为胜。美国队提出抗议，但14小时后，抗议被否决，为此，美国队拒绝接受银牌，他们认为自己才是金牌真正的得主。

首创背越式跳高

美国田径运动员福斯贝里在上小学的时候，有一次在体育课上进行跳高练习，他思想开小差。老师叫他到横杆前试跳。他面对老师，背对横杆，顺势就地腾起，越过横杆，四脚朝天倒在沙坑里。就这样，背越式跳高姿势产生了。从此以后，他刻苦钻研，并在奥运会上首次使用这一招，引起了全场观众及教练员的注意。跳高技术开始有了一个新的阶段。

迟到的代价

第二十一届奥运会上，美国有两名9秒9的百米纪录保持者哈特和罗伯逊很有希望夺冠，他们在进行了100米预赛后，便和队友泰勒回奥运村休息。下午4时左右，他们还在休息室里看电视，突然屏幕上播出百米比赛的镜头，开始他们以为是重播上午的比赛，等到弄明白是下午的复赛开始后，他们三人直奔比赛场。可是为时已晚，哈特和罗伯逊已经错过了比赛时间，只有泰勒赶上了小组复赛。金牌被苏联选手鲍尔佐夫夺走，成绩为10秒14，泰勒获得银牌。

竹篮打水一场空

为举办第二十一届奥运会，蒙特利尔市耗资巨大。除了对原有的体育场馆进行翻修改建外，又在距市中心3千米处的梅宗涅夫公园内，修建了奥林匹克中心体育场、高达19层的奥运村及其他10个场馆。还有能容纳7万观众的主体育和占地1253平方米的赛车场。当时，加拿大正面临经济萧条，工人长期罢工，工程却一再延期，结果出现了严重赤字。为此，蒙市为奥运会大伤元气。可惜的是，加国选手不争气，在奥运会上，一块金牌未得。

"沉重"的口香糖

美国摔跤运动员法里纳赛前称体重时，指示灯显示他的体重已超过级别标准。他赶紧脱去背心，指示灯没有灭，他又摘掉太阳镜，灯仍然不灭。气愤之余，法里纳赛低骂了一句，顺口吐掉了嘴里的口香糖，可就在这一刹那，指示灯灭了，他转忧为喜，这小小的口香糖差点误了大事。

用打火机点燃的奥运圣火

某届奥运会，在离奥运会闭幕还有 5 天时，一场持续了 20 多分钟的大雨浇灭了圣火台上的圣火。按规定，火炬熄灭意味着大会闭幕。场地监督比·布歇尔见状，赶紧冒雨冲上圣火台，从口袋里拿出打火机，重新点燃了圣火。虽然都是火，但却有了本质的不同。当组委会的人听到此事，立即报告了圣火委员会，经讨论，用打火机点燃的圣火无效。旋即用场中央的安全灯取来火种，重新点燃了圣火。比·布歇尔最后被确认为无知而免于被追究责任。

东道主的特权

在莫斯科奥运会的田径比赛中，因评判不公，发生了几起争执。这是担任裁判的东道主偏袒本国运动员所造成的。例如，在男子三级跳远比赛中，澳大利亚的埃贝尔跳出了 17.50 米的好成绩，但裁判却判他犯规，宣布成绩无效，金牌落到东道主运动员乌德米亚埃（17.35 米）的手中，埃贝尔只得了第五名。奥方提出抗议，但未被理睬。在标枪比赛中，前苏联选手库拉几次试投，成绩平平，苏方工作人员把体育场入口的大门打开，使场上风速超过 2 米，库拉立即顺风奋力一掷，创造了 91.20 米的"优异成绩"，获得金牌。在撑竿跳高、链球等项目的比赛中，也有类似的事情发生。各国纷纷提出抗议，国际田联仲裁委员会不得不行使其仲裁权进行监督。

举重史上的奥运奇迹

第二十二届奥运会举重比赛中，52 千克级出现前 4 名成绩相同的罕见现象。这在奥运史上还是第一次。经过比较体重之后，苏联的奥斯莫纳利那夫、朝鲜的胡奉哲和韩京时分别获得金、银、铜牌。82.5 千克比赛的冠军是苏联选手瓦尔达尼扬，他以两项总成绩 400 千克打破世界纪录。这一成绩不仅比亚军的成绩高出 27.5 千克，而且比体重更重的两个级别冠军成绩还高。这更是一个奇迹。

中国的"秘密武器"

在第 23 届奥运会女排决赛时，中美双方全力拼搏。当第三局比分打成 14∶14 时，中国女排教练袁伟民突然请求换人，美国队员以为中国队使用了什么秘密武器，心理压力立即增大。她们连吃两球，中国队乘胜猛攻，最后实现了"三连冠"的夙愿。事后，许多专家认为，中国队换人，既是战术上的胜利，更是心理上的胜利。

自揭调包计

第 23 届实运会，在女子 4×400 米预赛中，波多黎各经过激烈的竞争夺得决赛资格，但在决赛中她们竟自动弃权，她们的这一举动令人费解。原来，该队一名接力队员梅特琳赫苏斯在女子跳远比赛时受伤，不能参加预赛。她有一个孪生姐妹玛格丽特当时正好在此观战。于是有人建议让她顶替上场。教练以为这只是开玩笑，谁知，她真的跑了第二棒。虽然波多黎各队取得了决赛权，但当教练知道实情后，他立即决定退出决赛，并申请处分。

多人拳击赛

在汉城奥运会的拳击赛场上，韩国选手道丁一发挥出色，频频击中对手——欧洲冠军保加利亚的赫利斯，但由于他比赫尔斯矮一头，所以道丁一击中多数被判无效。道丁一的教练不满，指责裁判不公。道丁一在观众的呐喊声中疯狂地出拳，虽然他两次击中对方，但自己也两次跌倒。最后，裁判判赫利斯获胜。当裁判把赫利斯举起的手臂放下时，道丁一的教练和助理教练一下子跳进圈内，揪住裁判拳打脚踢。几名韩国官员也以劝架为名，趁机大打出手。观众也骚动起来，空中酒瓶、椅子乱飞，拳台乱成一团。当人们把裁判员从台上拖下来时，他已是伤痕累累了。

金牌小偷

在汉城奥运会比赛结束后，美国队得了不少奖牌，9 月 24 日晚，美国队在汉城市区的一家夜总会欢庆胜利。美国获 4×100 米和 4×200 米自由泳金牌的选手戴比及获 4×200 米自由泳金牌的吉森，酒足饭饱后，竟把一座价值 800 美元的小雕像"掇"走了。当他们要离开夜总会时，店主指控他俩有偷窃行为，被送到警方传讯。经调查，证据确凿，无法抵赖。美国代表团为了掩人耳目，决定将两名选手开除出队并提前遣送回国。由于上起拳击事件，东道主韩国十分恼火，因此，对此事大肆宣扬，这也造成了两国之间很大的不愉快。最后，两名选手发表了公开道歉，希望不致损害两国关系。为了顾全大局，双方平息了事端，使奥运会得以圆满结束。

外人的东西不能吃

在汉城奥运会上，有的国家在口香糖等小东西里掺杂兴奋剂，使对手在兴奋剂检查时不过关。有一名古巴选手在接受检查时，被告知他服用了兴奋剂。他怎么也想不起来什么时候吃过那种东西。后来，猛然想起他吃过外国人给的口香糖，于是好不容易找到那口香糖的碎末，送交化验后，发现里面确实含有兴奋剂，这才证明了自己的清白。